윤 지 형 의   교 사 탐 구   2

다시 교육의 희망을 묻는다면
윤지형의 교사탐구 2

ⓒ윤지형, 2013

2013년 8월 16일 처음 펴냄

글쓴이 | 윤지형
기획·편집 | 최은정, 최승훈, 이진주, 설원민, 김도연, 김기언
출판자문위원 | 이상대, 박진환
디자인 | 박대성
종이 | 화인페이퍼
인쇄 | 보진재
제작·진행 | 세종 PNP

펴낸이 | 김기언
펴낸곳 | 교육공동체 벗
이사장 | 이상대
출판등록 | 제2011-000022호(2011년 1월 14일)
주소 | 서울시 마포구 성산동 254-10 2층
전화 | 02-332-0712, 070-4084-0712
전송 | 0505-115-0712
홈페이지 | www.communebut.com
카페 | cafe.daum.net/communebut

ISBN 978-89-6880-003-0 03370

이 도서의 국립중앙도서관 출판시도서목록(CIP)은 서지정보유통지원시스템 홈페이지(seoji.nl.go.kr)와
국가자료공동목록시스템(www.nl.go.kr/kolisnet)에서 이용하실 수 있습니다. (CIP제어번호 : CIP2013014168)

|윤지형의 교사탐구 2|

다시
교육의 희망을
묻는다면

이상석 / 조영선 / 김경애 / 허만웅 / 이범희

박현숙 / 고춘식 / 조영옥 / 김영승 / 심우근

문희경 / 한경숙 / 정지영 / 양혜정 / 김은주

교육공동체 벗

* 이 책에 실린 인터뷰는 1999년부터 2012년 사이에 걸쳐 진행했으며,
사진은 2012, 2013년에 새로 촬영했습니다.

캄캄한 밤길의 불빛같이, 샘물같이

1

학교의 변화는 가능할까?

10년 전, 20년 전이라면 나는 대답했을 것이다. 변화 가능하고 변화시켜야 한다, 고. 그러나 이제 내 대답은 그렇지 못하다. 나는 회의적이고 비관적이 되었다. 과연 학교는 변화할 수 있을까……? 변화한, 혹은 변화 가능성을 보여 주는 학교가 없지 않다는 걸 몰라서가 아니다. 놀라운 성취를 이룬 혁신학교도 있고 빛나는 대안학교도 있다. 그러나 그것은 여전히 한 점 불씨 같은 것이고 실험 도상에 있는 것이라 해야겠기에 내겐 아무래도 위태롭게 보인다. (아름답기에 위태롭다고 할까?) 그럼 절대다수의 학교들은 어떤가? '교실 붕괴'가 운위된 지 10년이 넘었어도 학교는 무사하다. '학교폭력'으로 만신창이가 된 듯해도, 무한 경쟁의 틈바구니에서 어린아이들이 죽어 나가도 학교는 오늘도 무사태평하게만 보인다. 진정 변할 줄을 모르는 것이다. 아니, 학교가 안 변했다고 하는 건 틀린 말이다. 세상에 변하지 않는 것은 없다. 그러므로 앞의 말은 수정되어야 한다. 학교는 엄청 변했지만 정녕 변하지 않았다, 고. 사실 모든 것은 변한다는 고금의 진리는 희망인 동시에 절망임을 우리는 알고 있다. 바람직한 변화 가능성이 희망이라면 그렇지 못한 변화 가능성은 절망이며 저주인 것이다. 나는 갈수록 절망이며 저주로서 학교의 변화를 현실로 경험한다. 희망은 허상이고 절망만이 진실임을 시시각각 확인한다고 해야겠다. 어쩔 것인가. 이리되고 말았다. 세상과 학교는 변하지 않고 나만 이토록 변해 버린 걸까……?

　권력은 학교나 교사가 변하기를 바라지 않는다. 아니 교사 스스로 변화를 추구하는 것을 좋아하지 않는다. 권력은 본질적으로 교사가 노예이기를 바란다. 무능하고 무기력한 노예도 나쁠 건 없지만 기왕이면 약삭빠르고 부지런한 노예를 더 좋아할 터다. 정권이 바뀔 때마다 권력과 기득권 세력이 부르짖는 교육개혁에 단 한 번도 기대를 걸어 본 적이 없거니와 그건 어디까지나 저들의 교육 장악 기도, 교사 길들이기의 일환일 뿐이라는 생각 때문이다. 교육과 정치는 불가분의 관계에 있다. 학교를 바꾸고 교육을 통해 세상을 바꾸려는 교사는 미구에 정치권력과 충돌하게 될 공산이 크다. 이건 불가피한 일이다. 교사로서 최소한의 양심이나 소신조차 권력에겐 불온한 무엇이 되는 이 나라에서는 더욱 그렇다.

세상은 교사를 쥐락펴락할 수 있어야 마땅하다고 믿고 싶을는지 모른다. 그래야 학교가 조금이라도 변하고 행복한 아이들의 학교도 가능하다고 생각할지 모른다. 그러나 그건 착각이다. 학교의 변화는 미우나 고우나, 믿거나 못 믿거나 교사들에게 달려 있음을 누가 부정할 수 있을까? 그게 아니라면 대통령? 교육부 장관? 교육감? 온갖 그럴듯한 정책과 제도의 입안자……? 이들이 중요하지 않다는 게 아니다. 이들이 가질지도 모르는 어떤 선의의 교육적 기획도, 이들이 장기판의 졸卒 정도로 여기기 십상인 교사들로부터 흔쾌한 동의를 얻지 못하면 사상누각에 불과하다는 말이다. 학생도 한 주체고 학부모도 한 주체지만 교사의 권한에 미치지 못한다. 누구도 대신할 수 없는 교사의 자리가 있는 것이다. 학부모는 학교 밖에 있고 학생은 학교 안에 있지만, 교사는 자라나는 아이들 앞에, 옆에, 안에서 삶을 살아가는 존재인 것이다. 그래서 묻지 않을 수 없다. 교사가 세상으로부터 존중받지 못하고 그 영혼이 자유롭지 못하다면 그런 교사와 부대끼며 살아가야 하는 아이들의 삶은 과연 행복할까……?

문제는 결국, 교사인 것이다.

2

이 책은 작년에 펴낸 《나는 왜 교사인가》의 후속 작업이다. 그래서 〈교사탐구 2〉가 되었다. 이를 위해 일곱 분의 선생님들을 추가로 인터뷰했는데, 작년 봄과 가을에 집중적으로 이루어졌다. 이 책에 '출연'한 다른

다섯 선생님은 1999년, 2002년, 2005년에 만나 월간 《우리교육》에 연재했던 분들이다.

어떤 기준으로 인터뷰이들을 선정했는지, 어떤 마음으로 인터뷰했는지 혹 궁금하신 분이 있을까 하여 여기에 관해 몇 마디 해 놓고자 한다.

부산의 '통일학교' 해직 교사 네 분과 일제고사 해직 교사 중 한 분은 꼭 만나서 그 사건의 전말을 기록으로 남기고 싶었다. 전자는 국가보안법의 나라에서 교사로 산다는 것의 의미를 다시 물을 필요가 있다는 생각에서였고, 후자는 MB 정권의 수많은 악행들 중의 하나인 일제고사 광란과 일부 악질 사학의 만행을 고발해야 한다는 의무감에서였다.

경기도 혁신학교인 장곡중의 박현숙 선생님과 홍덕고의 이범희 선생님, 그리고 경북 상주의 '작고 아름다운 학교'의 조영옥 선생님은 '학교의 변화'를 이뤄 낸 장본인이기에 꼭 만나 얘기를 듣고 싶었다. 그걸 세상에 조금이라도 알리고 싶었다. 아니 정작 급했던 건 나였다. 나는 시나브로 학교의 변화 가능성에 절망해 가고 있었으니까. 누군가로부터 배우기도 하고 힘도 얻고 싶었으니까.

학생인권(운동)과 관련하여 8년 전에 만난 당시 40대 후반의 심우근 선생님과 작년에 만난 30대 중반의 조영선 선생님도 마찬가지다. 나로선 역시 배우고도 싶었고 힘도 얻고 싶었다는 말이다.

끝으로 한 가지 더. 이 책의 열두 분 선생님 모두가 '전교조 교사'라는 사실에 대해서는 그냥 넘어가서는 안 될 것 같은 강박이 내겐 있다. 나는 20년이 넘는 세월 동안 변함없이 전교조 조합원이지만 누군가 나를 '전교조 교사'라고 부르면 종종 어떤 불편함을 느낀다. 새를 가둔 새장,

몸에 안 맞는 옷……! 전교조의 태동 때부터 갖은 악담에 험담에 욕설에 중상모략을 서슴지 않아 온, 언론의 정도正道는 진작부터 저버린 일부 극우 신문들의 악의적이고 왜곡된 시선이 그 말에 숨어 있어서가 아니다. 그런 시선 앞에서는 난 오히려 '전교조 교사'란 게 자랑스럽다. 긍지를 느낀다. 그러한 극우 신문들과 단짝을 이루는 불의한 권력이 전교조를 둘도 없는 적으로 규정하는 한 나는 전교조 교사이기를 포기하지 않을 것이다. 내가 '전교조 교사'로 불릴 때 불편한 까닭은 다른 데 있다. 나는 전교조 교사이기 전에 그냥 교사이고 싶고, 교사이기 전에 자유로운 영혼의 한 인간이고 싶기 때문이다. 이 책의 모든 선생님도 마찬가지라고 나는 말할 수 있다. 그들은 자유로운 영혼의 한 인간으로서 진리와 정의와 사랑의 길을 가고자 했고 전교조는 하나의 징검다리, 하나의 방편일 뿐인 것이다. 그 선생님들은 전교조로부터도 자유롭고자 함으로써 인간으로서의 교사, 구도자로서의 교사에 한 걸음 더 다가갈 수 있었다고 나는 생각한다. 믿어 의심치 않는다. 왜냐고 누군가 물으신다면 이렇게 대답하고 싶다.

"나는 운동가, 개혁가, 투사, 혁명가를 만나러 갔는데 내가 발견한 것은 결국 '인간'이었다, 라고."

그렇지 않다면 정말이지 전교조는 무엇이고 학교는 무엇이며 교육은 대체 무엇일까……?

3

다시 묻건대, 학교의 변화는 가능할까? 교사들은 정녕 학교를 변화시킬 수 있을까? 행복한 아이들의 학교를 만들 수 있을까? 대저 역사는 진보하는가? 물론 나는 모른다. 다만 나는 되묻게 된다. 역사란 무엇이며 진보란 무엇인가……? 캄캄한 밤길이 내 앞으로 뻗어 있다. 대낮에도 캄캄한 길. 캄캄함, 이것만이 지금 내겐 가장 리얼리티고 가장 진실에 가깝다고 느낀다. 캄캄함 속에서 나는 겨우 안심한다. 그리고 어느 날 나는 캄캄한 길 저편에서 반짝이고 있는 불빛 하나를 발견한다. 언제부터인진 모르지만 불빛은 홀로 그렇게 서 있었던 것이다. 그래서 나는 길을 갈 수 있다. 오늘 타오르고 내일 꺼질지라도 그 불빛이 있기에 나는 한 걸음 발을 내딛는다. 때론 목마른 길에서 옹달샘 하나를 만나기도 한다. 그것 역시 내일이면 바닥이 나고 무너지고 주위에 잡초만 무성하게 될지라도 오늘 그것이 있기에 나는 겨우겨우 교사의 길을 간다. 길의 끝에 무엇이 있는지 나는 모른다. 그렇지만 이 어두운 세상 어딘가엔 스스로 불을 밝힌 선생님이 별처럼 존재하고 스스로 샘물이 된 선생님이 거짓말처럼 존재한다는 것, 존재하지 아니할 수 없다는 건 안다. 그리하여 내 마음은 학교의 변화도 역사의 진보도 아닌, 바로 오늘 한 점의 불빛, 옹달샘을 통해서만 비로소 열리고 내일이면 도로 닫힐 수 있음을 또한 나는 분명히 알게 된다. 때가 되면 다시 열리리란 것도.

한여름의 깊은 밤이다.

한 점 불빛만 같고 별 같고, 샘물 같았던, 내가 만난 선생님들을 다시 떠올리니 지금 이 순간만은 한껏 낭만적이 되어도 나는 좋을 것 같다.

사하라 사막의 고독한 어린 스승, 잊고 살았던 '어린 왕자'의 속삭임마저 들려오는 것만 같다.

"사막이 아름다운 건, 어딘가에 우물을 숨기고 있기 때문이야……."

그래서 나는 응답하지 않을 수 없다.

"캄캄함이 아름다운 건, 어딘가에 불빛-별을 숨기고 있기 때문이기도 하지."

2013년 7월의 마지막 날

윤지형 합장合掌

1

교사,
존재의
이유

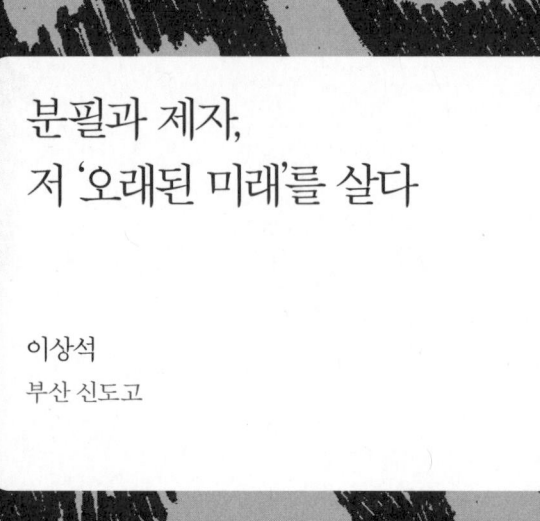

분필과 제자,
저 '오래된 미래'를 살다

이상석
부산 신도고

1

'스승'에게 가장 귀한 존재는 누구일까? 그야 당연히 '제자'겠다. 그럼 다시 묻건대 오늘날 '선생'에게 가장 귀한 존재도 당연히 '학생'일까? 마땅히는 그래야겠지. 하지만 나는 지금 기말고사를 마친 학생들이 모두 귀가한 텅 빈 교무실에 홀로 남아 이 글을 쓰고 있는데 정말 좋다. 아이들이 없기 때문이다. 언제부턴가 나는 학생들로부터 도망치는 교사가 되었다. 학생들은 '배움으로부터 도피'*해 왔다 할 것이고. 아무튼 나는 시나브로, 수업이 없거나 적은 날은 절로 행복해지는 교사가 되고 말았다. 교사로서 이 텅 빈, 허망한, 배신의 행복이라니……!

이른바 '교실 붕괴'를 내가 처음 경험한 것은 1999년으로 기억한다. 예고된 사태로서 그 '붕괴'는 교사와 학생 사이에 견고하게 작동하던 어떤 질서가 흔들려서 생긴 교사의 권력 누수를 의미했다. 나야 진작부터 교사의 저 오래되고 가당찮은 권력은 무너져야 한다고 믿어 왔기에 속으로 통쾌한 바도 없지 않았다. 하지만 '권력' 아닌 '권위'마저 희화되거나 교사를 향한 학생 폭력이 연출되는 상황 앞엔 나도 어찌할 줄을 몰랐고 분

---

* 사토 마나부의 《배움으로부터 도주하는 아이들》의 개념을 인용.

개도 했었다. 한번 무너지면 회복이 어려운 소중한 무언가가 심각하게 훼손되는 느낌이 들었기 때문이었다. 예나 지금이나 무책임한 보수 언론들은 '스승 때리는 제자'니 '무너지는 교권'이니 하며 개탄하고, 교육 관청은 '스승 존중 운동' 따위를 제안했지만 그 진정성을 나는 촌음도 믿어 본 적이 없다. 언론과 관청 그 어느 쪽에서도 학교에는 붕괴되지 않아야 하는 무엇이 있는 반면에 붕괴되어야 하는 것들도 매우 많다는 사실에 대한 인식은 찾아보기 힘들었기 때문이다. 이를테면 '학생 폭력'만을 함의하는 '학교폭력'은 '폭력(적) 학교'에 대한 성찰로부터 다시 논의하지 않으면 끊임없이 반복될 수밖에 없는 난제일 따름인데도 이 같은 사실은 간단히 무시되고 있지 않은가. 다시 스승과 제자 얘기로 돌아가 보자. '그 이름을 바르게 하라正名'는 인류의 스승 공자의 가르침에 기대건대 '스승 때리는 제자'라는 언설은 큰 모순이다. 말의 바른 의미로 '제자'는 결코 '스승'을 때릴 수 없기 때문이다. 때린다면 거기엔 이미 제자도 없고 스승도 없는 것이다. 결국 '붕괴'가 문제 되는 것은 스승과 제자의 관계가, 스승은 스승답고 제자는 제자다운 그 아름다운 관계가 어떠한 이유로, 어느 날 문득, 심각하게 무너져 버렸다는 데 있을 터이다…….

요컨대 이상석, 그를 만나기로 작정하면서 가장 먼저 떠오른 장면이 내겐 하나 있었다. 우르르 몰려든 '제자'들에 둘러싸여, 배가 알맞게 나온 풍채와 보름달을 똑 닮은 얼굴과 그 작은 입으로 곧잘 껄껄 웃는 '스승' 이상석의 모습이 바로 그것이다.

2

시월도 초순의 어느 날 저녁, 해운대 재래시장통의 시끌벅적한 횟집에서 그는 나를 기다리고 있었다. 가까이 살면서도 오랜만이었다. 그는 혼자가 아니었다. 한 제자와 한 후배 교사가 동석해 있었다. 대개 함께 어울리기를 좋아하는 그인 줄 아는지라 나는 개의치 않았다. 그런데 이 '함께'하는 자리의 모두_{冒頭}는 이상석에게 걸려 온 누군가의 전화 때문에 한동안 깨졌다.

"아니, 안 돼. 내가 비는데 그것만은 절대 안 돼. 너거들 정말 고맙다. 그래도 이건 아니야. 뭐? 벌써 집으로 부쳤다고? 미안하지만 내가 도로 반환할 테니까……"

요즘 지병으로 어려움을 겪고 있는 스승의 건강을 생각해서 옛 제자들이 제법 큰 의료기 하나를 집으로 부쳐 놓고는 연락한 것이었다.

"그렇지 않나? 걔들 마음이야 고맙지만 비싸기만 하고 쓸모는 별로 없을 의료기를 내가 왜 받아야 하나……. 어떤 선물이 좋으냐고? 졸업하고 대형 고기 도매점에서 일하게 된 한 녀석이 하루는 전화해선 '쎔, 제일 좋은 고기를 빼돌려서, 제값 주고 사 두었심니더. 좀 잡사 보이소' 그러는 거야. 내가 말했지. '좋다. 부치라.' 기분이 참 좋았지."

그뿐일까? 그가 K공고에 있을 때의 일이다. 충청도에 있는 대학의 교수가 된 제자가 자기 학과에서 개발한 포도주 100병을 트럭에 실어 이상석의 학교로 보냈다. 전국의 고3 담임들한테 고루 가야 할 대학 홍보용 포도주를 애주가인 사랑하는 은사에게 몽땅 보내 버린 것이다. 소주파인 이상석은 두어 병만 남기고 동료 선생님들에게 다 나눠 주었는데 나중에 마셔 보니 엄청 맛이 좋아서 후회막급이었다고…….

제자 얘기를 좀 더 해 보기 위해 그의 교사 경력을 일별해 보자. 첫 학교인 부산의 사립 D공고(1979년)에서 D중(1981년)을 거쳐 전교조 결성으로 해직된 S여고(1986년~1989년 여름)까지를 그의 교사 생활 전기라고 하면, 이후 J고 복직(1994년)부터 지금(2012년)까지를 후기라 할 수 있다. 그런데 그가 가장 애틋하게 생각하는 제자들은 ― 또한 그를 가장 애틋하게 생각하는 제자들은 ― 아무래도 젊은 시절인 전기 학교의 제자들이다. 이때의 제자 얘기는 교단 일기로서 스테디셀러이기도 한,《사랑으로 매긴 성적표》라는 고풍스런 제목의 책에 깨알처럼 꼼꼼히 기록되어 있다.

〈누가 도둑인가〉에 등장하는 D공고의 야간 학생. 담배 피우고 술 마시고 약한 애들을 괴롭히던 녀석은 어느 날 절도죄 현행범으로 붙잡혀 담임인 이상석과 경찰서 유치장에서 대면하게 된다. "야, 인마! 이기 뭐꼬!" 아직은 젊디젊은 '스승'은 녀석과 함께 울기부터 한다. "배가 고파예……." "죄진 놈이 배고픈 줄은 아나?" "선생님, 정말 죄송해예. 선생님, 한 번만 용서해 주이소." 마음으로야 백 번이고 용서하다마다였다. 그저 가난이 죄인 것을 누가 모르랴! 게다가 아무도 곧이들어 주질 않는 녀석만의 숨은 진실이 있었다. 병든 아버지의 약을 살 돈이 필요한 녀석은 사상공단의 한 공장에서 얼마간 일을 했는데 사장이 월급을 주지 않았다. 그래서 창고를 털어 받아야 할 월급만큼만 훔쳤다는 것이다. 이상석은 밤새 쓴 장문의 탄원서를 담당 검사에게 기어코 직접 전달했고, 그 편지에 감복한 검사는 녀석을 훈방한다. 1년 뒤 이상석이 옮긴 중학교로 담배 한 보루를 사 들고 제자는 스승을 찾아왔다. 서울 명동의 한 양장점에서 재단을 배운다는 녀석과 이상석은 소주잔을 '참 맛나게' 기울인다…….

〈가정방문과 촌지〉에는 '맡은 반 아이들을 제대로 알려면 반드시 가정방문을 해야 한다'는 교육철학을 마음에 새기게 된 사연과 함께 교사 초년생 때 멋모르고 촌지 몇 번 챙겨 술도 마셨다는 커밍아웃(!)도 있지만, 이상석이 정작 하고 싶은 얘기는 가난한 (아)이들의 삶과 진실이다. 교사가 되고 싶은 민주라는 아이의 '때에 전 스웨터에 몸뻬를 입은 꾀죄죄한' 어머니는 가정방문 온 이상석에게 말한다. "우리 민주가 선생님 좋다고 굿이 났어예. 올라가서 사과라도 한 알 잡숫고 가시야지예." "그 사과 지금 하나 주이소. 먹으면서 내려가지예." 젊은 스승은 한 손으론 사과를 베어 물고 한 손으론 어린 제자의 손을 잡고 '달동네'를 내려온다…….

〈학급 재판〉의 두 주인공 제자들은 또 누군가. 며칠 전 가출했던 두 녀석은 늦은 밤 담임인 이상석에게 전화를 한다. "선생님예, 배가 고파 죽겠습니다. 빵 좀 사 주이소예." 어디냐고 물으니 "집에 연락하면 또 도망갈 것"이라는 협박(!)을 앞세우며 '선생님 집 근처'라고 한다. 스승은 저 철없는 것들을 집으로 불러와 하룻밤 먹여 주고 재워 준다. 학교에 돌아온 녀석들은 학급 아이들을 괴롭히고 다시 담임의 애를 먹인다. 하지만 반 아이들 역시 이상석의 제자인지라 솔로몬의 지혜를 보여 준 학급 재판을 통해 녀석들을 감싸 안는다…….

이러한 교사 순애보가 비단 이상석만의 것이 아님은 물론이다. 영 엉터리가 아니고선 나름 가슴 뭉클한 사연 하나둘쯤 없는 선생이 어디 있을까? 그러나 '스승'을 생각하면 얘기가 달라진다. 나부터 부끄러워지는 것이지만 아무나 스승이 되는 건 아니지 않은가?

"내가 아직 젊은 선생이었을 때 한 노老교사의 정년퇴임식에 참석한 적이 있는데 말이야. 재학생들만 있고 졸업한 제자들은 아무도 안 보이는 거야. 그게 너무 이상했어. 사립이라 학교를 한 번도 옮긴 적이 없었을 텐데, 왜 이럴까? 어째서 이렇게 제자들이 없는 걸까? 대체 교사로서 어떻게 살았기에? 그 선생님의 쓸쓸함을 생각하니 마음이 아팠지. 그때 난 결심했어. 나는 절대 안 그럴 거라고……! 요즘은 퇴임식도 사양하고 그냥 조용히 사라지는 선생들도 있지만 난 안 그럴 거야. 내가 세상으로 보낸 제자들 다 모아 놓고서 말할 거야. 나는 이렇게 살아왔고 이렇게 떠난다, 오늘은 내가 한턱 쏠 테니 다들……!"

이 말에 나도 퍼뜩 내 퇴임식을 떠올려 보았는데, 일순 머릿속이 하얘졌다. 상상이 되지 않았다. 언제부턴가 평교사의 퇴임식은 그야말로 유명무실한, 퇴임하는 교사 본인이 먼저 생략해 버리고 싶은 통과의례로 전락했다고 할 것이다. 이런 현실을 생각하면 30년이 넘는 세월 동안 '세상으로 보낸 제자들'이 가득 모인 자리에서 교직 인생의 마감 인사를 하겠다는 이상석의 바람은 배짱에 가까운 무엇이라고 해야 할지 모르겠다. 하지만 그에게 이건 결코 허튼 배짱도 '단지 꿈'도 아니다. 어제도 오늘도 이상석의 제자들은 명절이나 그의 생일 즈음이면 무리를 지어 스승을 찾아온다지 않은가. 가장 친하게 모이는 '친구'들은 D중에서 3학년

담임했던, 지금 나이가 마흔 초반인 '녀석'들인데, 서로 '형, 아우' 하며 지낸다고 했다. S여고 제자들도 세 그룹이 되는데 각각 열댓 명씩은 된다고 했다. 또 있다. 첫 학교인 D공고의 제자들은 쉰 초반의 나이인데 그 중에서 유일하게 교사가 된 한 제자와 그 동기들은 스승을 두고 맨정신엔 '형님'이라고 했다가 술에 취하면 '선생님'이라 부른다든가 어쩐다든가……? 아무튼 그는 옮기는 학교마다 이런 제자들을 뿌리 깊은 나무처럼 키워 왔던 것이다. 어떻게? 그야, 아무나 흉내 낼 수 없는 이상석만의 무언가가 있음이 분명하지만 그게 뭔지는 상상에 맡긴다.

3

나는 이제 그를 처음 만났던 1986년 봄을 떠올려 본다. 대구에서 대학을 졸업하고 부산으로 내려와 선생 노릇을 하게 된 지 2년째였던 그 해, 나는 어떻게 해서든 마음이 통하는 선생들을 만나고 싶었다. 지성이면 감천이라고, 지독한 근시로 군을 면제받아 먼저 국어 선생을 하고 있던 한 친구가 내게 천금 같은 얘기를 하나 들려주었다. "나는 이오덕 선생의 글쓰기교육연구회에서 이상석이란 선생을 알게 되었네. 그는 한국 YMCA 산하의 중등교사협의회에서도 활동하고 있는데 거기 가면 그를 만날 수 있을 거네." 옳거니……! 나는 4월의 어느 날, 퇴근길에 초량동 부산 YMCA의 한 방을 찾아갔고, 과연 거기엔 이상석이 몇몇 선생들과 함께 있었다. 때는 전두환 정권 말기, 살얼음판을 걷듯 해 온 교사-교육운동단체의 선생들은, 이상석의 표현대로 하면, '제 발로 걸어 들어온 홍안의 총각 선생'이었던 나를 기꺼운 마음으로 환대했다. 그날로부터 내

선생살이가 울퉁불퉁 고단·찬란하게 될 줄은 당시의 나는 알 턱이 없었다. 우선 내가 그 동네에 발을 내디딘 지 한 달도 채 안 된 5월 10일, 전국의 550여 명의 YMCA교사회 교사들은 일제히 '교육민주화선언'을 '선언'했고 나라 안은 발칵 뒤집혔다. 4.19교원노조가 5.16군사쿠데타로 압살된 지 25년 만에 처음 터져 나온 교사들의 집단적 의사표시였던 것이다. 그것도 서슬 푸른 5공 치하에서! 당시 20명가량의 부산 YMCA교사회의 회장은 이상석이었다. 모두들 중징계의 위협에 직면했는데 알고 보니 이상석은 이미 학급 문집과 글쓰기로 아이들을 '의식화'했다는 죄로 징계를 받은 경력이 있었다.(1985년) 아무튼 '5.10교육민주화선언'(1986년) 이후 교사-교육운동이 전국교사협의회(1987), 평교사협의회/사학민주화투쟁(1988년), 전교조 결성(1989년)으로 걷잡을 수 없는 기세로 확산되는 동안 이상석이나 내가 그 '기세'의 좀 앞쪽에 서게 된 건 피치 못할 공동 운명이었다. 하지만 전교조 결성과 함께 학교를 떠나게 되었을 때, 그러니까 그는 S여고에서, 나는 그 학교에서 가까운 J여고에서 해직당했을 때 그와 나의 상황은 달랐다. 그는 이상석이었기 때문이다. 무슨 말이냐하면 해직 교사 이상석에게, S여고생들과의 '강요된 별리'는 아주 특별한 사건이었다. 1989년의 봄과 여름, 전국 수백 개 학교의 1,600여 교사들이 졸지에 학교에서 쫓겨나는 초유의 사태 속에서 얼마나 많은 순정한 아이들이, 교사들이, 학부모들이, 졸업생들이 울면서 싸우고 싸우면서 울고 했던가. 학교마다 그 정도는 달랐을지언정 가슴 아프게 아름다운, 잊을 수 없는 사연들이 얼마나 숱했던가를 내 몰라서 하는 말이 아니다. 그럼에도 내가 '특별한 사건'을 운위하는 것은 이상석의 'S여고 시대'가 어떠했는지, 그 사랑과 행복이 어떤 것이었는지를 알기 때문이라고 해

두자……. 나는 이 얘기를 하고 싶어 여기까지 온 것이다.

D공고와 D중을 거쳐 옮기게 된 같은 재단의 S여고는, 내 맘대로 말하자면, 이상석에게 '새로운 하늘과 땅'과도 같은 곳이었다. 아니 S여고라는 '동산'을 그는 그렇게 만들고자 했다, 고 할까? 아니 아니, S여고 학생들이야말로 이상석이라는 새로운 하늘과 땅을 만났다고 해야겠다. 왜냐고 묻는다면 나는 상상만 해도 눈이 부신 수업 장면 하나를 보여 주는 것으로 답하고 싶다.

어느 가을날 문학 시간, 이상석이 교실 문을 열고 들어서는데 책걸상이 모두 뒤로 밀쳐진 교실 바닥에는 노랗고 붉은 나뭇잎들이 수북이 쌓여 있었다. 눈빛 맑은 여고생들은 그 낙엽 위에 삼삼오오 앉아 그의 수업을 기다리고 있었던 것이다. 아직 30대 중반의 청년 교사(!)였던 그는 저예쁘기 그지없는 처녀 아이들에게 큰절을 올린다. 너무도 고맙고 행복해서……! 그날의 수업은 어땠을까? 이 또한 상상에 맡길 수밖에 없지만, 굳이 묻건대 정작 '고맙고 행복'했던 것은 바로 그 꽃다운 청춘들 아니었을까? 그 학교엔 아이들 숨통을 틔워 주는 교사가 그리도 적었다고 했으니. 그래서 이상석은 동료 교사들로부터는 질시도 무던히 받았다고 했으니. 오, 아이들의 가없는 순정한 마음을 관료의 죽은 언어로, 어불성설 권력의 언어로 왜곡하고 상처 입히고 짓밟는 자들에게 저주가 있을진저……!

"시 수업을 하는 날이면 학교 동산으로 나가곤 했지. 동산 하나가 선생 10명 역할을 하거든. 모두들 햇살을 받으며 조용히 걷거나 잔디밭에 누워 그냥 하늘을 바라보는 거야. 무슨 말이 필요해? 그걸로 끝이야. 시 수업 끝……!"

그러기에 한 처녀 아이는 이상석이 학교에서 쫓겨난 직후에 보낸 눈물의 편지에서 그를 이렇게 부를 수밖에 없었으리라.

"근엄하신 분도 아닌 장난꾸러기, 그리고 정도 많고 감동도 쉽게 하셔서 눈물도 많으신 우리의 아빠, 오빠, 그리고 남자 친구, 애인, 선생님."

그 '사랑'과 그 '행복'이 크디컸던 만큼 해직 사태를 맞은 이상석과 처녀 아이들이 엄청난 슬픔과 고통을 감수해야 했음은 두말이 필요치 않다. 또한 쫓겨난 스승과 스승 잃은 제자들의 학교 밖에서의 '만남'까지 감시하고 방해하고 불온시하고 폭력까지 행사했던 타락한 언론, 교육청 관료들, 한심한 몇몇 동료 교사들 때문에 아이들이 겪은 슬픈 혼란과 오직 그로 인한 이상석의 아픔과 절망도…….

4

오직 "아이들이 보고 싶어서", "분필 들고 수업 한번 하고 싶어서" 자나깨나 학교로 돌아가고 싶었던 이상석이 복직한 지도 어언 18년. 이제 정년을 2년 앞둔 나이 예순의 교사인 그는 중도 퇴임을 하지 않고 완주할 작정이다. 가까운 지인들은 건강이 좋지 않은 그를 걱정하지만 백전노장의 국어 선생은 교사로서 마지막으로 어떤 '완성'을 보여 주고 싶다고 말했다. 아니 그는 이를 금방 '수정'했다.

"'완성'이라기보단 선생으로서 내가 '바라던 바'를 이루고 싶다고 해야겠지."

'바라던 바', 그게 뭔지 금방 감이 오지 않았다. 아직도 그에게 풀지 못한 포부 같은 게 있단 말인가? 교사의 과업이란 어제의 완성이 오늘의 완성을 보장해 주지 못하는 것이긴 하지만…….

"복직해서 두 번째 학교였던 K공고 애들이 잘 안 찾아오네. 걔들이 젤로 보고 싶고 기다려지는데……. 아직 나이가 20대 후반이니 자리를 못 잡아서, 살기가 힘이 들어 그렇겠지 하면서도 늘 보고 싶어. 왜냐고? 정말 친하게 지냈고, 내가 사랑했고, 내 사랑을 받아 줬던 녀석들이었으니까. 그놈들을 만나면 '나도 선생 제법 했다', '(교육을) 완성'했다 싶은 생각도 들 텐데……."

왜 그토록 사랑했을까? 교사로서 '완성'을 운위할 정도로 말이다! 이유가 있었다.

"난 말이야, 가난이 얼마나 인간을 사려 깊게 하는지 그 아이들을 만나면서 절실히 깨달았어."

늘 그랬듯 K공고 시절에도 이상석은 담임을 맡은 반의 1번부터 끝번까지 빠짐없이 가정방문을 했다. 그리고 거기서 그는 생각지도 못한 아이들의 가난을 보았고 그 가난의 선물로 고귀한 인간적 진실 ─ '사려 깊음' ─ 을 그 아이들로부터 발견한 것이었다. 그렇다. 스승은 제자를 '발견'함으로써 비로소 스승이며 제자는 그런 스승을 '만남'으로써 비로소 제자 — '스승의 스승'이기도 한 — 가 되는 것이 아닐까. 그러기에 이상석은 그 제자들을 잊을 수 없는 것이리라.

"그 사려 깊은 아이들이 세상에 나가면 아무 쓸모 없는 존재가 되고 마는 현실을 우린 어떻게 받아들여야 할까? 나는 교사이기 때문에 그런 아이들을 버리는 세상과 싸울 수밖에 없는 거야."

그는 요즘 K공고 학생들이 쓴 글과 관련한 책을 세상에 내보낼 작업을 하고 있다. 그것이 자신이 '세상과 싸움하는 한 방식'이라고 말했다. 저 무한 욕망의 천박하고 비루한 세상을 향해 그는 "이 아이들을 보라"고 말하고 싶은 것이다.

5

생로병사…… 인생무상…….

자정이 가까운 시각 집으로 돌아오는 택시 안에서 나는 새삼스레 중얼거렸다. 천하의 이상석도 병들고 늙어 가는구나. 아이들과도 예전 같지가 않구나……. 둘만의 자리가 된 2차 호프집에서도 그는 많은 얘기를 했다. 흉금을 털어놓게 하는 술의 마력 때문만은 아니었다. 그에겐 아마도 오래 마음에 담아 둔 말이 있었고 그것은 문이 한번 열리자 그냥 밖으로 나왔을 뿐이었다.

"K공고 이후엔 '제자'가 없다시피 하군. 신도시의 Y고도 괜찮았는데 동질감은 크게 없었지. 산에 같이 놀러 갈 수 있는 정도는 되었지만 살아가는 얘기, 세상 얘기를 나누기엔 왠지 어려운 거야. 내 말을 잘 이해하지 못하는 것도 같고……. 여기서야 올해 전근 오자마자 담임은 않고 3학년 수업만 들어가다가 두 달 병가까지 냈으니……. 나도 이젠 늙었고……."

그러니까 그가 가장 소중하게 여기는, 아이들과의 진한 만남이 날이 갈수록 제대로 이루어지지 않고 있다는 말이었다. 하지만 이상석이 누군가……!

"내년엔 문제 풀이만 하는 3학년 안 맡고 1, 2학년 애들과 혼신을 다해 수업을 하고 싶어. 아이들 입에서 '와~, 선생님~' 하고 감탄사가 절로 나오도록 말이야."

왜 아니리요? 그의 수업에 관한 한 전설처럼 전해 오는 얘기 하나를 나는 해야겠다. 복직 첫 학교였던 J고에서 그는 한 학년 전체 학생을 대상으로 말만 나가는 방송 수업을 했는데, 학교 전체가 쥐 죽은 듯 조용했다고 했다. "애들이 울면서 내 수업을 들었다는 건 졸업한 녀석들이 찾아와 얘기해서야 알았지." 남은 2년, 그런 수업을 그는 다시 하고 싶은 것이다. 그런데 무슨 힘으로? 그는 이제 병들고 늙고 말았는데?

"나이가 너무 들어 수술을 못 하는 의사는 첨단 의료 기기를 갖춘 수술실에 들어가선 젊은 의사들에게 '이건 이렇게, 저건 저렇게' 하며 자신의 노하우를 펼친다고 해. 그런데 교사 사회는 나이 든 교사에게 배우려고 하지 않아. 새로운 수업 도구들은 젊은 교사들이 더 잘 다룬다는 거지. 하지만 정말 중요한 건 분필인데 말이야. 인터넷 강의식 수업은 아이들을 문제 푸는 기계로 만드는 수업이잖아? 컴퓨터엔 온갖 자료들이 다 있을진 몰라도 아이들의 마음을 어떻게 읽고 아픈 마음을 어떻게 안아 줘야 하는지는 안 나와. 그건 분필에서 나오는 거거든."

분필……! 결국 그랬다. 이상석의 평생 변치 않은 교육적 진실은 '분필의 진실'에 있다는 것! 바로 이 분필로부터 그의 '제자'들은 태어났고 자라났고 지금도 살아가고 있는 것이다. 또한 아이들을 공부 기계, 시험 기계, "무뇌아로 만드는" 이 "몹쓸, 무서운 구조"와 포기할 수 없는 싸움에서도 그의 유일한 무기는 바로 분필이다. 그는 말했다.

"교사로 살아온 사람으로서 내 마지막 자존심, 그것은 아이들을 살리는 참된 교육은 분필로 가능하다는 걸 보여 주는 일이야."

분필은 잘 부러진다, 분필은 약하다, 분필은 답답한 아날로그다, 분필은 케케묵었다, 나이 예순의 선생 이상석처럼……. 그러나 오늘 나는 이 파괴적·공멸적 근대 기술 문명을 서글픈 눈으로 바라보는 '오래된 미래'의 진실을 다시 생각한다. '스승과 제자'라는 '오래된 미래'를 오래오래 살아온 이상석의, '분필'이라는 또 하나의 '오래된 미래'도 함께 말이다.

2012년 10월

이상석의 그 후 이야기

지난해 가을, 윤지형 선생이 나를 인터뷰한다고 해 만나서 오랜만에 취토록 마셨지. 그날 헤어지며 나는 윤 선생에게 큰소리를 쳤지. "내년엔 정말 3학년 안 맡을 거야. 세상에서 가장 쉬운 선생질이 고3 전담 비담임일걸. 나 그런 선생질은 안 할래. 1, 2학년 맡아 열심히 살아 볼게……." 이래 놓고 올해도 나는 3학년 비담임 노릇을 하고 있네. 몸이 말을 들어주지 않는데 어떻게 하나. 아니, 이렇게 나약하고 비겁해졌다고 해야 하나. 구구한 변명은 누추할 뿐인데……. 내년은 내 교사 노릇 마지막 해인데 과연 몇 학년을 맡을까?

비겁해진 건 이 일뿐이 아니야. 교원 성과급 제도가 생긴 지 13년 만에 내가 근무하는 학교에서 처음으로 차등제를 받아들이기로 한 거야. 이런 일이 벌어진 한복판에 내가 있었어. 지난 4월 나는 동료 교사들에게 이런 편지를 보내야 했지.

선생님들께 부끄럽고도 죄스런 마음으로 몇 말씀 드리고자 합니다. 지난 직원회의에서 제가 발의한 '성과급을 균등 분배하는 일'은 없었던 일로 해야겠습니다. 이미 통장에 돈을 입금하신 분도 9명이나 되고 현금을 들고 오신 분도 계시기에 왜 이 일을 접기로 했는지 그동안의 일을 알리지 않을 수 없어 간략하게 말씀드립니다. S등급을 받으신 분들의 말씀을 건너 들었습니다.

"왜 내야 할 돈이 이렇게 많으냐?"
"이럴 바에야 S등급 안 받는 게 낫겠다."
"(불법 행위를) 언론에 제보하겠다."
"나는 균등 분배에 참여하지 않겠음은 물론 (이분은 그래서 처음부터 뺐습니다) 고발할 마음도 가지고 있다."

또한 교감 선생님의 만류가 너무나 간곡하십니다. 입금 계좌번호를 친목회 총무의 통장으로 하자, 회장님과 총무님을 불러 그 위법성을 밝히며 감사가 나오면 책임을 피할 수 없을 것이라 말씀하시더랍니다. 그래서 친목회 총무님이 통장을 빌려 주기가 어렵다는 뜻을 전해 왔습니다. 이처럼 이런저런 말씀들이 분분한 것을 알았습니다. 2001년도부터 시작된 성과급 차등 지급을 제가 재직한 모든 학교에서는 단 한 번도 균등 분배하지 않은 때가 없었습니다. 애초 균등 분배의 취지는 우리 스스로 서열화되는 것을 용납할 수 없고 등급 기준 자체가 교사 업무 특성상 어느 한 잣대로 재단할 수 없다는 사실을 보여 주려 한 것이었습니다. 더욱이 동료 교사들 사이의 협동과 믿음을 해칠 우려가 있는 차등 지급을 우리 스스로 화합의 차원에서 흔쾌한 마음으로 나누어 버리자는 뜻이었습니다. 하오나 지금의 현실은 이런 애초 취지와는 너무나 판이한 분위기로 흐르고 있습니다. 그래서, 그렇다면! 이 일을 중도에서 파기하는 게 옳다는 뜻을 모았습니다.

이런 글을 보내 놓고 가만히 생각해 보니, 정말 중요한 문제를 놓치고 있었다 싶더군. 비정규직 선생님들에 대한 무관심이었어. 그분들은 두 달이 채워져야 성과급을 받을 수 있잖아. 58일을 근무해도 성과급 지급 대상에서 제외될 수 있는 거지. 비정규직 근무도 억울한데 일한 만큼의 대접도 받지 못하는 부조리에 다 함께 싸워도 모자랄 판에, 엉뚱한 데다 힘만 들이고 있었던 거지……. 그런데 솔직히 말하면, 이 싸움은 어디서부터 어떻게 단초를 열어야 할지 막연하기만 하네. 너도나도 자본의 논리에 젖어들어 끝내는 늪 속에서 허우적거리는 꼴이 되고 말겠지. 아니, 이미 우리는 자본의 늪 속에서 꼴까닥꼴까닥 똥인지 된장인지를 먹고 있는 거야.

윤 선생과 이야기를 나누며 우리 둘이 가장 아쉬워한 게 내가 K공고 제자들과는 졸업 후로 한 번도 만나지 못하고 있는 일이었지. 그런데 그 제자들과 다시 만나게 되었어. 이게 요즈음 들어 가장 신 나는 일이네. 나는 비겁해졌지만 아이들은 역시 희망이었다는 것을 다시 확인하기도 했어. 다음은 그날 나의 일기(2013년 3월 25일)라네.

7년 전에 함께 공부했던 K공고 제자들 몇을 만났다. 한 아이한테 연락을 했더니 열두어 명이 모인 것이다. 편입을 하여 공부를 다시 하는 아이도 있고 고만고만한 직장에 다니는 아이도 있다. 아직은 스물대여섯.

자리가 잡히지 않아 힘겨울 때이다. 그렇지만 어쨌든 제 앞가림은 하고 살아갈 수 있겠구나 싶은 믿음이 생겼다. 어지간히 험한 일이라도 해낼 수 있는 힘이 있고, 무엇보다도 편하게 돈 벌어 살자는 약삭빠른 생각은 하지 않기 때문이다.

이 아이들은 내가 담임을 맡은 아이들은 아니다. 2년 동안 수업만 했던 아이들이다. 그래서 그런지 이름을 잘 기억해 내지 못했다. 그런데도 이 아이들이 써내었던 글은 내가 다 기억할 수 있었다. 아이들도 어느 친구는 뭘 썼고 또 누구는 뭘 썼는지 신통하리만치 환하게 꿰고 있었다.

"샘, 명수 글, '생선장수 아주머니'. 그 글 좋다고 샘이 억수로 칭찬했지예. 생선 비늘이 말라붙은 앞치마를 우째 명수가 볼 수 있었냐고, 그건 사랑이라고……"

"그래, 내 명수 글이 하도 좋아서 이 전화기에 넣어 다닌다 아이가. 봐라, 이거."

"샘, 명수, 영상 통화 연결됐심더. 통화 함 하이소."

명수와 나는 이산가족을 만난 듯이 통화를 하다가 울먹이기까지 했다. 명수는 경기도 안산 어디 공장에서 일하고 있다고 한다.

"요새도 시 써?"

"잘은 못 써요, 샘. 그래도 가끔은 써요……"

우리들은 소주를 끝없이 깠다. 그러면서 바둑을 복기하듯 우리들의 수업 이야기를 다시 하나하나 살려 내었다.

"교과서 배운 것은 하나도 기억 안 나는데 글쓰기 공부한 것은 다 기억나요."

"그래, 우리가 글을 왜 써야 한다고 했어?"

"음…… 그러니까, 우리 식대로 살기 위해서! 맞지요?"

"인마, 그건 주체성 아이가. 더불어 살기 위해서! 이거죠?"

우리는 2차를 가기 위해 일어섰다. 사람들이 바글거리는 서면 뒷골목을 아이들이 나를 에워싸고 걸었다. 한 녀석은 경호원 흉내를 내기 시작했다. 우리는 다시 허리를 꺾으며 웃었다.

5월 말에는 다른 팀을 만나게 되었는데 이 모임을 주선한 정경이 이야기를 좀 해야겠네. 그날 정경이를 만난 후 쓴 일기(6월 2일)라네.

여학생인 정경이는 좀 어리광이 있고 잘 삐치기도 했다. 3학년 때였다. 글쓰기 시간에 써낸 글이 무척 길었다. 그날 주제가 '가난을 느꼈을 때'였다. 정경이는 알바하는 데서 당한 아픔을 글로 썼는데 모처럼 다 털어놓고 넋두리하듯 마구 써 내렸다. 마음에 꾸미고자 하는 욕심이 없으면 살아 있는 글이 나오는 걸까? 공고 아이들 글에서는 늘 야성의 기운을 느낀다. 그 후 정경이는 그 글, '때리는 고용주'로 기억이 되었다.

지하철 출구에서 만난 정경이는 황금빛 보자기에 싼 상자부터 내민다.

"애야, 니가 더 반갑지, 선물이 중요하나, 어디 한번 안아 보자."

남학생들은 옛 모습 그대로인데 정경이는 어딘가 어른스러운 모습이 보인다. 까만색 정장까지 입어서 더 그래 보였다. 술부터 몇 잔 돌아가고 이제 제 사는 얘기로 넘어간다.

"난 장례학과 갔잖아. 거기 졸업하고 바로 취업했어."

아, 그러고 보니 고3 때 정경이가 대학 안내 팸플릿을 들고 와서 자기는 여기 갈 거라고 말하던 기억이 난다. 아주 생소했다. 장례학과라니!

"네가 할 자신만 있으면 해 봐도 될 거야. 그렇지만 여자가 해내기 좀 버겁지 않을까?"

"보건대학 가서 간호사나 물리치료사 이런 거 하면 좋겠지만 제 점수가 그게 아니잖아요. 전 잘할 자신 있어요."

우리 반 애가 아니라서 이 정도 이야기만 하고 끝냈다.

"지금은 기장에 있는 원자력병원 장례식장에 근무해. 계약직이긴 하지만 대우도 괜찮고, 결혼하고도 계속해야 한다고 병원 측에서 잡아. 조건은 좋은 편이야."

특이한 직업이니 이런저런 묻는 게 많다. 내가 아까부터 묻고 싶은 말이 있었다.

"네가 염도 하니?"

"예, 해요. 메이크업도 해 주고……."

정경이는 아무렇지도 않게 말하지만 둘러앉은 아이들이 아주 잠깐 놀라는 눈치. 서둘러 아무렇지도 않은 듯. 나도 더는 상세히 물을 수 없었다.

"그 일을 하면 생각이 깊어지겠어……."

"예, 정말 그래요. 살고 죽는 것에 대해 생각을 많이 하게 돼요."

"야, 그걸 글로 쓰는 거야. 옛날에 '때리는 고용주' 쓰듯이 보고 들은 이야기, 그리고 너만 할 수 있는 특별한 일을 하면서 느끼는 것들을 말이야. 그냥 무심하게 흘리지 말고 글로 써야지 하는 맘을 먹고 자세하게 기록해 두는 거야. 내가 책으로 내 줄게. 글도 내가 봐 주면 되잖아. 먹고 살기 위해 자기 직업을 수행하는 사람은 돈을 벌기 위한 노예에 불과해. 아까 인우가 직장이란 데가 노예 계약을 한 것 같다고 했잖아. 그런데 말이야, 자기 일을 하면서 거기서 깨닫고 느낀 것을 글로 기록하게 되면 노예에서 주체자로 삶이 확 바뀌게 돼. 정경이 네가 글을 쓰고 안 쓰고에 따라 네 삶의 질은 하늘과 땅 차이가 돼. 너만이 쓸 수 있는 글이 있을 거 아니냐. 그걸 글로 쓰자."

정경이는 굳은 결심이라도 한 듯 고개를 주억거리면서 내 얘길 들어주었다.

"써 볼게요, 선생님."

나는 술을 마시면서도 생각은 줄곧 글 쓰는 일에 가 있었다. 그래, 막상 글을 써 보면 한두 가지 생각을 정리하는 것으로 그만 바닥이 날지도 모른다. 그럴 때 내가 찾아볼 만한 글감에 대해 튕겨 주는 거야. 이런 것이 진정 글쓰기 지도지……. 굳이 정경이한테만 글을 쓰게 할 것이 아니라 모인 아이들 모두 제 직장 일을 하면서 얻은 글감으로 글을 써 본다면! 그것을 모아 문집으로 엮을 수 있다면! 아! 퇴임하고 나면 이 일을 주선해 봐야지. 퇴임 즈음에 둘레 사람들한테 못을 박아 말을 해 둘 일이다. 그래야 책임지고 일을 해 보지!

윤 선생을 만난 후 나는 이렇게 살고 있고, 또한 이렇게 살다가 학교를 떠나게 될 것 같다네.

2013년 6월
이상석

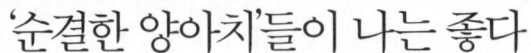

'순결한 양아치'들이 나는 좋다

조영선

서울 경인고

1

한가을 어느 '놀토'의 이른 아침 내가 부산을 떠나 조영선을 만나러 간 곳은 서울시교육청에 있는, '학생인권교육센터' 사무실이었다. 나이 서른여섯 살의 '파견 교사'인 그녀는 거기서 나를 기다리고 있었다. 곽노현 교육감이기에 가능했던 자리. 그런데 나를 만나자마자 그 반짝이는 눈에 소프라노인 음성으로 입바르게 그녀가 쏟아낸 말은 교육청 관료들을 향한 거침없는 비판에 '험담'이었다.

"여기 와서 크게 깨달은 게 하나 있어요. 교육청 관료들을 통해서는 학교 현장의 그 무엇도 바꿀 수 없다는 사실이죠."

그야, 나도 한때는 영혼 없는 교육 관료들을 믿느니 개나 고양이에게 공을 들이는 게 낫다는 생각을 하곤 했었다. 그 철벽 앞에 절망도 숱하게 했다. 그렇지만 이른바 '진보 교육감'이 당당히 입성한 서울시교육청인데 뭐가 달라도 달라지지 않았을까……? 그런데 그녀는 아니라고, 그게 아니라고 거듭 말했다.

"학교의 변화는 현장 참여자들의 삶이 녹아 있어야 비로소 가능할 텐데 장학사들의 일 처리 방식이 어떤 줄 아세요? 학생인권에 관한 홍보와 교육이 하나의 일로 떨어지면 일단 1,300여 개 학교에 공문을 발송해서 각 학교당 교사 한 명씩 불러요. 그러곤 당연히 연수를 하죠. 그다음엔 그 교사 한 명이 자기 학교에 돌아가 60명의 교사에게 전달 연수를 하도록 지시합니다. 그럼 학생인권 교육의 성과는 '1,300×60=78,000' 이따위 계산만 하고 앉아 있는 식이죠."

그 78,000이라는 숫자는 학생인권의 신장하고는 아무런 관련이 없다는 건 그들부터 먼저 알지 않았을까? 어차피 시키니까 마지못해 했을 장학사가 태반이었을 테니까.

"장학사는 학교를 몇 개씩 거느린 영주와 같은 존재예요. 그 영주들은 각각, 곽노현 이전에는 '시범학교' 10개를, 곽노현 이후에는 '혁신학교' 10개를 꾸리는 식이지요. 문제는 시범학교 같은 예전의 보수적 정책을 폐기하지 않은 상태에서 혁신학교 같은 진보의 정책을 일선 학교로 내려보내니까 교사들은 이중의 짐을 지게 된다는 데 있어요."

그건 그렇고, 그녀의 말이 종횡무진 하는 중에도 나는 사무실 벽에 따로따로 붙여진 두 글귀에 눈길이 갔다.

'이주호 파마하면 / 시키자 닭강정'

알 듯 말 듯 아리송했다. 딱히 연관성이 없었다. 학생 두발 자유를 허하지 않을 이주호 교과부 장관이 파마를 하게 되는 날이 오면 닭강정을 시켜 먹으면서 축하 파티를 연다……? 아니었다. 조영선이 자신의 사무실을 드나드는 장학사들 보라고 처음에 써 붙인 글귀-구호는 그게 아니었단다.

'이주호 파면 / 지키자 강정'

이렇게 쓴 A4 용지를 조영선이 자리를 비운 사이 한 장학사가 문서 파쇄기에 집어넣었다는 것이다. 촌철살인! 평범한 직설화법이던 것이 언로가 막히니 날렵하게 시적 변신을 한 것이다. 그 장학사들은 조영선이 만든 학생인권조례 홍보 포스터도 문제 삼았다고 했다. 포스터에 등장한 노랑머리를 한 두 남녀 학생을 자꾸 트집 잡아서 머리 색깔은 검은색으로 바꿔야 했단다.

"여긴 텔레비전 사극에 나오는 구중궁궐과 같은 곳이에요. 왕(교육감) 앞에서는 고개 숙여 '전하~' 해 놓고는 끼리끼리, 구석구석에 모여 숙덕숙덕거리죠. 그리고 완전 계급사회예요. 어떤 장소로 한꺼번에 이동할 때 보면 장학관은 버스를 타고 장학사는 걸어가요. 그러니 저 같은 파견 교사를 뭘로 보겠어요? '어디에서 근본도 없는 상것이 들어와 궁궐 물을 흐리고 있는 거야……?' 이런 눈빛들인 거죠. 웬만하면 파견 교사 생활을 안식년처럼 생각하겠는데 전혀 그게 아니에요. 여기서 몇 달 지내 보니 '교육 불가능'의 학교가 오히려 그리워졌어요. 문제 많다고들 하는 전교조도 완전 소중하단 생각이 들고요. 그래서 파견 교사로 나온 올해, 전교조 집회도 젤 많이 나간 것 같아요."

아무튼 교육청 관료들로부터 '애'나 '또라이' 취급을 당하고 있다면서도 생글생글 웃기만 하는 조영선은 결국 이렇게 말했다.

"학교의 순결한 양아치들을 어서 빨리 보고 싶어요! 이중플레이를 밥 먹듯 하는 이 동네 어른들에 비하면 그 양아치들이 훨씬 낫거든요."

2

'순결한 양아치!'
이 역설의 시적 표현이 함의하는 것이 무언지 궁금할 수밖에……?

"그러니까 말이죠, 남을 괴롭힘으로써 내 존재를 과시하려는, 그래서 교사인 나를 고민하게 하고 내 에너지를 쓰게 만드는 그런 녀석들을 말하죠. 담배를 피운다든지 외모가 튄다든지 해서가 아니라 오직 남을 괴롭히기 때문에 '양아치'란 거예요. 앞에 붙는 '순결한'은 뭐냐고요? 어른들은 온갖 나쁜 짓 다 하고도 권력 뒤에 곧잘 숨는데 아이들은 그러질 못하죠. 그럴 힘도 빽도 없으니까요. 악덕과 거짓말이 그대로 다 드러나요."

그래서 '순결'하단 거고 순결하기에 조영선은 그 "입 없이 유령처럼 떠

도는" 양아치들에게 에너지를 쏟을 수밖에 없다. 다시 말해 '좋아하지 않을 수가 없다'는 것이다. 그런데 이건 저 수많은 양아치들 때문에 날이면 날마다 골머리를 앓는 무수한 선생들(나도 마땅히 여기에 포함시키자)은 기겁을 할 소리다. 무엇보다 조영선의 '알리바이'가 완벽하기 때문이다. 양아치도 '그냥' 양아치, '이해할 수 없는' 양아치, '나쁜' 양아치, '폭력'의 양아치가 아니라 '순결한' 양아치라지 않는가 말이다. 나는 먼저 이렇게 자문해 본다. 조영선이 '양아치 사랑'을 저토록 신 나게, 자신만만하게 말할 수 있는 힘은 어디서 나오는 걸까? 단지 아직 팔팔하게 젊은 30대이기 때문일까? 아니, 조영선의 '양아치 사랑'을 나는 어디까지 믿어야 할까……? 아니, 그보다도 그녀는 대체 누구인가……?

3

고교 시절 조영선은 '양아치'와 아무런 인연이 없는 '범생이'였다. 서울하고도 특목고 학생으로 3년 내내 반장을 도맡아 했을 만큼 말이다. 2학년 때 학생회장이 되어선 학생들의 두발 상태를 겨냥해 '파마와의 전쟁'을 선포할 정도로 어용적인, 나름 선민의식의 소유자였다고도 했다. 그러던 여고생이 재수하는 동안 뭔가 달라졌다. 대학에 입학한 친구들이 데모하며 선전지를 돌리는 걸 보고는 그걸 도와주면서 '대학 가면 나도 운동을 해야지' 하고 결심했다는 것이다. 더 놀라운 것은 대학(서울대 사범대)에 들어가자 선배들이 그녀를 보고 "학생운동의 신동이 하나 들어왔다"고 입을 모았다는 사실이다. 그러나 운동이 그렇게 쉽지 않다는 걸, 조영선은 금방 온몸으로 알아차리고 만다. '삐딱한 교사 조영선의 솔직한 학교 이야기'란 부제가 달린 그녀의 책《학교의 풍경》(2011년)의 한 대목을 읽어 보자.

처음엔 학생회 활동 하는 선배들을 열심히 쫓아다녔다. (……) 그런데 내가 학생회 활동에서 처음 부딪힌 장벽은 집회에서 잘 뛰지 못한다는 것이었다. (……) 농활을 가서도 마찬가지였다. 일 자체도 몸에 붙지 않아 힘들어 죽겠는데 규율이랍시고 등도 못 붙이게 하고, 밤늦도록 평가하는 그런 문화가 나와 맞지 않았다. 노동조차 소화 못 하는 내가 농민들에게 뭔가를 가르치려 한다는 느낌도 좋지 않았다. (……) 학생운동에 대한 기대가 무너져 갈 무렵 공부방에 가게 되었다.
— 조영선,《학교의 풍경》, 17~18쪽

이 공부방에서 그녀는 '범생이-선민의식'이 부서지는 경험을 하게 되는데 이 얘긴 꽤 재미있고 의미심장한 바가 있다.

학교 생활을 좋아했던 나는 공부가 재미없고 놀려고만 하는 그 아이들을 이해할 수 없었다. 자신들을 도와주려고 하는 공부방에 와서 술 먹고 담배 피우고 일탈 행동을 일삼아 공부방이 쫓겨날 위기에 처하게 하는 아이들의 행동이 배은망덕하다고까지 생각되었다.
— 조영선,《학교의 풍경》, 19쪽

당장 그만두고 싶었지만 오기가 나서 1년을, 2년을 버티는 동안 그녀는 한 가지 깨달음을 얻는다. 나 같은 지진아로선 놀라운 일이기도 하지만, '노력해도 안 되는 일이 있다'는 걸 그녀는 처음 알게 되었던 것이다. 다시 말해 '아이들을 나의 방식대로 개조'하고 싶어 했고 그게 가능하다고 믿었던 조영선은 마침내 '나이가 많거나 지식이 많다는 이유로 누가 누구를 일방적으로 가르칠 수 있는가'를 심각하게 고민하게 된 것이다. 그리고 때가 되자 그녀는 운 좋게 임용 시험에 합격하고 목동의 한 중학교에 선생으로 가게 된다. 교단 초년생으로 겪어야 했던 간난신고艱難辛苦와 분투는 그녀만의 것이 아니므로 생략한다.

나는 10여 년 전 월간《우리교육》의 〈윤지형의 교사탐구〉라는 꼭지에 글을 연재하게 된 인연으로 지금까지 전국의 적잖은 교사들을 만나 왔다. 그러는 동안 내가 확인한 한 가지 진실이 있는데 그것은 '교사는 교사가 됨으로써 비로소 교사가 된다'는 것이다. 잘 준비된 교사를 생각해 볼 수는 있다. 폭넓은 지식과 인문학적 소양, 인간(아이들)에 대한 예의와 사랑, 여기에 더해 날렵한 업무 처리 능력까지 갖추었다면 그 준비는 가히 만점이겠다. 그러나 제아무리 준비된 교사도 '나날이 전쟁'인 학교 현장과 직접 부딪치기 전까지는 그가 어떤 교사가 될지는 정말 아무도 알 수 없다고 나는 생각한다. 그런 학교에 '맞서느냐, 아니면 쉽게 길드느냐'의 갈림길에서 고민하고 갈등하고 절망해 보기 전까지는 말이다. 그렇다면 조영선이 선생이 되어 직면한 학교의 첫인상은 어땠을까? (이건 매우 중요하다고 나는 생각한다.)

"첫해(2001년), 교무회의 풍경이 너무 웃겼어요. 대다수 교사들은 졸고 앉아 있는데 한 전교조 선생님이 무슨 발언을 시작하자 누군가 (아마

교감) 마이크를 꺼 버리는 거예요."

《학교의 풍경》에는 이런 표현이 나온다. '절대 파도가 치지 않는 거대한 늪' 같은 학교, '기관의 수족'으로 전락한 갑갑한 교사들, '교장 1인 독재 체제' ……

민주주의 훈련이 전혀 안 되어 있는 교사 사회를 금방 확인했던 셈인데, 그야 어디 어제오늘의 문제인가? 정작 교무실의 그녀에게 '충격'을 준 것은 학교 행사나 일을 결정하는 데 학생들은 완전히 배제되고 있다는 사실이었다. (그러고 보니 교무회의에서 이런저런 발언을 적잖게 해 온 나도 그런 '사실'은 크게 생각해 본 적이 없었던 것 같다.)

"이곳은 참 이상한 세계구나, 했어요. '교무실의 정치'로만 돌아가는 이상한 시스템인 거죠. 또 교사들은 이런 식으로 말(농담)하더군요. '선생이란 직업은 할 만한 것이다. 애들만 없다면!' 대부분이 교실을 싫어했어요. 그것도 하나의 충격이었어요. 속으로 반문하곤 했죠. 그럼 우체국 같은 델 가지 학교에는 왜 왔나……?"

그러나 이런 의문과 반발과 '충격'은 그녀가 마침내 교사의 길로 들어섰음을 알린 하나의 비상벨일 뿐, 최고의 강적은 역시 아이들이었다. '전교조 키드'(그녀가 중1 때 전교조가 결성되었단다)로서 선생이 되면 바로 전교조에 가입해 '참교육'을 실천하는 '참 교사-좋은 교사'가 되겠다는 야무진 꿈을 품고 당당히 '인 스쿨In school' 한 조영선도 그랬다는 말이다. 부연컨대 여느 학급운영의 달인 교사처럼 온갖 학급 행사를 만들어 아이들과 함께하는가 하면 ― 즉, 실패도 하고 성공도 하는가 하면 ― 선배 교사에게 모욕을 당해도 아이들 편에 서는 걸 주저하지 않는 조영선에게도 역시 아이들은 만만치 않은 존재였다는 그런 말인 것이다.

아니 바로 그런 그녀였기에 저 '순결한 양아치'들의 도전에 직면해 이래 저래 망가질 '운명'을 면치 못한 것이라고 해도 좋겠다. 왜냐하면 선생 노릇에 햇수가 쌓이는 동안 총명하고도 열정적인 교사임이 틀림없는 조영선은 '절망' 속에서(《학교의 풍경》에는 이런 대목이 있다. '내가 교직 생활 8년 동안 학교에서 배운 건 8할이 절망이다'), 그 '절망'의 소중한 열매인 한 가지 깨달음을 얻게 되었기 때문이다. 그것은 다음과 같이 요약할 수 있다.

'참 교사-좋은 교사' 되기를 빨리 포기할 것. 다시 말해 '꼰대'가 되지 말 것. 그 굴레에서 한시바삐 벗어날 것. 요컨대 아이들과 '동등한 관계'로 거듭날 것……!

어쩌면 교사로서 지당하신 깨달음! 그런데 문제가 있었다. 학교에서 학생은 교사와 동등하게, 대등하게, 주체적으로 존재하는가? 그렇게 살고 그렇게 말하고 그렇게 생각하는가? 천만의 말씀 만만의 콩떡 아닌가? '좋은 교사'가 제아무리 '동등'하게 학생을 대하려 노력한다 해도 그건 절름발이 동등, 일방적인 동등에 지나지 않는 것 아닌가……? 하지만 그 깨달음이 진정이라면 그 실천은 '바늘 가는 데 실 가듯' 따라오게 마련이다. 무슨 말이냐 하면 조영선이 학생인권 문제를 나날이, 진지하게,

혹은 거의 전투적으로 고민하게 되고 마침내 그 운동 전선에 뛰어든 것
또한 내가 보기엔 거의 '운명'이라 할밖에 없다는 것이다.

4

학생인권―유구한 학교의 역사 속에서 이것은 무엇이었고 또 지금은
무엇인가?

2010년 6월 2일 전국 16개 시도에서, 놀랍게도, 이른바 진보 교육감이
6명이나 선출되면서 학생인권 문제는 비로소 사회적 의제 혹은 논란거
리로 떠오르게 된다. 하지만 오랫동안 학생인권은 '교문 앞에서 멈추는',
'학교 담장을 도무지 넘지 못하는' 불온한 무엇이었다. 물론 학생인권을
위해 분투하는 교사가 없진 않았지만 열에 아홉은 학생은 '인간'이기 전
에 '학생'이고 미성년자고 제압(지도)당해 마땅한 열등한 존재라는, 교직
사회의 오랜 관념의 벽을 깨기에는 절대 역부족이었다. 달걀로 바위 치
기와 마찬가지! 생각할수록 한심하고 이상한 일이지만 일제의 잔재 중
하나인 학생의 머리카락 길이의 문제, 그러니까 '두발 자유'가 여태껏 난
제가 되어 있는 현실을 우리는 어떻게 받아들여야 할까? 학생인권을 존
중하게 되면 이른바 '교권'이 위태로워진다는 따위의 허섭쓰레기만도 못
한 논리가 여전히 밑바닥 대세를 이루는 오늘의 학교를 보라……!

"2006년에 옮겨 간 고등학교에서도 학생들의 두발 자유 문제를 거론
했는데, 전교조 조합원 선생님들조차 별 관심을 안 갖더라고요. 정말 실
망했죠."

그럴 때 마침 강서구의 한 중학교 학생들이 두발 자유를 요구하는 시위를 벌였고, 학교 측이 그 학생들을 징계하려 든다는 소식을 조영선은 접하게 되었다고 했다.

"그 사건을 계기로 (징계 저지 싸움에 동참하게 되면서) 청소년 인권 모임 '철딱서니'와 배경내(《인권은 교문 앞에서 멈춘다》의 저자이자 인권운동 활동가)를 만났는데, 인권교육센터 '들'이 생기면서(2008년) 거기에서 함께 활동하게 되었죠."

생각건대 철딱서니, 청소년인권행동 아수나로, 인권교육센터 '들' 그리고 배경내와 한낱 같은 인권운동 활동가들은 당시 가뭄 든 연못의 붕어 꼴이었던 조영선에게 세차게 흘러넘치는 강물과 다름없는 것이었으리라. 그래서 물 만난 고기가 된 조영선이 '청소년 인권 행동의 날' 광화문에서 열린 '두발 자유, 바로 지금!'과 같은 행사에 동료 교사와 아이들과 함께 달려가게 된 건 매우 자연스러운 일이었다. 누군가 그녀에게 '왜 그렇게 학생들의 두발 문제에 집착하는가?' 하고 묻는다면, 그녀의 대답은 이렇듯 분명할 터다. 두발 단속은 학교의 '근대적 억압 기제'의 하나이며 교사에겐 '두발 자유를 넘어 자유를' 가르칠 의무가 있기 때문이라고 말이다.

"아수나로의 고교생 친구들을 인권캠프 같은 데서 만나면 절 그냥 '우돌'('좌충우돌'의 준말, 조영선의 별명)이라고 부르는데, 철딱서니의 아이들은 굳이 '우돌 쌤'이라고 불러요. 인권이란 공기와 같은 건데, 그럴 땐 높임말이 없는 영어권 사람들이 참 부럽죠."

그러기에 '전교조 키드' 조영선은 '학생인권운동과 일정하게 긴장관계에 있는 전교조'를 향한 애증愛憎의 염念도 숨기지 않는다.

"제가 전교조에 실망한 것은 정파 싸움 때문이 아니라 학생인권에 대한 태도 때문이었어요. 서울에서 학생인권조례 주민발의를 위한 서명 운동이 한창이던 때(2011년) 전교조는 적극적으로 동참하지 않았죠. 우리 학교 분회에서만도 학생인권을 문제 삼아 조합에서 탈퇴한 선생님도 있었으니까요. 전교조 교사가 학생인권을 바라보는 태도는 남자들이 성희롱에 대해 취하는 그것과 비슷해요. 그게 잘못이란 건 인정하면서도 페미니스트에게는 딱히 우호적이지 않은 남자들을 생각해 보세요."

그래도 그녀는 전교조를 욕만 할 수가 없다. 왜? '전교조의 죄는 단지 늙음에 있다'고 생각하기 때문이다. (과연 모든 존재는 늙고 병들어 죽는데 그걸로 뭐라 할 수는 없는 일일 테니까!) 또한, 아직은 젊은 조영선이 학교에서 힘들 때 든든한 비빌 언덕이 되어 주는 것은 역시 역전의 용사이기도 한 전교조 선배 교사들이기 때문이다. 그러기에 그녀는 전교조를 곱지 않게 보는 청소년인권단체의 고교생 활동가들을 만나면 이렇게밖에 말할 수가 없다. "미안해. 요즘 전교조가 이래." 그런가 하면 서울에서 학생인권조례가 어렵사리 통과된 이후에는 학생들에게 '오히려 불친절하게' 다음과 같이 말하기도 한다.

"이제부턴 너네 권리, 너네가 찾아!"

5

'우돌' 혹은 '우돌 쌤' 조영선. 그녀는 오늘도 학생인권을 화두로 좌충우돌한다, 고 내가 말한다면 그녀가 인권교육 강사를 양성하는 자리에 강사로 나선다든지, 아까 언급한 청소년 인권단체의 학생들과 만난다든지 하는 모습부터 떠올리는 사람이 적잖을 것이다. 당연한 일이다. 그녀가 글과 강연, 토론회, 인터뷰, 국어 수업 시간을 가리지 않고 가히 전방위로 학생인권운동에 열성적인 건 내 눈에도 훤히 보이니까. 그러나 내가 그녀를 생각할 때 가장 먼저 떠오르는 것은 '좌충우돌'보다 오히려 '순결한 양아치들'이다. '순결한 양아치'와 '학생인권'의 관계는 동전의 양면이며 나무와 그 나무를 감고 올라가는 칡넝쿨과 같은 관계임을 그녀를 만난 후 깨달았기 때문이다. 그녀는 말했다.

"아이들을 무서워할수록 아이들은 무서워진다."

《학교의 풍경》에 나오는 한 꼭지의 제목인 이 문장을 보는 순간 나는 눈이 번쩍 뜨였다. 명징하기에 무서운 말! 저 고매하신 선지식善知識들의 화두공안話頭公案(선종에서 스승이 제자를 인도하기 위해 제시하는 과제)을 마주한 느낌이었다고 할까? '폭력적 학교 – 순결한 양아치 – 학생인권 – 교사인권'의 문제(그리고 그 해답까지)의 고갱이가 그 말 한마디에 숨어 있지 않은가? 그 고갱이에 압축되어 있는 뜻을 조영선과 또 다른 조영선들(!)의 말을 빌려 내가 몇 가지로 풀어 보면 이렇다.

– 아이들이 '괴물'이 되었다면 그건 '나 여기 살아 있어요'라는 외침이다.

- 잘못을 지적하는 교사에게 '왜요?'라고 (무례하게 대들 듯이) 반문하는 것은 아이들이 교사를 같은 인간(혹은 친구)이 아닌 권력의 대상으로 보기 때문이다.

- 진짜 학생인권을 두려워하는 이들(학생들에게 자유와 평등의 가치를 가르치는 것을 두려워하는 이들, '김상곤 경기도 교육감의 학생인권조례는 반교육적'이라는 조·중·동의 사람들)은 '학생인권이 결국 학교 내의 권력 해체로 나아갈 수 있고, 이것이 사회의 권력을 흔들 수 있음을 본능적으로 느끼기 때문'이다.

- 학생인권조례는 학생들의 근로기준법과 마찬가지다(전태일의 죽음을 생각하라).

- '가장 인권적인 것이야말로 가장 교육적인 것'이며 '인권의 한계가 곧 교육의 한계'이다.

그러므로 조영선은 야무지게 말한다. "전교조 참교육운동의 새로운 가능성은 학생인권에 있다"고. 여기에 덧붙여 내가 한마디 한다면 이렇다. 교사의 학생인권운동의 가능성은 오직 저 '순결한 양아치'와 친구가 되는 일에 있다! 왜냐하면 나는 우리 학교의 골치 아픈 아이들에 앞서 오늘도 '깔깔깔' 소리 내어 웃으며, 혹은 남몰래 눈물도 흘리며(우돌 쌤은 '울보'이기도 했다니까) 다음과 같이 호언(!)을 하는 교사 조영선의 친구가 되고 싶기 때문이다. (그리되면 나의 의식적·무의식적 '꼰대성'도 어쩌면 균열을 일으킬 것도 같으니까!)

"인권교육을 하다 보면 '존엄이 무슨 뜻이야?' 이렇게 묻는 녀석도 있어요. 국어 수업 시간엔 '우돌 쌤 시간에 자면 좋은 기氣를 받을 수 있기 때문에 기분이 좋아' 이렇게 말하는 녀석도 있고요. 근데 그런 양아치들의 헛소리를 들으면 전 황당하면서도 통쾌하고 기분이 좋아요!"

누가 아니라나? 난 그러진 못해도 그런 조영선이 나 또한 황당하면서도 통쾌하고 기분이 좋은 것을!

2012년 10월

지난해 서울시교육청으로 인터뷰하러 오신 선생님께 저는 '순결한 양 아치들이 있는 학교로 돌아가고 싶다'고 말씀드렸었죠. 그래서 '학교에 돌아와 보니 정말 행복하더라' 뭐 이런 감동을 주는 스토리를 내놓아야 할 것 같은데 막상 제 삶은 그렇지 않네요.

곽노현 교육감이 떠난 서울시교육청에서 갸루상(사람이 아니무니다)이 된 저는, 기다렸다는 듯이 학생인권조례를 내팽개친 관료들과 되지도 않는 씨름을 하며 지난해를 보냈습니다. 그때만 해도 정말 제가 돌아갈 곳은 영혼 없는 관료들과 공문서 따위에 휘둘리지 않는, 동지들과 아이들이 있는 학교라고 생각했어요. 그러던 즈음 전교조 선거가 있었고, 저는 아이러니하게도 교육청에 있으면서도 그 어느 때보다 선거운동을 열심히 했습니다. 아무 편견이나 의심 없이 학생인권운동에 함께해 왔던 선생님께서 후보로 출마했기 때문이었어요. 더구나 여러 선거를 통틀어 처음으로 제가 지지한 후보가 당선되는 기쁨도 맛보았어요.

그런데 제 행운은 그걸로 끝이더라고요. 학생인권조례 수정 드립을 치던 사람이 2012년 12월 19일 치러진 보궐선거에서 서울시 교육감으로 당선됐잖아요. 저는 더 이상 교육청에 있고 싶지 않았지만, 올해 2월까지는 교육청 소속이었기 때문에 어쨌든 있어야 했는데 그 상황이 견딜 수 없이 싫더라고요. 엎친 데 덮친 격으로 대통령 선거 결과도 저를 포함한 주변 사람들을 모두 멘붕시켰고요. 상대 후보에게 전교조 편향 드립을 치던 그 후보의 당선은 그야말로 제가 가지고 있는 여러 정체성 중 전교조 조합원으로서 저를 전면으로 소환했죠. 덕분에 저는 지난 1월부터 전교조 본부 사무실로 출근하고 있습니다. 늘 멀리서 보기만 했던 활동가의 삶을 흉내 내며 지낸 지도 벌써 6개월째네요.

그럼 전교조 본부의 생활은 어떠냐고요? 결론부터 말하면, 정말 쉽지 않네요. 수업 준비하고, 수업하고, 아이들과 함께 웃고 떠들던, 어쨌든 일상의 사이클이 있는 학교 생활에 익숙해서 그런지 적응도 잘 안 되고요. 학교를 2년 가까이 떠나 있었으니 어느 정도 바뀔 법도 한데 말이죠. '우돌'이라는 제 별명처럼 하루하루를 좌충우돌하며 지내고 있어요. 매일 닥치는 일이 제겐 늘 새로운 일이거든요. 어느 날은 학생인권과 관련된 교사 연수 자료를 만들고, 교육 준비를 해요. 또 어떤 날은 학생인권 홍보 자료를 만들기 위해 홍보 문구를 짜기도 하죠. 교육부의 삽질(?)을 규탄하는 성명서와 보도 자료도 쓰고요. 본부 전체의 행사가 있는 날에는 학교에서 환경미화를 할 때처럼 뭔가를 자르고 붙이는 일도 하죠. 월요일은 거의 교육부의 삽질에 맞서 기자회견으로 시작하고, 일주일에 몇 개씩 되는 여러 단위의 회의에 참여하기도 해요.

제가 학생인권 담당이다 보니, 전국의 학생인권 상황과 현실을 파악하게 됐는데 같은 대한민국의 학교가 맞나 싶은 때가 있어요. 서울이나 경기 같은 경우 두발이나 용의 복장에 관한 이슈는 이미 철 지난 이야기인데, 다른 지역에 가면 아직도 우리의 소원은 '두발 자유'인 학생들이 뜻밖에 많더라고요. 구체적인 사안에 대해 도움을 요청하는 교사들과는 직접 상담도 하고 있어요. 두발이나 용의 복장에 대해 자의적인 규제를 일삼는 학교와 어떻게 싸울 수 있는지 묻는 교사의 이야기를 들을 때면, 저와 전교조가 더 열심히 활동해야겠구나 싶기도 하죠.

흡연 3회로 퇴학당한 학생의 이야기를 들었을 땐 얼마나 화가 났는지 몰라요. 학칙에도 없는 규정을 근거 삼아 자신을 쫓아내려는 학교와 씨름하는 그 친구를 어떻게 하면 도울 수 있을까 함께 고민하기도 했죠. 그 학생은 금연하려고 노력했고, 학교에 다니고 싶은 의지도 매우 강한 친구였어요. 만약 담배를 세 번 피웠다고 노동자를 해고하거나 교사를 해임한다면 사람들은 뭐라고 할까요? 교육이라는 이름으로 너무 쉽게 폭력적인 수단을 선택하는 학교의 모습을 볼 때면 전 정말 화가 나고 부끄러워서 얼굴을 들 수가 없어요. 재작년에 담배를 가지고 있다가 흡연 1회로 퇴학을 운운하는 학교에 "이런 학교 안 다녀도 그만이야 XX!" 하고 외쳤던 친구가 있어요. 저는 요즘도 그 '순결한 양아치'를 떠올리며 퇴학을 막을 여러 방법을 고민하고 있네요.

얼마 전엔 제가 휴직 중인 학교 소식을 듣게 됐어요. 생활지도부장 선생님이 새로 오면서 학생들에 대한 징계가 강화되고 벌점 누적으로 말미암은 퇴학이 일상화되었다더군요. 학교를 더 좋은 곳으로 만들려고 잠시 나와 있다고 생각했는데…… 착잡하더라고요.

가끔은 제가 지난 2년여 동안 해 왔고, 지금도 하고 있는 이 일이 사실은 아무도 관심 없어 하는 일이 아닌가 싶기도 해요. 틈만 나면 속도 운운하며 학생인권조례를 해태懈怠하려는 교육 관료들의 행태를 폭로했던 일, 학생인권을 부담스러워하는 교사들을 만나고 설득하는 일, 잘 보도하지도 않는 학생인권 관련 보도 자료와 성명서를 내는 일 등 말이죠. 빠르게 후퇴하고 있는 이 세상에 제가 어떤 역할을 하고 있는지 저 스스로 확신이 들지 않을 때가 더 많더라고요. 그때 이런 생각을 했어요.

'나는 한 번도 내가 하는 일에 대단한 확신이나 자신감을 가졌던 적이 없었던 것 같다. 대부분 나의 선택은 그 순간 '그래야 할 것 같아서'인 경우가 많았다.'

교사가 교장과 학생 사이의 마름과 같은 존재라는 사실을 알게 되었을 때, 적어도 교장 편에 붙을 수 없어서 학생인권을 선택했죠. 그리고 전교조 편향 드립을 치는 후보가 대통령에 당선되었을 때, 여러 가지 이유로 전교조라는 정체성에서 멀어지고 있는 저 자신을 붙들기 위해 본부 전임을 해 버렸고요. 이렇게 순간순간 '그래야 할 것 같아서'라는 판단을 내리게 한 파편적 사건들이 이어져 지금의 절 만들었던 거예요. 그리고 어느 날 돌아보니, 저는 학생인권을 이야기하는 교사가 되어 있었죠.

여전히 좌충우돌하고 있지만, 결국 '그래야 할 것 같은 마음'이 제 안에 살아남을 수 있도록 하는 것이 관건이겠죠. 진실은 한 번도 논리적으로 저를 설득했던 적이 없으니까요. 세상을 넓게 보고 다양하게 생각하는 것 따위는 저한테 중요하지 않아요. 결정할 때 고려해야 할 요소가 많아지면 많아질수록 제 시야는 흐려질 테니까요. 그러려면 지금까지 하던 대로 저의 '그래야 할 것 같은 마음'을 나누는 일과, 우리의 '그래야 할 것 같은 마음'을 모으는 일에 집중해야겠어요. 그렇게 순간순간 마음을 다하는 것이 결국 사태의 본질을 꿰뚫는 힘을 만들고, 모두에게 칭찬받는 우아한 삶에 대한 유혹을 떨치고 좌충우돌하는 삶을 계속할 힘을 만들어 줄 테니까요. 그래야 지속가능한 좌충우돌이 될 테고요. 나중에 이 글을 봤을 때 부끄럽지 않은 삶을 살도록 노력할게요.

2013년 7월

조영선

물만골 처녀 선생은 무엇으로 사는가

김경애

부산 금정여고(현 사직고)

양나라 무제가 달마대사에게 물었다.

"짐은 왕위에 오른 이래로 절을 짓고, 경전을 쓰고,

스님을 양성한 것이 셀 수가 없는데, 내겐 어떤 공덕이 있소?"

달마대사가 대답했다.

"무無 — 아무런 공덕이 없습니다."

1

교사 김경애는 '물만골'에 산다.

'물만골'은 부산시 연제구 연산동 황령산 기슭의 산동네 이름으로 도시의 중심에서 밀려난 가난한 사람들의 신산한 삶의 터전이다. 또한 이곳의 공부방은 학교 방과 후엔 마땅히 깃들 곳이 없는 아이들의 따스한 보금자리요 놀이터, 상담을 위한 장소일 뿐 아니라 주민들이 공동의 과제를 토의하는 공회당이기도 하다. 나도 언젠가 한번 둘러본 적은 있는 물만골, 그곳에 사는 '경애 쌤'을 만나기 위해 성탄절 오후 혼자 집을 나섰다. 나는 그녀에게 양무제와 달마대사의 대화를 원용하며 다음과 같은 질문부터 날려 볼 작정이었다.

'당신은 서른 초입의 처녀로서 그 직업은 고등학교 역사 교사이자 한문 교사다. 당신은 교단에 선 이래로 전교조라는 가파른(!) 교원단체에서 적지 않은 활동을 해 왔으며, 교사극단 조명이있는교실에선 총무로서 또 열성적인 배우로서 신 나게 뛰고 있을 뿐 아니라, 이 산동네 공부방에서는 없어서는 안 될 '슈퍼스타'로도 소문나 있다고 들었다. 요컨대 내가 보기에 1인 4역을 하는 셈인 당신은 좌충우돌 바쁘고도 힘겹게 살아가는 것만 같다. 당신의 이 같은 삶에는 어떤 공덕이 있을까……?'

왜냐하면 '스타' 이전에 '슈퍼우먼'으로 보이는 그녀에게 내가 정작 묻고 싶었던 것은 '지금 당신은 진정 행복한가?'였기 때문이다. '해야 한다'는 당위보다는 '하고 싶다'는 자연스러운 바람만이 가져다줄 행복의 철학을 잣대로 '인간' 김경애를 한번 삐딱하게 탐구해 보고 싶었다. 그러나 그날 물만골 산동네로 들어서면서 나는 애초의 다소 악마적인 질문은 일단 마음속에 숨겨 두기로 생각을 바꾸었다. 무엇보다 성탄절 오후 물만골의 겨울 하늘은 청명하기 이를 데 없었으며 다닥다닥 붙은 낮은 집들은 예전과 다름없이 정겹기 그지없어 보였던 것이다. 나는 집을 나설 때보단 한결 마음이 너그러워졌을 뿐 아니라, 그런 만큼 김경애 이야기를 두루뭉술 착한 선생 이야기로 도배해서는 안 된다는 강박에서 약간 해방되기도 했다. 그런데 좁디좁은 골목길을 돌고 돌아 담도 없는 좁은 공부방 마당으로 들어섰을 때, 여닫이문이 열리며 모습을 드러낸 김경애의, 감기 기운이 약간 남아 있는 낭랑한 목소리와 밝은 얼굴은 필경 내 심사를 긁어 놓고 말았다.

'한창 청춘의 나이에 이런 산동네 골짜기에 처박혀 사는 게 과연 행복할까?'

방 안으로 들어서며 나는 눈빛으로 대강 이렇게 물었던 것 같다. 밥상에, 회의 탁자에, 때론 아이들의 앉은뱅이책상 노릇도 할 길쭉하니 넓은 싸구려 합판으로 만든 상을 사이에 두고 김경애와 나는 마주 앉았다. 그녀 옆엔 나와는 동년배에다 몇 차례 소주도 함께 나눈 바 있는 조성제 엠마누엘 신부가 수호신과도 같이 동석해 있었고……

2

김경애가 물만골과 인연을 맺게 된 것은 1995년 9월, 나이 스물아홉 때였다. 처음엔 조 신부의 권유로 일주일에 몇 번씩 올라와 공부방 아이들에게 강의만 해 주고 내려가곤 했지만, 다음해 11월엔 아예 물만골로 이사를 와 버렸다. 우선 당시 얘기부터 청했다.

"물만골에 올라와 첫날 밤을 보내고 아침에 세수하려고 보니 수도가 얼어서 물이 나오지를 않데요. 공부방으로 뛰어가 봐도 마찬가지였죠. 학교에 0교시가 있던 때라 마음이 급해 달려간 동네 목욕탕마저 정기 휴일이더군요. 그 다음부터는 기온이 떨어진다 싶으면 수도꼭지를 조금 틀어 물이 졸졸 흘러내리도록 하고 잠을 청했어요."

어느 정도 각오는 했을 고생은 그렇게 시작된 셈이었다. 그게 엊그제 같은데 올해로 벌써 2년째. 이제 물만골 아이들에게 그녀는 '경애 쌤'이기에 앞서 고모에 이모에 누나, 언니가 되었다고 했다. 한마디로 '친구'가 된 것이다. 바로 그걸 위해, 부모로부터 결혼 재촉에도 적잖게 시달렸을 그녀는 물만골로 보따리를 싸 올라왔다는 것인데, 그래도 거기엔 무슨 곡절이 있진 않았을까?

"글쎄요? 전 태생적으로 약하고 부족한 사람들에게 자꾸 마음이 가요. 아이들은 더 그렇죠. 예쁘고 안쓰럽고……. 그래서일 거예요. 걔들에게 자꾸 무언가를 주고만 싶단 말이에요. 가진 건 별로 없지만."

가진 게 별로 없다……? 과연 그럴까? 물만골의 사람들에 비하면 물심양면으로 가진 게 많지 않은가? 거기에다 사회적 약자들을 향한 연민의 정이라는 훌륭한 미덕까지 갖추고 있으니 당신은 그야말로 모든 걸 소유한 셈이지. 어쩌면 당신이야말로 대단한 욕심쟁이일지도 몰라…….
그러나 김경애는 이런 내 삐딱한 상념이야 알 까닭이 없이 두 볼에 엷은 홍조를 띠며 열심히 이야기를 풀어냈다.

"그래도 우리 물만골 공부방은 부자라는 소리를 듣는다는 걸 여기 와서 알았어요. 조 신부님이 여기에 상주하시니까 이곳저곳에서 후원도 들어오고 신부님 자신이 도배 일을 나가서 돈도 벌어 오고 하시니까요. 한번은 감천동에 있는 '우리누리 공부방'의 실무자 언니가 여길 방문했는데 같이 온 공부방 이모, 삼촌들에게 이러데요. '야들아, 여서는 마이 묵어라, 이 공부방은 부자데이~.'"

그런 일이 있은 후로는 물만골 공부방에 봉사하러 오는 교사들은 우암동의 '밝은 누리', 영도의 '해돋이', 감천동의 '우리누리', 그리고 반송과 안창마을에 있는 공부방 탐방 프로그램에 참여해야 했단다. 김경애 자신도 다른 공부방들을 돌아봄으로써 "어린아이들뿐 아니라 20대 청춘들도 이런저런 사람들과 부대끼면서 성장하는 곳"인 물만골, "불이 매일 새벽 2~3시까지 켜져 있는" 물만골 공부방의 특성을 점점 알게 되었다고 했다.

　"여름방학이나 겨울방학 때면 조 신부님은 우리 실무자들을 '천도빈'(천주교 도시 빈민회) 캠프에 데려가시곤 했는데 그곳에서 많은 활동가와 가족들을 만났죠. 인천 만수동에서 '기찻길 옆 공부방'을 하시는 김중미 언니와 여러 교사들도 거기서 알게 됐어요. 자발적 가난을 실천하고 있는 김중미 언니와 여러 교사들도 공부방에 잠깐 가르치러 왔다가 그곳으로 이사해서 아이도 낳고 그 지역 주민으로 살게 되었다고 하더군요. 물만골의 교사들도 그걸 보고는 다들 그렇게 살고 싶어 했어요."

　물론 김경애는 지금 그렇게 살고 있다. 결혼해서 아이를 낳고 사는 것도 물만골에서 할진 아직은 알 수 없지만, 그녀가 현재의 삶에 만족할 뿐 아니라 자부심마저 느낀다는 건 내 눈에 훤했다고 해야겠다.

　"우리나라의 대안학교 몇 군데를 둘러보면서 느낀 건데요, 그 학교에 다니는 아이들은 선택을 받은 축에 속한다는 생각이 들었어요. 신귀족 교육이라고나 할까요. 거기에 비하면 여기 물만골과 같은 동네 공부방은 진짜 대안학교의 대안이 될 수 있다고 봐요. 보세요, 우리 공부방은

교사와 아이들, 그리고 학부모들이 뒤엉켜 살아요. 대안학교는 반드시 지역운동과 함께 그 뿌리를 내려야 한다고 봐요. 암튼 전 바로 여기 물만골의 한 주민으로 이번 대통령 선거를 했거든요."

3

아까도 말했지만 김경애는 공립 고교 교사, 물만골 공부방 교사이자 이모, 전교조 부산지부 활동가에 교사극단 조명있는교실 핵심 멤버다. 1인 4역인 셈인데 아직 누군가의 아내, 누구누구의 엄마가 아니어서 다행이라고 해야 할까? 아무튼 그래서 나는 김경애를 다시금 꼬나보기로 했다. '바깥일을 그렇게 벌여 놓고도 첫 번째로 중요하다고 할 학교 아이들에게 충실할 수 있을까……?'

"지난 학기 땐 말이죠, 우리 학교 한문 수업을 페스티벌처럼 했어요. 모둠별로 발표를 시켰는데, 성적에는 넣지 않고 잘한 모둠에게 단계별로 상을 주기로 했죠. 상의 종류가 이래요. 저와 영화 보러 가기, 저와 바닷가 산책하기, 저와 떡볶이 사 먹기……. 근데 아직 시상이 안 끝났어요. 연말까지 상 주는 일정이 쫙 잡혀 있죠. 돈도 시간도 엄청 들지만 아이들과 그렇게 만나는 게 재미있어 죽겠어요."

그녀가 역사 수업을 할 땐 직접 찍은 슬라이드를 활용하여 아이들의 입이 딱 벌어지게 한다는 얘기를 들은 적도 있긴 했지만 아니, 푹 쉬어도 뭐할 황금의 방학을 아이들에게 상을 주기 위해 뛰어다니는 데 다 써 버리는 게 재미있어 죽겠다니? 나는 그만 맥이 빠져 버렸다.

"재미있다고요?" 급기야 질투성 반문을 하고 말았다. "아니 그러니까 지치지도 않는단 말이네요?" 나는 내내 미소 짓는 김경애를 떨쳐 버리고 이번엔 조 신부에게 물었다. "저렇게 생글생글 웃고 있어도 '아이구 못 살겠다', 비명을 지를 때가 한두 번은 아닐 테지요?"

"그야 물론이죠. 일에 매몰되어서 본래의 순수성을 일순 잃어버리고 말 때, 그럴 땐 경애 선생, 막 짜증도 내고 또 잘 울어요. 물만골로 이사를 온 그해 겨울엔 참 많이 울었지요. 그래서 한땐 '소금 창고'라 그랬는데 이젠 좀 나아진 셈이죠. 일 자체의 힘겨움보다는 사람들과의 관계 때문에 그랬던 거지요."

그럼 그렇지. 당신은 마냥 행복한 건 아닌 거야. 어쩌면 행복한 척하는 것일지도? 내 삐딱한 심사는 여전히 고집을 피웠다. 그런데 '결혼을 포함해서 앞으로 어떻게 살 것 같으냐?'는 내 질문에 대한 김경애의 대답은 이랬다.

"결혼? 그건 잘 모르겠고, 솔직히 요즘엔 말이죠, 학교 나가는 것도 때려치고 이 공부방 일만 하고 싶은 걸요? 호호호호……!"

'호호호호?' 정말이지 공부방이 그렇게도 좋단 말인가? 나는 도무지 믿기지가 않았다. 김경애 같은 다재다능하고 예쁘고 열정적인 처녀 선생이……? 김경애든 누구든 물만골에서 살아가는 사람들의 진실성을 의심하고 싶은 마음은 추호도 없지만, 또한 그럴 권리도 없건마는 나는 왠지 김경애가 아깝다는 생각을 떨쳐 버리지 못하고 있었던 것이다.

"왠지 아세요? 여긴 말이죠. 사람이 사람으로 만나지는 곳이에요. 처음 공부방에 올라와 첫 수업을 딱 두 명의 아이와 했는데 정말 감동적이었어요. 손에 만져지는 진실을 체험했다고 할까요? 처음엔 역사와 한문 따위를 가르쳤어요. 하지만 나중엔 이게 아니다 싶더라구요. 책 들고 하는 공부만 공부냐, 아이들이 즐겁게 놀 수 있도록 하는 것만큼 훌륭한 삶의 공부도 없지 않느냐는 생각이 분명하게 들었어요. 그래서 '즐거운 생활'이란 과목을 만들어선 초등 중등 할 것 없이 모두 가방 없이 오는 날을 정했어요. 그런 날엔 영화도 같이 보고 연극도 만들고 줄넘기도 하고 그래요. 벌써 2년째죠. 근데 아이들과 노는 건 좋은데 잘 놀기가 그리 쉬운 게 아니잖아요? 잘 노는 법을 배워야죠. 그래서 연극에 더욱 관심을 갖게 된 거예요."

갈수록 첩첩산중에 점입가경이 아닐 수 없었다. 그녀가 조명이있는교실의 멤버로서 그토록 열심히 활동하는 것도 물만골 공부방 아이들과 잘 놀기 위해서였다는 말 아닌가. 물론 자신이 일하는 금정여고 학생들도 염두에 두었겠지만 어쨌든 그녀의 마음 밭에는 언제나 공부방 아이들이 오글오글 왁자지껄 모여 있는 것이다.

4

김경애가 물만골로 들어옴으로써 공부방엔 적잖은 변화가 일어났다. 아니 현직 처녀 선생의 물만골 입성 자체가 하나의 사건으로 충분하지 않았을까? 교사·교육·문화운동을 통해 쌓았다 할 '인맥'과 경험이 김경애와 함께 물만골로 딸려 왔으니까.

"다양한 분야의 강사를 쉽게(?) 모셔와 아이들에게 특강을 열어 줄 수 있었죠. 가장 기억에 남는 것은 '환경을생각하는전국교사모임'의 박중록 선생님을 모셨던 날인데요, 여름밤 마당에 아이들을 모아 놓고 슬라이드를 비춰 가며 들꽃 얘기를 해 주셨지요. 아이들은 또 천연 염색 하는 법도 배워서 여름 캠프 갈 때 모두 자기가 직접 만든 티셔츠를 입고 가기도 했죠."

하지만 대학생이 된 김경애의 고교 제자들이 공부방 교사로 올라오면서 조 신부를 따라온 가톨릭 신자 자원 교사들과 약간의 갈등도 있었다. 김경애와 그 제자들은 아이들 '교육'을 중심에 놓고자 했다면 성당에서 온 자원 교사들은 '신앙심'을 먼저 생각했기 때문이었다.

"신부님을 따르기 위해 공부방에 올라오던 교사들의 생각을 좀 더 아이들 중심으로 바꾸려고 하는 과정에서 그만두고 내려가는 교사도 생기게 되었죠. 그때 많이 힘들었어요. 애들이 아니라 어른들 때문에 말이에요. 초등부부터 중등부까지 몇 년을 공부방에 다닌 아이들의 경우엔 한 주에 한 번씩 올라오는 교사들보다 더 당당하고 의젓하게 일도 척척

해내곤 했거든요."

좋은 추억 한 자락만 떠올려 달라고 했다.

"물만골에 아나바다 장터가 열리는 날이었어요. 공부방 마당으론 아이들, 주민들, 교사들 할 것 없이 몇 점씩 내놓은 온갖 물건들이 펼쳐져 있었지요. 중등부 아이들은 서로 나서서 물건 정리도 하고 판매도 하고, 그런 행사가 처음이라 서먹해하는 교사들의 손을 잡아 이끌어 주기도 하고 했는데, 어느 틈에 녀석들 중 누군가는 여장을 하고 누군가는 남장을 하더니 즉석에서 패션쇼도 하고 춤도 추며 노는 거예요. 그 장면이 영화의 아름다운 엔딩 장면처럼 제 기억에 생생하게 남아 있답니다."

5

지난 여름방학 내내 김경애는 그 빡빡하고 재미 한 푼 어치도 없는 1급 정교사 연수란 걸 받았다. 그럼에도 그녀는 단 하루도 빠뜨리지 않고 조명이있는교실의 가을 정기 공연 작품 〈데스데이Death day〉 연습에 참여했다. 그것도 주연에 해당하는 '줄리엣' 역을 맡아서. 다 아시다시피 연극이란 여간 어려운 작업이 아니다. 공동 창작을 위한 헌신과 인내도 필요하고 무대 작업 자체에 대한 무한한 애정이 있어야만 한다. 멤버가 모두 현직 교사이기 때문에 서로 시간을 맞추어 함께 연습하는 것만 해도 여간 어려운 일이 아니다. 방학 때야 좀 낫다고 해도 개학하면 정말 정신 없이 바쁘다. 김경애는 9월 중순의 정기 공연뿐 아니라 11월까지 이어진

재공연과 초청 공연을 올리는 동안 물만골 공부방과 학교 업무, 혹은 전교조 부산지부 동래지회 참교육실천부장이란 책임을 핑계로 연극 작업을 소홀히 하는 법이 없었다. 서른하나의 나이로 '사랑에 빠진' 열여섯 살 고교생이 되어 무대에 서는 일이 너무나 재미있어서였을까? 하긴 빠지고 싶어도 빠질 수 없는 주연 배우였고 누구보다 이번 공연에 매력을 느꼈기 때문에도 그랬을 것이다. 왜냐하면 그녀는 조명이있는교실이 정기 공연 작품의 주제를 청소년의 사랑 이야기로 정하고, 이를 위한 공동 작업의 일환으로 청소년의 모든 것을 사전에 연구하기로 결의를 모았을 때 싱싱하게 살아 있는 정보를 누구보다도 많이 제출한 장본인이었으니까. 여고생들이 남자 친구를 '사귄다'고 했을 때 그것은 이미 포옹과 키스가 자연스러워진 상태를 의미한다든가, '밸런타인데이'나 '화이트데이' 같은 고전적 데이day 외에도 일 년 열두 달, 어쩌면 365일이 아이들에겐 특별한 데이day라는 정보는, 적어도 내 경우엔 처음 들어 본 것들이었다. 청소년의 사랑 이야기를 담은 작품의 제목을 〈데스데이〉로 결정하고, 스토리 전개에서 '키스데이'가 결정적 계기가 된 것도 순전히 김경애의 활약에 힘입은 것이었다. 조명이있는교실 내에는 김경애보다 훨씬 젊은 교사들도 적지 않다. 그럼에도 유독 김경애가 청소년들의 세계를 가장 가깝게 호흡하고 있는 이유가 다른 데 있지 않다는 걸 나는 인제 안다. 한마디로 그녀는 틈만 나면 아이들과 재미있게 노는 것이다. 노는 걸 의무적으로 하는 미련한 사람이 있을까마는 어쨌든 그녀는 정말 몸과 마음 다 풀어 놓고 아주 신 나게 노는 모양이다. 그러면서도 웬만한 책은 빠짐없이 읽어 치우는 다독가이기도 한데, 내가 어느 틈에 또 책을 읽었느냐고 하자 천연덕스럽게 이렇게 대답한다.

"사실 연극에 몰두할 땐 시간이 없었죠. 그래서 연극 마치자마자 몸살의 열기 속으로 책과 함께 빠져들었어요. 보여 주는 삶(연극)에서 일단 벗어났으니까 보는 삶(독서)을 즐기고 싶었던 거죠, 뭐."

6

즐긴다, 논다, 논다, 즐긴다…….

나는 '운동movement'으로 무장한 듯 보이는 김경애의 존재의 실상을 행복의 철학을 잣대로 햇살 아래 드러내고 해부도 해 보겠다고 내심 벼렸었다. 그러나 그녀의 '놀자'론이야말로 그런 나의 간계를 여지없이 패퇴시키고 말았음을 이젠 고백해야겠다. 양파는 벗기면 벗길수록 새로운 속살, 알맹이를 드러낸다. 그리고 마지막엔 '무無'라는 광대한 속살을 보여 준다고 말할 수 있다면, 김경애는 '진짜 양파'라 해야 하지 않을까? 그렇다면 양파의 공덕은?

무無.

김경애의 대답도 마땅히 이와 같으리라 생각하니 입맛이 좀 썼다. 아니 쌉쌀달콤했다고 해 둘까? 아무튼 나는 행복한 패배자였다. 조 신부에게 물어봤다.

"물만골 아이들이 김 선생에게 붙여 준 별명이 있을 텐데요?"

"뒷북을 잘 쳐서 '뒷북'이라고도 하는데, '놀자'라고 더 많이 부릅니다."

"영자도 순자도 아닌 놀자요?"

"예, 놀자요. 경애 선생의 입에 달린 게 놀자니까 놀자라 그러지요."

나는 공부방을 나와 마당으로 내려섰다. 곧바로 골목으로 나서자 동
네 아이들 몇이 고무줄도 하고 나무 막대기로 뭔가를 하며 놀고 있었다.
늦은 오후의 겨울 햇살은 여전히 투명하니 쩽쩽했다. 그리고 나는 들었
다. 아이들이, 김경애의 말마따나 '새로운 개념의 가족공동체'가 되고 있
는 물만골의 아이들이 일제히, 이모에 고모에 누나에 언니이기도 한 '경
애 쌤'을 부르는 소리, 저 맑디맑고 정겹기 그지없는 환청을.

"놀자야, 놀~자~!"

1999년 2월

선생님, 어느덧 14년의 세월이 흘렀습니다. 그리고 그 당시 저를 설명하던 중요한 열쇳말들도 저와는 아무 상관 없는 것들이 되어 버렸네요. 물만골 처녀, 공부방, 연극…….

새해 분위기가 채 가시지 않은 지난 1월 어느 날, 온천장에 있는 자그마한 횟집에서 그 당시 물만골 공부방을 이끄셨던 조성제 신부님의 은경축(사제 서품 25주년) 축하연이 있었습니다. 말이 축하연이지 공부방을 함께 했던 삼촌, 이모, 학생들이 기념을 빙자하여 오랜만에 얼굴 보며 술 한잔 나누는 조촐한 자리였지요.

참으로 감회가 새로웠습니다. 14년 전, 제가 평생을 몸담을 것 같았던 그 공부방이 문을 닫은 지도 벌써 10년이 넘은 듯합니다. 저간의 사정을 구구히 설명할 순 없지만 그때 함께 뒹굴던 공부방의 아이들은 훌쩍 자라 어른이 된 모습으로, 이모 삼촌들은 지난 세월의 흔적을 숨기지 못한 모습으로, 밤늦게까지 그 시절의 추억과 빛바랜 사진들을 들춰 가며 웃고 떠들었지요. 그 옛날(!) 어느 날 물만골 아랫동네에 사는 한 아이를 데려와선 제게 불쑥 "경애 쌤, 애한테 공부방이 더 필요해요!"라며 함께 공부하게 해 달라고 부득부득 우기던 민곤이(그래서 제가 그 친구 집까지 방문해 할머니와 같이 산다는 걸 확인하고 입학도 하게 만든)는 절 보더니 "우리 경애 쌤, 할매 다 됐네요!" 한마디 직격탄을 날리더군요. 전 제 애를 데리고 간 탓으로 10시 남짓하여 일어섰지만 엉덩이 무게를 이기지 못하고 눌러 있었던 사람들은 틀림없이 자정을 넘겼을 겁니다.

선생님!

저를 인터뷰한 글이 《우리교육》에 실리고 2년이 지나서 저는 평생 안 할 것 같았던 결혼을 했고 '잠시 떠나 있는다'는 마음으로 물만골을 내려왔습니다. 그런데 그 이듬해 제가 아이를 낳고 육아에 정신이 없던 사이 여러 복잡한 사정 속에서 물만골 공부방은 문을 닫아 버렸습니다. 공부방은 없어지고 수녀님들이 하시던 유아 탁아방만 남게 된 거지요. 제가 돌아갈 공부방은 없어졌고 그 일을 함께했던 이들도 다 물만골에서 내려와 뿔뿔이 자신의 길을 갈 수밖에 없었지요. 어쩌다 물만골 관련 뉴스를 보거나 옛 삼촌·이모들을 만나면, 결혼과 예기치 않은 공부방 폐쇄 때문에 나 자신과의 약속을 지키지 못한 아쉬움과 미안함이 가슴 한쪽을 쓸고 지나갑니다.

연극과의 인연도 비슷합니다. 참 신명 나게 했던 연극! 지금도 조명이 있는교실에 모여 연극과 교육을 함께 이야기하고 무대에서 그 고민들을 풀어내는 옛 동료들을 보면 문득문득 그들의 웃음과 눈물과 몸짓 속으로 달려가고 싶은 충동을 느낍니다. 하지만 남들보다 상당히 늦은 나이에 시작한 육아가 좀 많이 힘든 상황에서 남편은 남편대로 전교조 부산 지부장이 되어 2년간을 밤낮이 따로 없는 활동을 하는 바람에 전 자연히 연극 활동을 중단할 수밖에 없었지요. 몇 년의 세월이 더 흐르고 나이 마흔을 넘기고 보니 다시 돌아가기가 망설여지더군요. 다른 이들보다 몸도 부실한 것 같고……

4년 전쯤에 '새학교운동'을 만났습니다. 그렇잖아도 공교육은 휘청거려 왔는데 이명박 정부의 경쟁 지상주의 교육정책이 교사와 아이들을 더욱 가파른 절벽으로 내몰았잖아요. 그런 형국을 그냥 지켜볼 순 없어 부산의 여러 선생님들과 함께 모임을 시작했습니다. 솔직히 어린 제 딸아이가 좀 더 행복하게 학교를 다니면 좋겠다는 바람도 있었구요. 아직 큰 성과를 내진 못하고 있지만 지역 모임도 따로 꾸려 희망을 키워 가고 있습니다. 이른바 '진보 교육감' 지역에 비하면 너무나 새삼스런 걸음마 단계이지만 어쩌겠습니까. 전 척박한 땅 부산의 교사인 것을!

저는 중학교 2학년까지 물만골만큼이나 가난한 동네에서 자랐습니다. 허름한 판잣집들이 다닥다닥 이마를 맞대고 늘어선 좁은 골목, 방 하나에 부엌 하나 달랑 붙어 있는 그런 집에서 일곱 식구가 살았지요. 화장실도 공동으로 사용해야 해서 이른 아침부터 바지춤을 움켜쥐고 긴 줄을 서는 것이 너무나 당연한 그런 곳이었지요. 다행히 6남매 중 맏이인 첫째 오빠가 결혼하고 조카가 생기면서 우리는 10여 년 만에 그곳을 떠날 수 있었습니다. 철모를 때라 그랬는지 모르지만 그때 그곳에서의 삶이 그리 불행하지만은 않았던 듯합니다. 새로 이사 간 곳은 떠나온

동네보다 훨씬 여유 있는 동네였지만, 한창 사춘기 때 조카들과 함께 크면서 눈치 아닌 눈칫밥을 먹고 살아야 했던 게 오히려 더 힘들었다고 할까요. 아무튼 제가 30대 초반에 물만골로 올라가겠다는 결정을 큰 고민 없이 내린 것이나 그 마을의 한 주민으로 무리 없이 살 수 있었던 것은 아마도 제 유년의 기억 때문일 겁니다. 물만골의 아이들은 20년 전의 제 모습 그대로였으니까요.

선생님 덕에 그간의 제 삶을 찬찬히 돌이켜 보게 되었습니다. 고맙습니다! 하지만 14년 전 인터뷰 때도 그랬지만 출간될 책에 제 옛 모습을 굳이 넣겠다고 하셨을 때, 정말 도망치고 싶었습니다. 어제도 오늘도 이 골짝 저 언덕의 학교에서 아름답고 행복한 교실을 만들기 위해 애쓰시는, 이름 모를 들꽃 같은 많은 훌륭한 선생님들을 생각하면 저는 다만 부끄러울 뿐입니다.

선생님.

제 딸이 벌써 사춘기 초입인 열두 살입니다. 지난 14년, 제 삶의 무게 중심이 가정으로 옮겨져 왔던 건 사실이지만 오늘도 학교에 가면 아이들과 웃고 떠들며 재미있는 수업을 만들려는 노력은 포기할 수 없군요. 또한 그런 노력이 개인적 각오나 실천에 머물러 있어선 안 된다는 생각으로 새학교운동에 열과 성을 쏟고 있습니다. 이번에 선생님께서 또 제게 새로운 자극을 주신 것을 가슴 깊이 감사드리며 기운 내서 선생 노릇 열심히 하겠습니다.

지금 창밖으론 화사한 봄꽃들이 예쁘게 웃고 있습니다. 제가 가르치는 학교의 아이들도, 물만골의 아이들도, 그리고 제 딸 은결이도 저렇게 웃는 모습이 자꾸 많아졌으면 참 좋겠습니다.

늘 건강하시고, 타성에 쉬이 빠져드는 저희들을 좋은 글로 계속 일깨워 주시길 기원합니다.

2013년 6월
쇠미산 언덕 봄꽃 향기 그윽한 교정에서 김경애

'소'는 축제를 꿈꾸고
'뭇별'들은 반짝이고

허만웅

경북 영주 선영여고

1

그는 아무래도 말수가 적은 편이었다. 영주 시외버스터미널로 마중 나온 그의 차를 타고 무작정 부석사로 향하는 동안에도 그랬고 총무 스님 방에서 차를 마실 때도 그랬다. 함께 나온 정석기 선생(영주제일고)이 그의 차 안에 놓인 《성난 카우보이》란 책에 관심을 보였을 때도 "요즘은 그쪽에 관심이 좀 있어요" 하는 정도였다. 《성난 카우보이》는 널리 알려진 대로 축산업자에서 채식주의자로 변신한 하워드 리먼의 저서이다. 그는 언론을 통해, "미국의 쇠고기는 화학 약품 덩어리"이며 "소의 사료는 소뿐 아니라 말, 개, 고양이, 돼지, 닭, 칠면조의 배설물과 내장과 뼈 따위로 만들어졌기 때문에 소를 먹는 사람은 광우병으로부터 결코 자유로울 수 없다"고 폭로함으로써 동업자들로부터 사상 최초로 '음식물 경멸법'으로 고발당한 사람이다.

산사 입구 식당에서 산채비빔밥에 토속 막걸리를 한잔씩 곁들여 점심을 먹는 중에도 이야기는 주로 동행한 정 선생이 풀어 나갔다. 그런데 누구 입에서랄 것도 없이 전교조 얘기가 나오는가 싶더니, 1989년 여름의 '1,600여 전교조 교사 해직 사태'가 나를 포함해 세 사람 모두의 가슴에 아픈 기억으로 남아 있다는 사실이 이래저래 입에 오르내렸다.

"그해엔 허옹翁(허만웅의 별명)과 같은 학교에 있었어요. 평교사협의회에 거의 모든 교사가 가입해 있었기 때문에 정부의 극한 탄압만 아니었다면 그대로 다 전교조 조합원이 되었을 겁니다. 그런데……"

문제는 앞장을 섰던 정 선생이나 허만웅 등의 모종의 결단이었다. 30대 가장이었던 그들은 갈등했고, 해직의 벽은 높았다. 사실 '다 죽으면 다 산다'는 당시의 옥쇄 작전은 무지막지하리만치 순교자적 열정을 요구한 바였다. 그랬기에 학교에 남기로 한, 혹은 '남을 수밖에 없었던' 교사들의 심적 고통과 영혼의 상처는 불가피한 것이었다. 허만웅이나 정 선생은 '살아남은 자의 슬픔'을 저 '교육 대학살'로부터 12년이 지난 지금까지도 현재진행형으로 느끼고 있음이 분명했다. 그러기에 그들은 이날 이때까지 전교조 동네를 떠나지 못하고 있는 것이다. 지칠 때도 되었으련만, 자신은 영주지회 사립지회장, 허만웅은 공립지회장 자리를 지키고 있다고 정 선생은 말했다.

"'나 이제 전교조 아니다' 하고 묵은 짐 확 벗어던지고 싶을 때가 한두 번이 아니었어요. 그렇게 표현도 하고 말입니다. 그런데 허옹은 그런 말 안 합니다. 뭐랄까, 매사를 얄미울 정도로 느리면서 느긋한 마음으로 합니다. 학교에서 공개적으로 누군가에게 일침을 가할 일이 있을 때면 마치 연극 무대에서 대사를 치듯이 해요. 감정에 휘둘리지 않고 남의 마음에 상처 주지 않으면서 자기 할 말은 다 하는 식이죠."

부석사의 불교사적 의미를 탐구한 논문으로 석사 학위를 받았다는 역사학도 정 선생은 다시금 담배를 피워 물었고 허만응은 예의 그 묵묵한 얼굴이었다. 그리고 우리는 산사를 내려왔다.

2

국어 교사 허만응은 중등학교 시절 음악 선생님이 되고 싶었다. "꿀 먹은 벙어리마냥 앉아서 꿀도 아닌, 오히려 짐승의 쓸개같이 징그러운 것들을 꾸역꾸역 집어삼켜야 하는 다른 수업 시간에 비하면 소리라도 마음껏 지를 수 있는 음악 시간"이 그의 숨통을 틔워 주곤 했기 때문이다. 지금은 평교사로 정년퇴임을 한 시골 학교 선생님의 외동아들이었던 그는 고등학교에 진학해선 '농땡이들의 집합소'나 다름없는 악대부에 들어 알토 색소폰 연주자가 된다. 그래서 당시 부친의 동료이기도 한 선생님들은 "그렇게 놀다간 공부 망친다"며 애정 어린 '핍박'을 무던히도 했다고 한다. 그러나 그 누가 알았을까? 그 타고난 듯 보이는 '노는 체질'이 훗날 교사가 되어서는 그로 하여금 '교육의 주요한 과제'가 "인간 심성의 밑바닥에 잠자고 있는 놀이 정신을 아이들에게 일깨워 주는 것"임을 재확인시켰을 뿐 아니라, '연극의 인간학'을 더욱 풍성하게 만든 원천이 될 줄을 말이다.

대학에서 극회 활동에 뛰어들었던 그는 1976년 가을, 진주에서 열린 전국민속경연대회 구경을 가게 된다. 그런데 그에게 그것은 '하나의 경이'로 다가왔다.

"봉산탈춤에서부터 양주·송파 산대놀이, 동래·수영 야류, 고성·통영 오광대 그 하나하나 모두가 그야말로 전율의 연속이었어요."

그 후 그는 신들린 듯 전통 춤을 배우러 뛰어다닌다. 그러나 그가 춤 자체에 빠져든 건 아니었던 모양이다. 그에겐 '민중적 신명풀이로서의 풍자극인 우리 민속극의 원리'가 주된 관심사였고 장차 교단에 서게 되었을 때 그것을 학생들과 함께 어떻게 원용, 실험해 볼 것인가를 탐구하는 일이 더 매력적이었으니까.

그러기에 그는 1982년 고향 영주의 사립학교 영주고에 부임하기 바쁘게 연극반을 만들고 아이들에게 풍물을 가르치기 시작한다. 그러나 그게 허만웅의 마음과 같이 순풍에 돛을 달았을까? '공부'반이 아닌 '연극' 반, 그것도 '풍물'이었다. 부정한 정치권력의 심장을 향해 곧잘 비수를 날렸던 운동권 대학생들이 데모 선동대로 내세웠던 것이 풍물패가 아니었던가?

"그땐 '장특'(실제로는 하지 않고 장부에 기록한 특별활동 일지라는 의미) 이 일상화될 정도로 특별활동 자체를 무시하는 분위기였는데 연극반에 풍물……. 연극이란 게 얼마나 많은 걸 요구합니까? 엄청난 시간과 연습할 공간, 그리고 돈……. 무엇보다 서양 무대극에서 전통 마당극 쪽으로 방향을 잡으면서 주위로부터 더욱더 눈총도 많이 받고 홀대도 많이 당했어요."

'입시 공부' 말고는 그 어떤 교육적 상상력도 발휘하지 못하는 학교 측

(일부 동료 교사까지 포함해서)의 '압력'은 예상 외로 만만찮았다는 건데, 그럴수록 아이들은 더욱 굳건하게 뭉쳤다고도 하는데, 그런데 왜 하필 연극이었을까? 어쩌면 하나 마나 한 질문이랄 수도 있었는데 그의 대답은 봇물처럼 터져 나왔다.

"거칠게 말해서 연극에는 온갖 상황이 다 존재하고, 온갖 상상이 다 동원될 수 있습니다. 그러니까 아이들은 성장기에 겪을 수 있고 겪어 볼 만한 모든 지각과 모든 감정들을 연극을 통해 경험해 볼 수 있는 거죠. 사랑과 열정과 분노와 좌절과 긴장과 공포, 그리고 그런 격정의 폭발과 함께 절제를 훈련할 수 있는 매우 훌륭한 매개체가 연극입니다. 그뿐만 아니라 인간의 내면 풍경이나 사회 내막의 구조 따위도 생생한 체험을 통해서 이해도를 높일 수도 있겠지요. 연극이란 함께하는 이들과 늘 몸으로 부대끼면서 만들어 가야 하기 때문에 아이들은 타인에 대한 이해와 배려, 차이에 대한 수용적 태도, 즉 사람과 사람 간의 소통의 방식을 배우게 되는 겁니다. 이게 가장 큰 가치라고 할 수 있어요. 좋은 얘긴 다 한 것 같지만 말이죠."

아무튼 그러기에 그에겐 "연극이 없는 학교는 병든 학교"이며, 병든 학교에서 병들어 가고 있을지도 모르는 아이들에게 생기를 불어넣을 '연극-놀이와 축제'를 그는 누가 뭐래도 포기할 수 없는 것이다.

3

허만웅은 1993년 영주 시민회관에서 열린 '학교예술제'에서 국어 교과서 판소리 강독 단원인 〈춘향가〉를 마당놀이 형식으로 개작한 〈교과서 심층 분석—어사또 놀이〉를 선보인다. 그 한 대목을 보자.

평은 : 이번에는 저 이생인지 저생인지 한번 읊어 보시오.

본관 : 시조의 기본 음수율 삼사삼사 삼오사삼에 틀리기만 해 봐라.

어사또 : 나도 부모님 덕에 학교 문턱에나마 가 봤으니 서툴지만 한 수 읊어 보리다.

풍기·평은 : 변!

어사또 : 변변치 못한 것을 원님을 시켜 노니,

본관 : (손가락을 꼽으며 자구를 센다) 변·변·치·못·한·것·을·원·님·을·시·켜·노·니. 삼사삼사, 흐흠.

풍기·평은 : 학!

어사또 : 학정을 일삼아서 강도와 다름없네.

본관 : 학·정·을·일·삼·아·서·강·도·와·다·름·없·네. 삼사삼사, 엥이, 이것도 맞구먼.

풍기·평은 : 도!

어사또 : 도처에 피눈물 지니 백성들만 불쌍타.

평은 : 저런 저런.

본관 : (멍청히) 도·처·에·피·눈·물·지·니. 삼오! 백·성·들·만. 사! 불·쌍·타. 삼……! (의심스러운 듯 다시 꼽아 보고 허탈해하며) 으음, 다 맞아떨어지는군.

본관사또 변학도가 자신을 통렬하게 질타하는 어사또의 삼행시 '내용'
을 읽을 생각은 못 하고 오로지 자구字句 맞추기라는 '형식' 놀음에만 멍
청히 빠져 있는 모습은, 죽은 말言과 요란한 빈껍데기가 오히려 득세하는
전도된 학교 현실에 대한 통렬한 풍자였음은 말할 나위가 없다.

"〈어사또 놀이〉를 만들기 전해엔 〈새 놀부 타령〉을 만들었는데, 그땐
어떻게 그렇게 순발력 있게 머리가 잘 돌아갔는지 모르겠어요. 대본도
없는 상황에서, 일단 우리 대표적인 고전 〈흥부전〉을 가지고 주물럭거려
보자는 막연한 원칙만 세운 채 애들을 20명 가까이 모아 놓고는 처음엔
노래만 시켰어요. 〈액맥이 타령〉 같은 자진모리장단 노래 몇 곡하고 굿
거리, 중중모리 풍의 〈밤 뱃놀이〉 같은 것 등 하여간 북만 치면서 노래를
가르쳤어요."

우리 장단 자체가 아이들한테는 생경한 것이었기 때문에 노래 가르치
는 데에 많은 시간을 할애해야 했던 것이다. 대본이 안 만들어진 상태라
당장 짜임새 있는 연극 연습을 할 수 없어서도 그랬다.

"그런데 신기하게도 말입니다. 공연 날짜는 점점 다가오는데 학교 측
에서 어처구니없는 압박까지 가해 오니까 대본 작업에 진도가 막 나가
는 거예요."

학교의 비교육적 처사와 연극의 상황이 오버랩된 것이다. 다시 말해
연극 연습을 못 하게 방해한다든가, 연극하는 아이들을 비아냥거린다든

가, 필요한 연극 물품을 안 사 준다든가 하는 학교 측의 목소리가 거기에 항의하고 비판하는 아이들의 입을 통해 불쑥불쑥 대사로 내뱉어지곤 했던 것이다.

"공부는 안 하고 맨날 북장구나 쿵덕거리고 지랄들을 해 대는구나……!"

4

허만웅이 깃발을 들고 앞장을 섰다 할 '연극교육연구회'에 대해 물어봤다.

"1993년이었죠. (그러니까 김영삼의 문민정부가 들어서고 전교조 해직 교사의 복직 논의가 시작되던 때다.) 정치적 유화 국면에서 학교에 학생회가 재건되잖아요. 그런 분위기에서 학교마다 과시적인 학예제를 열기 시작했고요. 그러다 보니 대부분 너무 유치하고 난삽하고 산만한 느낌인 거예요. 학예제는 연극이 중심을 잡아 가는 게 바람직하겠다 싶었어요. 그러려면 연극에 관심 있는 영주 지역 선생님들이 모여서 함께 공부도 하고 정보도 나누면서 그것에 대한 발언권도 높여 갈 필요가 있었지요."

그렇게 해서 모인 교사들은 봉화 청소년 야영장, 부석면 남대리 분교 같은 데서 2~3일씩 연수를 열기도 하고, 서울의 극단 〈한강〉의 장소익 대표를 초청해 '머리가 터지도록' 강의도 듣고 연기도 배우게 된다. 그 결과 1994년에는 연구회 이름으로 《연극과 학교교육》이라는 첫 번째 활동 보고 책자가 세상에 나온다. 아직 무대에 작품을 올리는 일이 미뤄지고 있지만 핵심 멤버들의 면면을 살펴보면 숨은 역량도 만만치 않아 보인다.

우선 허만웅의 '장기 집권'에 이어 회장을 맡은 강성구 선생(영주여중). 그는 공고에 재직하던 1980년대 중반부터 몇 년에 걸친 동분서주 끝에, 겉치레 전시회에 머물던 학예제를 영주 전체 학생들의 관심을 모은 종합 예술제로 끌어올리는 견인차 역할을 했다. 그도 젊은 시절, 공부라곤 지지리도 못하는 공고 녀석들을 '점수' 때문에 때리기도 했단다. 그런데 어느 날 한 녀석이 그에게 이렇게 일갈했다고 한다. "소도 비빌 언덕이 있어야 하고 쥐도 도망갈 구멍을 만들어 놓고 쫓는 법이라 캤심더!" 이 한마디가 그의 정수리를 쳤다. 그리하여 나중에 그도 한몫 단단히 하게 된 '학생예술제'는 가난하고 힘없고 사고뭉치인 시골 실업계 학생들의 '비빌 언덕'이 되었고, 어쩌면 희망의 문이라 할 '도망갈 구멍'도 되었다.

박준식 선생(봉화중)은 세계 동화에 대한 공시적·통시적 연구로 박사 논문을 준비하고 있는, 아니, '꼭 학위가 필요 있을까?' 하며 약간 회의하고 있는 독문학자이자 영어 교사다. 그럼에도, 서양의 〈신데렐라〉나 〈빨간 구두〉에 나오는 구두는 성적 이미지를 가지고, 전래 동화 〈햇님 달님〉의 호랑이가 실은 비정한 엄마를 상징한다는 등 동화 비평의 세계를 넘나들 때면 어쩔 수 없이 '심오한' 학자적 풍모가 뿜어져 나온다.

그리고 여고 시절, 한 사회과 선생이 지나가는 말로, "너희들 공부 안 하면 선생밖엔 못 된다"며 엄포를 놓자 정색하며 "선생님, 앞으로 적어도 제 앞에서는 그런 말씀은 말아 주세요!" 하고 항의했다는 노정 선생(영주제일고). 최근 '교육연극을 활용한 희곡지도 연구'로 석사과정을 마쳤다는 그녀는 허만웅에 관해서도 훤히 꿰고 있다는 듯 말했다. "허 선생님요? 삼국지의 세 의형제에 빗댄다면 유비 같은 덕장이죠. 후배들에게 이래라저래라 하기보단 말없이 술 사 주고 뒤에서 이것저것 챙겨 주는 게 장기랍니다." 그런데 자타가 공인하는 '꼴통' 학생들로부터 '공고생보다 더 공고스런(!) 선생님'이라 불리는 그녀는 아예 '맹장'이라 해야 할지 모르겠다. 영주의 뒷골목을 주먹으로 주름잡는다는 머스마들이 가녀린 노정 선생 앞에 서면 아주 어린애가 된다니까. 녀석들의 헐렁한 가방을 뒤질라치면 나오는 게 담배, 카세트, 그리고 노정 선생이 담당하는 작문 교과서라니 정말 '알쪼'가 아닐 수 없다.

여기에 더해 시인이자 국문학자인 권석창 선생(영주고)을 빼놓을 수 없다. 허만웅에게 "좋아하는 시인이 누구요?" 하고 묻자 두말 않고 그를 호명했기 때문이다. 노정 선생의 평에 따르면 그는 "맑고 심지가 굳은" 시인이다. 과연 그의 첫 시집《눈물반응》은 '맑고' 여리고 눈물투성이다. 그러나 그는 청춘의 시절에 자신을 시인의 길로 나서게 한 'C일보의 안보상업주의적 극우 논조'나 '미제국주의자'의 폭력, 강자의 논리, 카멜레온적 정치꾼과 교육 모리배들의 작태에 관한 한 서릿발 같은 분노도 감추지 않는 만년 청년 '선비'다. 요컨대 영주 토박이 허만웅은 이런 빛나는 '뭇별'들과 몸 부딪치며 사는 것이다.

5

지난 1월 허만웅은 대전 목원대에서 열린 제1회 전교조 참교육실천보

고대회 연극분과에 참석해 '학교 연극 활동의 의의와 방향'이라는 주제로 발제를 했다. 그 서두는 이랬다.

"흔히 학교는 죽었다, 학교는 지옥이다, 라고 합니다. 하지만 학교에서 연극 작업을 해 보면 아이들 마음속에서 무언가 살아난다는 느낌이 확 들지요. 연극 체험을 통하지 않고서 요즘 아이들이 어떻게 공동체적 삶을 학습할 수 있을까요?"

역시 연극 만능주의? 그렇다 해도 그로선 상관없다. 그에겐 오래된 연극교육의 철학이 있을 따름이다. 우선 그는 "일과 놀이가 하나였던 행복한 시절"을 상기한다. 교사인 그는 아이들과 함께 '연극-놀이'를 통해서 그 '행복한 시절'을 회복고자 하는 것이다. 지독하리만치 놀이가 억압되는 학교, 아이들의 '놀이-노는 것'이 죄악시되는 대학 입시 만능주의의 이 세상을 떠올리면 그의 연극은 아주 혁명에 가까운 무엇이라 해도 좋다 하겠다. 그가 곧잘 인용하는 하위징아는 《호모 루덴스》에서 말했다. '놀이의 본질은 감행, 모험, 불확실성에 대한 감수, 긴장에 대한 인내'라고. 그런데 우리는 저 야생의 모험이 죽어 버린 시대, 얄팍한 술수와 편리한 이기적 처세가 횡행하는 사회에 살고 있다. 이럴진대 자라나는 아이들을 '놀이-연극-축제'의 광장으로 초대하겠다는 허만웅의 교육적 '꿈'은 몽상에 그칠 수만은 없었으리라. 그는 그 꿈을 자신의 학교 담장을 넘어 전국의 많은 학교로도 펼치고 싶다. 하여 올해 그는 '교육연극' 내지 '교사 연극모임'(혹은 교육극)의 전설적 인물이라 할 인천의 백인식 선생에 이어 전국교사연극모임의 회장에 추대되었다. 그의 포부와 소신은 이렇다.

"지나친 예술 창조적 접근 방식을 탈피한 '생활극'이나 '마당극' 운동이 일어나야 합니다. 언젠가는 필수불가결하게 될 전문적인 연극 교사 배출을 위한 구체적인 노력과 함께 학교별 연극반 활동에 대한 지원책 모색도 필요하고요, 연극도 음악이나 미술처럼 국민공통기본교육과정에 편제되어야 합니다. 이제 시작입니다."

이른바 '학교 붕괴'에 대해 묻자 그는 약간 난감한 표정을 지었다.

"아이들이 변해 가는 건 대도시나 소도시나 다를 바 없습니다. 요즘 아이들의 눈높이에 맞게 접근하려고 애를 쓰긴 하지만 잘 모르겠어요. 나도 나이를 먹었나 봅니다."

단지 그런가? 하긴 나이가 마흔아홉이긴 하다. 그래서 그는 가끔, '쥐뿔犀角' 권석창 선생의 시처럼, '말 없음에 눈물을 더하여 / 혼자 깊어지는 강물을' 보기도 하는 것일까?

우리는 차가운 머리에 뜨거운 가슴을 지닌 사람에 대해 말하곤 한다. 그런데 말과 행동은 느긋한 소걸음인데 그 속엔 온갖 비상하는 '꿈'과 열정적 '모험'이 숨 쉬고 있는 사람은 뭐라 해야 좋을까? 소는 소이되 아주 날렵한 소라고 해야 할까? 물론 그를 꼭 그런 이름의 새장 속에 가둘 필요는 없으리라. 그는 단지 '감동의 교육'과 '감성적 직관'을 믿는 타고난

'연극인-놀이꾼' 교사일 뿐이다.

"연극만큼이나 산을 좋아합니다. 연극과 사람에 지칠 때면 산으로 달려가지요. 우리 집사람 말대로 아무튼 둘 다 한번 놀아 볼 만한 동네 아닙니까?"

2002년 3월

저는 요즘 듬직한 오토바이를 하나 물색하고 있습니다. 내년 2월에 학교를 떠나기로 작정하고부터 오토바이가 타고 싶어졌어요. 조만간에 일단 그놈을 하나 구해서 몸에 좀 익혀 두었다가 내년에는 그걸 타고 본격적인 투어에 임해 볼 참인 거지요. 우선 신 나게 돌아다니면서 한량으로 놀아 보고 싶네요.

그동안 애들이랑 어지간히 놀지 않았냐 하겠지만 근래엔 사실 그렇지를 못했거든요. 교외에 집을 지어 이사한 후로 갑자기 확 늙어 버린 건지, 몇 해 전엔 연극반도 없애고 좀 말기적인 우울감에 사로잡혀 지내는 날이 많았습니다. 게다가 이사한 후로 한두 차례 교통사고도 있었고 해서 차를 안 타고 생활할 수 있는 곳으로 옮기자는 명분으로 재작년에 또다시 집을 짓느라 몇 달 골몰했던 탓인지 이제 '몸도 마음도 예전 같지 않다'는 말이 툭하면 입 밖으로 튀어나옵니다.

하여 사실 이 글, 이른바 '그 후 이야기'를 써 달라는 말씀을 들은 지가 꽤나 여러 달 됐음에도 여태 이렇게 지척거리고 있는 것도 다 그런 까닭입니다. 11년 전, 윤 선생님이 왔다 가시고 《우리교육》에 제 얘기가 한 꼭지 실리고 했던 그 당시엔 저 스스로도 뭔가 있어 보이고 제법 열심히 살았던 양, 아이들을 어지간히 사랑했던 양 잠시간은 으쓱하기도 했었지만, 지나 놓고 보니 그저 그때그때 분위기에 맞춰 나 혼자 돌파구를 찾아 즐겼던 건 아닌가 싶어 헛웃음만 납니다. 그러니 10년도 넘은 가물가물한 얘기에 저로서는 보탤 수 있는 무엇도, 보태야 할 무엇도 도저히 없는 겁니다. 그래서 지금껏 미루기만 했던 겁니다.

적어도 그 후로 뭔가 좀 더 성숙한 모습으로 왕성하게 활동을 지속하고 있다거나, 그간의 성과를 정리한 어떤 결과물을 생산해 냈거나, 아니면 하다못해 그때마냥 애들이랑 즐겁게 부대끼고 있기라도 하다면 그나마 얘깃거리가 이렇게나 궁하진 않겠지만요. 이제는 이런 말씀 부끄럽기도 하지만 그저 쉬고 싶다는 생각밖엔 없는 게 사실입니다. 아마 지난 정권이 들어서고부터가 아니었을까 싶네요. 연극반을 없앤 것이 그 이듬해였으니까 말입니다. 학교에서 행하는 모든 일들에 줄을 세우고 점수를 매기고 심지어 돈으로 쳐서 차별을 두기 시작한 것도 그 어름이 아니었나 싶습니다. 아이들도 그래서 더욱 영악해졌달까요.

연극반을 없앤 것도 상당히 즉흥적이고 신경질적인 조처이긴 했어요. 댄스 동아리나 영화 동아리 같은 덴 차고 넘치는데 연극반엔 신청자가 한 아이도 없어서 잘됐다 하고 곧바로 문을 닫아 버렸습니다. 그 후로 한두 해 동안은 교내 학예제 때도 얼마나 편하고 여유롭던지…… 한데 그것도 잠시, 한편으로 때가 되면 뭔가 좀이 쑤시는 기분이 들기는 했어요. 그래서 또 어느 핸가부터 '한글날 축제'를 만들어 지금까지 동료 국어 선생들과 함께 운영해 오고 있긴 합니다. '어륀지 발언'이 있고부터 영어에 올인하는 학교 분위기가 영 마땅찮게 여겨져서 시작한 거지요.

　그렇군요. 이참에 그 얘기나 조금 할까 싶네요. 낡은 교실들 옆에 붙어서 새로 건물을 짓더니 '영어 전용 교실'이다, '잉글리시 존'이다 하면서 거기만 빤질빤질하게 꾸미는 걸 보고 있자니 신경질이 나데요. 그래서 국어 선생들 모아 우리도 뭐 하나 만들자 해서 축제를 만든 겁니다. 10월 한 달을 '한글사랑축제의 달'이라고 현수막을 붙이고, 학급에 여러 가지 과제를 던져 두는 겁니다. 국어와 한글 사랑을 주제로 한 만화, 도안, 문예 작품, 노래 가사 바꾸기, 동영상 만들기 등의 과제들을 주었다가 10월 말에 하루 오후 시간을 내서 겨루기를 하고 골든벨 같은 행사도 열어 노는 거지요. 11월 3일 학생의 날엔 조촐한 시상식도 하고요. 아이들은 수업 몇 시간 안 하고 노는 재미에라도 이젠 제법 기다리는 행사가 돼 가는 듯합니다.

　하지만 어쨌거나 그런 시답잖은 궁싯거림조차도 이젠 귀찮아졌어요. 두 차례 집짓기의 후유증일 수도 있겠고, 이제 예순에 접어든 신체적인 노쇠 현상일 수도 있겠고, 아무리 나이는 숫자에 불과하다 하지만 요즘의 10대들과 숫자상의 거리에서 오는 부조화도 무시할 수 없는 것 같습니다. 이제 아이들이 겁도 나요. 어떻게 하면 친해질 수 있을지 막막한 느낌이 들기도 하고 그런 노력이 부질없겠다는 생각도 합니다. 그래서 전국교사연극모임도 진즉 그랬듯이 이젠 모든 걸 후배들에게 맡기로 했습니다.

정년을 3년 앞둔 내년 2월에 교직을 마감하는 것으로 최근에 아내와 최종 합의를 봤습니다. 그것도 많이 참아 온 거지요. 나와서 일단은 오토바이를 타고 구석구석 다니며 바람이나 쐐 볼 겁니다. 이것도 물론 자전거 여행으로 생각했던 적이 없지 않지만 너무 무리인 것 같아 바꾸었어요. 오랫동안 소주를 장복한 덕분인지 몸은 그런대로 야문 편이지만 평소에 꾸준히 즐겨 하는 운동이 없었던 터여서 기운 쓸 일은 두려운 겁니다. 하여간 내년 오토바이 여행이 제겐 회갑 여행이 되는 셈인데, 부산에도 한번 들러서 밥 한 끼 사겠습니다.

2013년 5월
허만웅

2

학교의
변화를
소망하다

학교는 '혁신'될 수 있을까……?

이범희

경기 용인 흥덕고

1

불교의 선가禪家에 등장하는 많은 비유들 중에 이런 게 있다. '파리는 온갖 곳에 다 앉을 수 있어도 타오르는 불꽃 위엔 앉을 수 없다.' 사구死句, 활구活句란 말도 있다. '죽어 버린 말', '활발하게 살아 있는 말'이란 뜻이다.

경기도 용인의 '혁신학교'―흥덕고의 초대 교장 이범희를 만나기로 한 후 나는 내게 한 번씩 묻곤 했다. 혁신학교란 무엇인가……? 또박또박 발음도 해 봤다. 혁·신·학·교. 왜냐하면 혁신학교란 말에 나는 아무런 감흥도 느끼지 못해 왔기 때문이다. 그건 적어도 내겐 사구, 죽은 말이었다. 어떤 파리도 함부로 앉을 수 없는 불꽃 같은 '혁명'이라면 모를까 '혁신'이라니…… 도통 마음이 안 가는 말이었던 것이다. 교육과 관련해서는 더더욱 오염된 말 중의 하나가 바로 '혁신', '개혁' 아니던가? 군부독재 정권이든 문민 정권이든 상관없이 집권만 하면 외치곤 했던 교육 '혁신'이니 교육 '개혁'이니 하는 구호를 떠올려 보라…….

2009년 4월 경기도 교육감 보궐선거에서 김상곤 교수가 당선되고, 다음 해 치러진 전국 교육감 선거에서는 그를 포함해 6명의 진보 교육감이 등장하면서 '진보 교육감표 혁신학교'가 사람들 입에 오르내리게 되었을 때도 나는 내내 시큰둥했다. 선거 때마다 '묻지 마 투표'로 존재를 과시해 온 부산이라는 도시에 사는 내게 혁신학교니 뭐니 하는 건 강 건너 불, 강 건너 사랑, 따 먹을 수 없는 '신포도'에 불과한 때문이기도 했지만, 아무튼 나는 그랬다……. 과연 학교는 변화할 수 있을까? 교사들은 학교를 '혁신-개혁'할 수 있을까?

20여 년 전 전교조가 태동했을 때, 그리고 사학정상화운동이 요원의 불길로 타올랐을 때 나는 그 놀라운 가능성을 보았고 내 가슴은 '혁신'의 열망으로 끓어올랐었다. 아니 그건 차라리 '혁명'이었다. 그러나 언제부턴가 나는 잿빛 불가능성만을 쓸쓸하게 확인하게끔 되었다—고 말하지 않을 수 없다. 내 이상과 당위의 새鳥는 학교 현장이라는 현실의 땅에 발을 붙이지 못한 채, 둥지를 틀지 못한 채 허공을 날아다니기만 한다고 할까? '한 사람의 앞선 백 걸음보다 백 사람과 함께하는 한 걸음을!'이라는 멋진 슬로건을 가슴에 새겼던 시절이 있었다. 변혁운동의 주요하고도 마땅한 전술의 하나였다. 그러나 이제 나는 백 사람과 함께 쇠퇴하는 나를 본다. 백 사람 속에서 소멸해 가는 나를 본다. 학교는 변하지 않고 나만 그렇게 변하고 만 것일까……?

그랬다. 이범희를 만나러 갈 즈음 내 마음의 풍경은……. 그래서 더 궁금했다. 그는 누구인가……? 그가 '전교조 출신'의 내부형 공모제 전형 교장이라는 것, 흥덕고는 전국적으로 주목받는 혁신학교라는 것쯤은 언론 보도를 통해 나도 알고 있었다. 하지만 짐작건대 젊은 시절부터 학교 혹은 사회의 변혁을 위해 나름 분투했을 그, 어쩌면 그 변혁의 확실한 견인차가 되기 위해 교장까지 된 그, 그런 항심을 여태 잃지 않고 있음이 틀림없는 그가 대체 누군지 나는 궁금했던 것이다. 그러니까 그를 만나 내 궁금증을 풀 수 있다면 학교 '혁신'에 대한 나의 외면과 불신은 썩은 서까래처럼 무너져 내릴지도 모를 일이기에. 그런데 교문을 들어서자 눈에 들어온, 큰 바위에 새겨진 글귀.

'여기는 참여와 소통을 통한 희망과 신뢰의 배움 공동체를 만들어 가는 홍덕고등학교입니다.'

홍덕고라는 혁신학교의 정체를 압축적으로 표현했다 할 이 글귀 역시 내 감흥을 불러일으키지 못했다. '참여', '소통', '희망', '신뢰'도 '개혁', '혁신'만큼이나 낡은, 훼손된, 김이 빠진 언어였던 것이다. 그렇게 나는 생각했다. 혁신학교 교장 이범희는 내 안의 이 죽어 버린 언어들에 생명을 불어넣어 주어야 마땅하리라……. 부당하게도, 그가 누구인지도 모르면서 내가 마치 무슨 채권자라도 되는 양 말이다.

2

한적한 '노는 토요일'의 학교. 청명한 가을날의 정오 무렵이라 더 그랬을 것이지만 현관문을 열고 복도를 거쳐 교장실로 이동하는 동안의 첫 느낌은 밝음과 투명함이었다. 이제 3년째에 접어든 신설 학교라서 깨끗한 건 당연한데 교실, 행정실, 교장실 할 것 없이 모든 창문이 비교적 낮은 턱에 투명한 유리인 건 아무래도 좀 인상적이었다.

"(이렇게 해 놓으니까) 지나가는 학생들이 한 번씩, 교장 선생님 뭐하세요? 들어가도 돼요? 그런답니다."

인터뷰 도중에도 복도에 나타난 몇몇 아이들은 열린 창문으로 교장실을 들여다보며 인사를 건넸다. 학교의 모든 장소는 '공적 영역'이며 모든 행정은 '투명'하게 이뤄져야 한다는 게 그의 당연한 소신. 그러나 그런 정도도 이주호의 교과부가 보기엔 마뜩잖은 것이었던 모양이다. 그는 교과부가 자행했다 할 '표적 감사' 얘기부터 꺼냈다.

"감사하러 사람이 직접 오지도 않았어요. 몇 가지 내용이 담긴 문서만 날아왔지요. 교장실에 '호화 가구를 비치'하고 있다는 둥, 신설 학교는 5년 이내에 새로운 시설을 만들 수가 없다는 규정이 있는데 왜 교장실과 종합 강의실 사이에 출입문을 냈느냐는 둥……. 경기도교육청과 김상곤 교육감이 미우니까 저도 밉게 보인다는 건 알겠는데, 이 방에 한번 안 와 본 사람들이 그런 식으로 문제를 삼는 데는 어이가 없더군요."

문서상으로만 문답이 오갔고 징계고 뭐고 아무것도 없었단다. '유령 감사'였다고나 할까? 그의 말마따나 "정말 치졸한 억지 감사"였다. (지난 9월 흥덕고가 '학교폭력 학교생활기록부(생기부) 기재 훈령'을 거부했을 때도 교과부는 공갈 협박 수준의 특별감사를 했는데 이 얘긴 나중에 다시 하기로 하자.) 요컨대, 경기도교육청의 김상곤 교육감과 흥덕고 이범희 교장의 '혁신'적 태도는 전방위적 권력을 가진 사적 이익집단으로서의 MB 정권에겐 그 존재 자체가 용납될 수 없는 항명이고 반역이었던 셈이다. (이러고 보니 내게는 빛을 잃은 '혁신'이란 말이 일순 반짝, 빛을 내는 듯도 하다.)
그건 그렇고, 다시 묻건대 그는 누구이며 왜 굳이 교장이 되었을까……?
아니 '왜 굳이'라니? 무슨 말이 그래? 하고 혹자는 반문할지 모른다. 하
지만 이 같은 내 물음에는 그가 교사로서(아니 그 이전서부터) 어떤 '삶'을
살아왔는지에 대한 내 호기심(!)과 함께 대한민국 보통 교장이 어떤 존
재였던가에 대한 교육사적·인간학적 의구심도 숨어 있는 것이다.

3

강원도 횡성 출생. 초등학교 교사인 부모님이 전근 다녔던 양구, 춘천
등지에서 성장. 비평준화 지역인 춘천의 명문 고교에서의 생활은 "암울
하기 그지없었다"고 그는 말했다.

"고3 때 정치 선생님은 수업 말미에 꼭 짧게라도 질문을 받아 답변을
해 주시곤 하셨는데, 유신 체제를 두둔하시다 10.26 이후 정치적 상황이
바뀌자 '그런 것이 정치고 삶'이라고 합리화하시더군요. 그런 모습을 여
러 친구들과 몹시 안타까워했지요. 우린 저런 선생님은 되지 말자—고
다짐들을 했죠."

이래저래 그는 '반항'도 하고 '탈출 시도'도 했던 것인데 그런 경험이
훗날 '학교에 적응하지 못하는 아이들을 이해'하는 데 약이 되었다고 했
다. 하지만 정작 그의 '반항'은 대학(80학번)을 들어가서야 본색(!)을 드러
냈다고 해야겠다. 때가 때이기도 했다. 고3 때 맞은 유신 독재의 종말로

부터 서울의 봄, 5·18민주화운동, 전두환 집권으로 이어지는 격동의 시기였다. 그는 잠시 수배 생활을 거쳐 5·18민주화운동 진상 규명 운동에 나섰고 강제 징집을 당해 "혹독한 군대 생활"을 견뎌 내야만 했다. 그리고 제대, 복학과 1987년 6월 민주항쟁……. 졸업 후 취직한 농협에서는 '농협민주화추진협의회'를 결성하고 농협노조를 준비하기도 했지만, 그에겐 교사의 길이 예비되어 있었다. 입사 2년 만인 1989년 가을, 그는 교직 발령을 받게 된다.

"꿈에 그리던 교단이었습니다."

그런데 그해 가을이 어떤 가을이었던가? 전교조 교사 1,600여 명이 학교에서 쫓겨난, 이른바 '교육 대학살'이 온 나라를 휩쓸고 지나간 직후의 가을이었다. "그렇게 저의 교사 생활은 시작된 거지요. 마음의 빚을 안은 채……." 그가 지지해 마지않았을 전교조 선배 교사가 눈물로 쫓겨난 자리를 그가 메운 셈이기도 했다는 말이다. 그런 '부채 의식'이 그로 하여금 학교 생활뿐 아니라 전교조 활동에도 더욱 열성적이게 했으리란 건 능히 짐작이 간다. 대학 시절부터 그는 사회변혁을 꿈꾸어 온 순정한 청년들 중의 하나였고, 그가 교단에 선 것은 교육을 통해 그 변혁의 일익을 담당하겠다는 포부 때문이라 해야겠으니 말이다.

첫 부임지는 강원도 강릉. 1년 6개월 만에 부모님이 계시는 경기도로 내신을 내고 넘어왔지만, 교사인 아내는 강원도에서 못 넘어오기를 10여 년, 부부 교사인 그들은 각각 경기와 강원의 경계 부근 학교에서 근무하며 '그리움의 편지'를 주고받았다던가? 그가 과천, 안양을 거쳐 강원도가 지척인 양평으로 가게 되었을 때 살림집을 마련한 곳은 홍천이었다고 했다. "양평은 경기도 선생님들에겐 기피 지역이었지요." 그래서 주로 신규 교사들이 발령받아 왔는데 대부분이 이범희처럼 바로 전교조에 가입했기 때문에 한때 양평 쪽 학교는 '전교조 사관학교'라고 불리기도 했단다. "그러다가 농어촌 학교 가산 점수가 생기고, 점수 따라 오는 경력 교사들이 많아지자 전교조 조합원 수가 급격히 줄어들더군요." 그야 그랬으리라. 점수 따서 승진하려는 교사는 전교조를 멀리해야 한다는 불문율은 예나 지금이나 마찬가지 아닌가.

"저는 주로 '참교육'과 '교과 모임' 쪽 일을 맡아 했지요."

'일상적인 참교육 활동이야말로 전교조의 외연을 확대할 것'이라는 게 그의 소신이었다. 또한 그로선 전교조의 세勢(조합원 수)에 연연하기보단 한 사람이든 두 사람이든 교실에서 참교육을 꽃피울 수 있는, 그런 실력을 갖춘 선생님이 더 소중했을 것도 같다. 그랬기에 그는 '닫힌 교실을 열며'라는 학급운영 교사 동아리를 만들어 '인권교육을 공동으로 전개'하고, 그 사례를 전교조 참교육실천대회에서 소개도 하며 동분서주했던 것이리라. 그 열과 성이 적잖은 동지들에게 힘도 되고 기댈 언덕도 되었음인가. 그가 양평 지역을 떠나게 되자 '교사 동아리'도 그렇고 '교과 모임'도 그렇고 일정한 위기를 맞이하거나 동력이 떨어지게 되었다고 그는 말했다. 하지만 '위기는 곧 기회'이기도 한 것.

"인터넷상의 몇몇 교사 커뮤니티들이 연합하여 '참여소통교육모임'을 출범(2006년, 초대 회장 송형호 교사)시켰지요."

요컨대 '참통'이 탄생한 것이다. 그 앞에 혹은 그 중심에 그가 존재했음이 내겐 짐작이 가고도 남는데—회원 교사가 1만 1천여 명이나 되는 '참통'의 현재 회장 이범희는 이렇게 말했다.

"참통 모임은 특정한 몇몇 사람이 만들었다고 할 수 없습니다. 빠르게 변하는 아이들과의 소통을 고민하는 현장의 많은 선생님들이 나눔과 공유, 협력과 공동 실천의 연대로 어려움을 극복하고자 했던 마음이 모아진 자연스러운 현상이라고 보아야 하겠지요."

그건 그렇고 참통 얘기를 들으면서 내가 퍼뜩 알 수 있었던 게 하나 있었다. 그것은 저 참통이야말로 이범희를 교장으로 키운 인큐베이터였으리라는 것! 그리고 홍덕고 교정 입구 바윗돌에 새겨진 '참여와 소통'은 그냥 나온 말이 아니었다는 것……! 그의 말을 들어 보자.

"어떻게 하면 학급(교실) 단위에서 아이들을 건강하게 만날 수 있을까를 고민했던 '참통' 교사들은 강제적 야자나 보충수업 같은 학교 단위의 운영과 자주 충돌할 수밖에 없었지요. 저도 마찬가지였고요. 그러던 중 교육과정과 교사 문화, 학교 문화 등 학교 단위의 문제에 대해 고민하는 모임인 '스쿨디자인'의 선생님들, 그리고 공교육 밖에서 학교 혁신의 새로운 사례를 만든 경험을 가진 이우학교 선생님들과 함께 '경기미래교육포럼'이란 걸 만들게 되었습니다. 여기에서 우리는 고등학교의 재구조화에 대해 공부했는데, 그 과정에서 자연스럽게 내부형 교장 공모제에 대한 이야기가 나오게 되었던 거지요."

경기미래교육포럼 혹은 참통은 이범희에게 하나의 미션을 요구했다 할 것이다. 학교를 바꾸기 위해서는 그런 의지와 비전을 가진 교장이 매우 필요하다는 건 두말해 무엇할까. 그는 공모에 참여했고 이윽고 교장이 된다.

4

나는 이제 교장 이범희가 혁신학교 흥덕고에서 벌인 어떤 분투에 대해 말할 참이다. 그런데 그 전에 내가 떠올린 말이 하나 있다.

'모든 이론은 회색이며, 오직 영원한 것은 저 푸른 나무의 생명이라오.'

아시다시피 괴테의 《파우스트》에 나오는 메피스토펠레스의 유명한 대사다. 파우스트의 분신인 메피스토펠레스의 끝 간데없는 만행蠻行 혹은 萬行이야말로 파우스트를 구원으로 이끈 길이었다고 할 것인데 '전교조 참교육운동'과 '참통'이라는 둘로 분리될 수 없는 오랜 '수행'의 길을 걸어왔다 할 이범희는, 마침내 이르게 된 흥덕고에서 어떤 시련에 부닥쳤고 어떤 정진을 해야 했을까? 나는 묻고 싶은 것이다.

"2010년, 비평준화 지역의 신설 학교에 교장으로 부임해 학생 145명, 13명의 동료 교사들과 함께 혁신학교란 걸 시작했지요. '체벌 없이, 낙오자 없이, 참여와 소통으로 간다……!' 이렇게 작심하고서 말이지요."

다시 말해 해방 후 반세기가 넘는 동안 한심하게도 논란이 끊이지 않은 학생들의 '두발' 문제와 학생들에 대한 '체벌' 문제를 두발 '자유'와 체벌 '금지'로 단박 끝장내겠다는 학교가 불쑥 탄생한 것이었다. 그래서 어떻게 되었을까? '학생인권이 학교를, 교권을, 교육을 망친다'—그러니까 '홍덕고 같은 학교는 잘될 수가 없다'는, 아니 '결코 잘되어서는 안 된다'는 희한한 망상에 사로잡힌 이 나라 교과부와 일부 극우적 언론의 가당찮고도 집요한 공격은 논외로 하자. 다른 무엇보다, 아이들은 어땠을까? 고마워하며 환호작약歡呼雀躍했을까……? 입학식 때 교사들과 함께 장미꽃 한 송이씩을 선물하며 학생들 하나하나의 손을 잡아 주었던 교장 이범희는 이렇게 말했다.

"첫해 한 학기 동안은 정말 상상 이상이었습니다."

그 상당수가 중학교에서 징계나 체벌 대상이었던 신입생들은 교정 곳곳에서 담배를 피워 댔고, 하루가 멀다고 크고 작은 폭력 사건을 일으켰으며, 교사들에게 얼토당토않게 대들었다. 고삐 풀린, 못 말리는, 괘씸하고 무서운 망아지들……! 최소한의 질서도, 예의도, 신뢰도 무너진 아수라장이었다고 해야 할 것이다.

"저나 선생님들, 그 누구도 경험해 보지 못한 상황의 연속이었지요. 가정환경이 어렵거나 여러모로 힘겹게 살아온 아이들을, 기존 학교의 규제나 통제 방식을 버리고 이해와 설득을 통해 삶의 주체로 세우려는 우리의 각오는 번번이 무너지곤 했으니까요."

'환호작약'은 교과부와 극우적 언론이 먼저 할 판이 되었다고 할까. 어쩌할 것인가? 애초 '행복한 학교'와 연애를 시작하지 말았어야 했을까……? 그럴 수는 없는 일. 여름방학이 되자 홍덕고 교사들은 작심하고 놀러 가는 연수가 아닌 진짜 '연수'를 떠난다. 그만큼 절박한 심정들이었을 터다. 정말이지 2학기도 1학기처럼 보낼 수는 없었던 것이다. 가슴을 연 토론이 필요했고, 방책도 필요했고 다짐도 필요했다.

"모든 선생님이 울었지요. 교사로서 무기력과 한계, 마음을 몰라 주는 야속한 아이들, 학교 밖의 안 좋은 시선 그 모두가 서러웠던 겁니다."

그러나 눈물만큼 진실한 힘이 또 있으랴? 교장 이범희는 말했다.

"바로 그 연수가 학교의 경계(질서)를 세우고 교사들이 학생들과 아름다운 동행을 다시 다짐하는 전환점이 되었다고 생각합니다."

그것을 통해 교사들은 폭력과 흡연과 교권 침해에 대해서만큼은 분명한 벌칙을 정하기로 했다. 그 벌칙이 어떤 지향을 가진 것인지는 흡연의 경우를 보면 알 수 있다. 처음 걸리면 교사와 함께 운동장을 한 시간 뛴다. 두 번째 걸리면 두 시간, 세 번째 걸리면―금요일 저녁이면 대기해 있는 관광버스를 타고 교사들과 함께하는 '무박이일無泊二日'의 지리산 산행에 참가해야 한다…….

"지리산에 가서도 담배를 피우는 아이들이 있었지요. 하지만 교사와 학생이 손도 잡고 당겨도 주며 천왕봉에 힘겹게 올랐을 때, 그리고 밤하늘의 쏟아질 듯한 별을 바라보게 되었을 때는 아이들도 교사들도 정말 행복했답니다."

이런 순정한 경험의 순간은 사람을 변화시킨다. 교사들은 새로운 힘을 얻었고, 아이들은 조금씩 교사들의 진정성을 받아들이게 되었으며, 놀랍게도 "교사들의 품속"으로 들어왔다고 했다. 이범희의 '참통'이라는 '회색의 이론'은 흥덕고의 아이들과 교사라는 현실에 직면함으로써 비로소 '저 푸른 생명의 나무'로 거듭나기 시작했다고 할 것이다.

5

척박한 땅에 나무를 심기도 어렵지만 뿌리를 내리도록 돌보기는 더 어렵다. 아니, 뿌리를 나름 깊이 내려서 가지도 뻗고 잎도 무성한가 싶다가도 어느 틈에 위태로운 지경에 빠지기도 하는 것이 바로 학교라는 나무다(딴은 모든 인생사가 다 그럴 것도 같지만). 학교란 오늘의 성공이 내일의 성공을 보장해 주지 않는 동네인 것이다. 매년 학생과 교사가 바뀌기 때문이다. "한 선생님이라도 학생들과의 관계가 틀어지면 학교 전체가 영향을 받지요." 새로 전근 온 선생님들 중에는 혁신학교 자체가 부담스러운 분도 있고 아이들의 무례함이나 폭력을 완력으로라도 제압해야 한다고 생각한다든가 자유로운 두발과 복장을 그냥 보아 넘기기가 너무 힘든 분도 있기 마련 아닌가 말이다. 그러기에 그 연원이 오래된, 도무지 이해하기 힘들 때도 많은 모종의 '교사 문화'를 바꾸어 나가기란 여간 어렵지 않은 것이다.

"아이들보다 선생님들과의 관계가 더 어렵습니다."

다른 말로는 교장 하기가 쉽지 않다는 것이다. 교장, 그것도 혁신학교 교장의 고민은 참통 회장으로서의 고민이나 평교사로서의 고민하고는 아무래도 다를 터. 그러기에 선생님들과 술자리가 잦아지는 건 어쩔 수가 없다. '논리적인 설득보다는 마음을 흔드는 관계의 회복'이 더 중요하다고 교장 이범희는 믿기 때문이다. 그는 이렇게도 말했다. "쫙 잘 세팅된 학교에 와서 무얼 한다는 건 있을 수가 없지요." 사실이 그렇다. 그 시설과 제도, 시스템이 아무리 잘 되어 있는 학교라 해도 거기에 어떤 생각과 마음을 가진 교사들(그리고 교장)이 오느냐에 따라, 상황은 완전히 달라질 수 있는 것이다.

개교 2년 차는 어땠을까? '나무'는 무럭무럭 자랄 태세였을까? 그게 아니었던 모양이다. 홍덕고 1년의 별난 이야기가 언론을 통해 세상에 알려진 것까지는 나쁠 게 없었는데 EBS의 교육 다큐멘터리 〈학교란 무엇인가〉가 방송된 다음엔 문제가 생겼단다. 홍덕고의 실상—그 '빛'과 '그림자'를 동시에 담은 영상은 본의 아니게 적지 않은 재학생과 학부모들에게 '그림자'를 던졌던 것이다. '문제 많은 안 좋은 학교'라는 낙인 같은 것 말이다.

"좀 '괜찮은' 애들은 우르르 빠져나가고 인근 학교에서 징계를 먹거나 퇴학당한 아이들이 상당수 몰려왔지요."

그런 녀석들 중에는 스물한 살, 스물세 살 먹은 청년(!)도 있었다. 그것은 상대적으로 온순한 아이들이 선의의 피해자가 될 가능성이 더 커졌다는 걸 의미했다. 하지만 어쩌랴. 홍덕고는 '미우나 고우나 똑같이 내 자식'임을 이미 천명한 것을. 결코 쉬운 일이 아니기에 그것을 위해 분투를 거듭하는 교사들이(그 중심에 교장 이범희가) 홍덕고에는 있는 것을. 다른 학교는 왜 안 그러랴 할지 모르지만, 그 사랑의 방법과 실천의 의지는 확연히 차이가 있음을 어찌 부정할 수 있을까. 그건 올 9월 '학생폭력 생기부 기재 지침'에 맞서 홍덕고 구성원들이 교과부와 벌인 일전에서도 확인할 수 있다.

사실 사건이 되어서는 안 되는 그 사건의 전말을 요약하면 이렇다. 교과부는 어느 날 학교폭력 대책의 일환으로 학생의 폭력 사실을 학생부에 기재하라는 '훈령'을 전국의 학교로 내려보낸다. 그러자 김상곤 경기도 교육감은 그것의 위헌성을 지적하며 거부(사실상은 기재 '유보')를 천명한다. 홍덕고도 마찬가지였다. 그러자 교과부는 해당 학년인 3학년 담임들과 교장, 교감을 대상으로 특별감사란 걸 벌이는데—별 성과를 못

거두자, 2학년 담임들까지 불러서 추궁한다. 하지만 그들은 두려워할 까닭이 없었다. 학생과 학부모는 그들을 지지했고 감사장 앞 항의 시위 같은 행동에도 나섰던 것이다.

"우리는 우리 아이들을 낙인찍는 교사가 될 수 없습니다."

교사들이 학교 복도 벽에도 붙인 대자보('학교폭력 내용 생기부 기록에 대한 홍덕고 교사들의 입장')의 제목은 이랬다. 그 글을 읽은 아이들의 마음은 어땠을까? 폭력 사실 기재 여부를 놓고서 학생들도 반별 토론을 했는데 40%쯤은 예방을 위해서는 '기재해야 한다'는 의견을 내놓았다지만, 그 아이들이라 해서 교사들의 진심을 몰랐을까?

"그 사건을 계기로 교사들에 대한 학생들의 신뢰가 더 깊어졌지요."

어찌 그렇지 않을 수 있을까. 교장을 비롯한 교사들은 '일제고사 거부 교사들처럼 징계(해직이나 파면)를 당할 수도 있다'는 교과부 관료들의 협박에도 아랑곳하지 않고 '폭력 학생의 편'이 아니라 '한 아이도 포기하지 않으려는 교사로서 양심의 편'에 서고자 했던 것인데. 그것을 먼발치에서도 알아본 사람들은—학부모와 지역 사회뿐 아니라 강원도 등 다른 지역에서도 지지와 격려의 선물을 보냈다고 했다.

"일부에서는 우리가 가해자 편을 드는 것이라고 했지만 우린 기재 '거부'가 아니라 '유보'를 주장했던 겁니다. 학교는 사회와 달리 법의 집행도 교육적이어야 합니다. '폭력' 학생이 후회와 성찰의 힘으로 본심을 회복한다면 용서하는 게 맞지 졸업 후 5년간이나 그 기록을 보존해서 불이익을 주는 건 아니라는 생각인 겁니다."

6

그에게 세 가지를 물었다.

당신에게 혁신학교는 무엇입니까?

"근대학교가 만들어진 이후 오랫동안 누적된 학교의 병폐를 극복하여 학교의 원형을 회복해 공교육을 정상화하자는 것이 혁신학교운동입니다."

그럼 당신에게 홍덕고 3년은 무엇이었습니까?

"우리나라 인문계고교의 새로운 원형을 만들기 위해 모든 구성원들이 노력한 시간이었지요."

학교가 변하려면 '교사의 문화가 바뀌어야 한다'고 하셨는데……?

이 물음에 대한 그의 대답은 아무래도 좀 신중했다. 그는 EBS의 〈학교란 무엇인가〉(홍덕고 편)를 보고 편지를 보내온 '젊은 친구들' 얘기부터 꺼

냈다. 좋은 교사가 되는 게 꿈이어서 교대와 사범대에 들어갔고, 야학과 지역 공부방에서 봉사 활동을 하고 공부도 정말 열심히 한 그들이, 4학년 때 나간 교생실습에서 아이들과 선배 교사들에게 크게 실망하여 자신의 꿈을 접게 되었다는 사연을 말이다.

"자기 잘못은 조금도 뉘우치지 않고 모두가 교사 탓, 부모 탓, 어른들 탓이라고 하는 아이들은 그렇다 치더라도 그런 아이들과 조금도 다르지 않은 교사들의 모습에 더 크게 실망했다고 하더군요. 그 선배 교사들은 아이들보다는 신변잡기나 재산 증식 방법 등에 대한 이야기들을 더 많이 하더라는 겁니다."

요컨대 그러한 '교사 문화'가 좋은 선생님이 되고자 열망했던 아름다운 청춘들을 좌절시킨 것이 이범희는 못내 마음이 아픈 것이다. "우리의 학교 문화가 입시 경쟁주의의 원리 속에 운영되어 왔기 때문에 교사들도 자연히 그런 식의 생존 원리에 젖어들게 된 거지요." 그러기에 다른 누구도 아닌, 교장인 그는 더 답답하기도 한 것이리라.

"이제부터라도 협력하는 교사 문화, 삶과 가르침이 분리된 이중성을 극복하고 '사는 대로 가르치고, 가르치는 대로 사는' 교사의 원형을 회복해야 하지 않을까 싶습니다."

결론은 예의 그 모범적 해답! 그래서 나는 여전히 '혁신'에 대해 목마르다고 할 수 있는데……. 그의 대답 중의 하나가 내 마음을 끌었다. 그가 세 번이나 거듭 말한 '원형'이란 말이 그것이다. '학교의 원형', '인문계 고교의 원형', '교사의 원형'……. 이것은 무엇을 의미할까? 그는 말했다.

"우리가 본래 있어야 할 자리라고 할까요? 학교는, 교사는, 또한 교육은 본래 이러이러해야 한다는……."

알겠다. '혁신'에 목이 마른 내게 이범희의 이 말은, 칼 융의 심리학 같은 것과는 상관이 없이, 이렇게 들렸다.

'혁신이란 무얼 자꾸 새로 '발명'하는 것이 아니라 어떤 원형을 되찾고 '발견'하는 것이지 않을까요……?'

그렇다. 이를테면 인문계고교의 가장 비교육적인 관행이자 병폐인 강제적 야자와 보충수업을 발명한 것은 누구였던가? 그건 원래 없었고, 흥덕고엔 그게 없다. 체벌과 두발·복장 제한, 교문 지도는 누가 발명했던가? 그건 원래 없었고, 흥덕고엔 그게 없다. 아니 없어도 된다는 것을 한번 보여 주기 위해, 그 '원형'을 회복하기 위해 혁신학교 흥덕고의 구성원들—학생, 교사, 학부모 그리고 교장 이범희는 오늘도 분투하고 있는 것이다.

7

나는 이제 내게 물어본다. 혁신학교 흥덕고는 어떤 학교인가……? 나

는 먼저 이렇게 대답하고 싶다. 말도 많고 탈도 많고 일도 많고, 그래서 눈물과 웃음과 행복도 많은 학교라고. (이유는 상상해 보기 바란다. 그 학교에선 가장 바쁜 존재가 교장일 거라는 내 짐작에 대해서도.) 그다음 대답은—학생들이 교장의 행방을 궁금해하는 학교……다! 왜냐하면 교장이 어디 출장이라도 가서 안 보일라치면 아이들은 그의 휴대전화로 문자 메시지를 보낸다니까. "교장 선생님 지금 어디 계세요?" "왜 오늘은 안 보이세요?" 아이들은 교장이 보고 싶은 것이다. "사랑해요." "존경해요." 직접 소리치기도 한단다. 왜 그럴까? 교장은 기회 날 때마다 학생들에게 편지를 쓰고 학생들도 답장을 곧잘 한다고 했다. 또한 교장은 1년을 하루같이 아침에 교문에 서서 학생들을 맞이한다고도 했다. 그렇지만 아이들은 왜 그럴까? 누군가 내게 묻는다면 나는 또 이렇게 대답해야 한다. 그건 이범희가 말이 통하는 선생임을 아이들은 알기 때문이다, 라고. 정말이지 그는 진작부터 소통의 명수가 아니었던가? (평교사 시절 그가 연극반, 방송반, 수화반 등 여러 개의 동아리를 한꺼번에 맡은 것도 '아이들과의 소통만이 행복한 교실, 좋은 수업을 가능케 한다'는 사실을 진작 알아차렸기 때문이었다.) 말이 통하고 마음이 통하면 믿음과 우정이 생긴다. 그런 믿음과 우정이 있기에 홍덕고엔 아직 교가가 없다고 한다면 이건 나의 견강부회牽強附會일까? 그러나 이범희는 말했다.

"교가는 학생들이 부르는 노래니까 저들이 만드는 게 좋지 않을까요?"

학교가 3년 차가 되었으니 올해는 나올 거라고도 했다. "랩 풍의 노래가 될 수도 있겠지요." 수업 시작과 마침을 알리는 종소리도 그렇다. 방송반에서 학우들 의견을 반영해 선정한 최신 노래들(이를테면 〈강남스타일〉 같은 것)이 수시로 바뀌어 흘러나온다. 아, 그러고 보니 이런 것들이야말로 '혁신'의 진짜 모습이 아닌가도 싶다. 혁신학교에 대한 이범희의 정연한 '모범 답안'에도 불구하고, 아니 홍덕고의 저 다양한 교육적 성취('2박 3일의 통합 기행'이라든가, 방학 때 이루어지는 '인문학 캠프', '자연과학 캠프', '모래 치유' 같은 프로그램이라든가, 교사들과 함께하는 학부모의 학생생활지도라든가, 반별 농사 봉사 활동이라든가 하는 것들)에도 불구하고 나는 아무래도 미구에 등장할 홍덕고의 랩 풍의 교가나, 아이돌 노래로 울려 퍼지는 종소리나, 아이들이 교장에게 보낸 (물론 선생님들에게도!) 무수한 쪽지와 편지들에 더 마음이 끌리는 것은 어쩔 수가 없는 것이다. 그런 것들에서 '혁신'의 어떤 속살을 보고, 어떤 향기를 맡는다고 할까? 아니면 내겐 사구가 되어 버렸다고 실토한 혁신이란 말이 이제야 나비처럼 팔랑팔랑 날아오르는 것 같다고 할까? 하기야 혁명은 비둘기 걸음으로 오는 것이라고 했다……. 아, 또한 그러고 보니 올 입학식 때 교장 이범희가 환영사의 말미에서 들려준 도종환의 〈담쟁이〉라는 시도 그의 '혁신'이 무엇인지를 내게 가만가만, 환하게 들려주는 것 같다.

저것은 벽
어쩔 수 없는 벽이라고 우리가 느낄 때
그때
담쟁이는 말없이 그 벽을 오른다

그에게 교장 4년 임기가 끝나면 평교사로 돌아갈 거냐고 물었었다. 우리 교육 사상 처음으로 교장에서 다시 평교사가 되어 정년퇴임을 한 서울 한성여중의 고춘식 선생을 떠올리며 말이다. 그는 시인도 부인도 하지 않았다. 그런데 지금 생각하니 그건 어리석은 질문이었다. 저 높고 완강한, 도처에 있는 반교육의 벽을 나날이 쉬지 않고 오름에 있어 교장 담쟁이, 교사 담쟁이가 어찌 따로 있을 것인가. 다만 내가 믿어 의심치 않는 건 하나 있다. 그것은 누군가는 혁신학교라는 배의 선장을 맡아 험난하기도 한 뱃길을 열어 가야 하는 한, 또한 그 배의 구성원들이 선장인 이범희를 믿고 사랑하는 한, 그가 교장의 짐을 쉽게 벗어 버리지는 않으리라는 것이다. 시인 도종환은, 아니 교장 이범희는 '담쟁이'를 바라보며 결국 이렇게 말하고 있지 않은가?

저것은 넘을 수 없는 벽이라고
고개를 떨구고 있을 때
담쟁이 잎 하나는
담쟁이 잎 수천 개를 이끌고
결국 그 벽을 넘는다

2012년 11월

이범희의 그 후 이야기

예전 평교사 시절, 교장실에 결재 받으러 가면 교장 선생님은 우리를 한참 붙잡아 두곤 했는데 그러면 우리는 '교장이 많이 심심한가 보다' 하며 웃곤 했던 기억이 납니다. 그런데 요즘은 전자 결재 시대라 선생님들과 대면할 기회가 더 적어진데다 제 성격도 수더분하지 못하고, 내부형 공모제 교장이 갖는 태생적 한계(!)도 있어 마음을 터놓고 깊은 속내를 함께 나눌 수 있는 사람이 그리울 때가 많습니다. 좀 외로운 거지요. 거기에다 교장을 출세한 사람으로 바라보는 시선이 부담스러울 때도 있고, 예전엔 함께 고민하던 동료 교사들로부터 오해 같은 걸 받아 야속할 때도 있습니다. 서로 다른 판단을 할 수밖에 없는 상황에서 교장인 저의 진정성이 받아들여지지 않을 때가 있는 거지요.

아무튼 이럭저럭 공모제 교장의 4년 임기가 끝나 가고 있습니다. 어느 영화배우는 죽기 전에 모든 관객들이 관람 후 한 사나흘은 가슴앓이를 하게 되는 그런 영화에 출연할 수 있으면 좋겠다고 했다지요. 그 말을 들으면서 저는 이런 생각을 해 보았습니다. 그럼 교사의 가장 큰 바람은 무엇일까……? 그건 아이들의 마음을 뒤흔들고 심한 성장통을 앓게 함으로써 그들이 나중에 뜨거운 열정의 삶, 도전하는 삶을 살아갈 수 있게 하는 것이 아닐까, 하고 말이지요. 저는 흥덕고의 지난 4년이 교사와 학생 모두에게 그들의 가슴을 절절하게 했던 시간이었으면 하는 바람인 것입니다.

우리 학교는 비평준화 지역인 용인의 신설 학교입니다. 그래서 힘들기로 치면 우리 학교가 전국 으뜸이 아닐까 싶습니다. 한마디로 우리 학교엔 성적이 낮거나 학습 의욕이 적은 아이들이 주로 입학하지요. 개교 첫해(2010년) 입학식 날 아침, 아직 아이들을 만나지도 않은 시간인데 지역 주민들이 전화를 해서는 "어떻게 아이들을 지도하기에 아파트 단지에 와서 담배를 피우느냐, 그러고도 월급을 받느냐?" 거칠게 항의하던 일이 기억에 생생합니다. 그렇지만 그건 예고편에 불과했지요. 학교 곳곳에 자욱한 담배 연기, 단정치 못한 복장, 욕설, 폭력……! 교직 생활을 하면서 그런 정도는 한 번도 경험해 보지 못한 것이어서 숨이 막힐 지경이었습니다. 그런 아이들과 3년을 보내고 지난 2월에 첫 졸업식을 가졌는데…… 아이들도 선생님들도 온통 울음바다였습니다. 그날 아이들이 저희 교사들에게 해 준 말입니다.

"선생님들의 가르침을 든든한 빽(배경)으로 삼아 세상과 맞서 당당히 살아가겠습니다.", "'자세히 보아야 예쁘다'는 말을 온몸으로 실천하신 선생님들께 감사드립니다.", "'은은하게 오래가는 마음이 사랑'이라는 어느 시인의 말처럼 오랫동안, 아주 오랫동안 선생님들과 흥덕고를 마음에 담아 두겠습니다.", "흥덕고는 누구 한 사람이 만든 것이 아니라 우리 모두가 만들었습니다."

아이들은 너나 할 것 없이 학교에 대한 자긍심으로 넘쳐났고 선생님들에 대한 존경과 사랑의 마음으로 눈물지었습니다. 입학식 때 나누어 주었던 장미꽃도 돌려받았습니다. 돌려주면서 졸업생들은 이렇게 말했습니다.

"3년 전 저희들은 가시 많은 장미꽃을 선물 받았습니다. 우리에게 달린 그 많은 가시를 떼기 위해 선생님들이 얼마나 많은 눈물을 흘리셨는지, 얼마나 많은 좌절과 절망을 하셨는지 그리고 얼마나 많은 것들을 포기해야 하셨는지 그때는 몰랐습니다. 오늘, 3년이 지나서야 가시 없는 장미를 돌려드립니다."

며칠 동안을 만들었을 종이 장미를 여러 선생님들과 저는 눈물로 받았습니다. 그렇게 첫 아이들을 떠나보냈습니다. 아이들만 성장한 것이 아니라 그 아이들과 함께한 교사들이, 교장이 성장한 시간이었습니다.

교육 문제는 말과 실천이 이중적인 한 해결하기 어렵다고 저는 생각합니다. 그건 교사, 학부모뿐 아니라 교육에 관심 있는 사람이라면 누구도 예외가 아닙니다. 힘들고 어려운 아이들을 모두 학교에서 품고 가야 한다는 말에 동의는 하면서도 교사는 교사대로 그런 학교에 근무하는 것을 불편해하고, 학부모는 학부모대로 그런 학교에 자녀들을 보내지 않습니다. 다행스럽게도 우리 학교가 있는 용인도 내후년부터 고교평준화가 시행된다고 합니다. 힘든 아이들이 있다면 여러 학교가 나누어 지도하는 것이 옳지요. 힘든 아이들이 많이 다니는 학교일수록 교육청에서도 제도적으로 지원해야 할 부분들이 있습니다. 상담 교사나 보건 교사를 우선 배치하고 교사들을 위한 회복력 연수 등을 지원하면 좋겠지요. 아무튼 서로 다른 성향의 아이들이 어울리며 서로 가르치고 배우며 더불어 성장하는 것이 건강한 삶이 아닐까 싶습니다.

최근 방학을 앞두고 교사 토론회가 있었습니다. 한 학기를 정리하며 성찰의 시간을 갖고자 마련한 것이지요.

아이들의 다양한 선택을 보장하며 특색 있는 교육과정을 운영했는지, 수업에서 지식의 원리와 개념을 정확히 이해하도록 돕거나 협력이 일어나도록 하였는지, 그 과정에서 혹 배움으로부터 소외되는 아이들은 없었는지, 준비되지 않은 수업을 하거나 관성적인 수업을 하지는 않았는지, 잠자는 아이들을 못 본 척하거나 애써 외면하지 않았는지, 성적이 좀 나은 아이들의 배움의 방식에 대해 고민이 적었던 것은 아닌지, 내 힘듦을 이유로 주변 동료 교사들을 살피는 것에 소홀하지는 않았는지, 교사로서의 자존감을 지키며 흔들림 없는 치열함으로 살았는지…… 점검해본 것이지요. 또 있습니다. 각자 가진 뛰어난 재능을 학교 문화에 녹여냈는지, 아니면 내 수업, 내 학급운영 또는 개인의 성장으로만 국한했는지, 참여, 소통, 배움, 성장, 나눔, 협력 등 우리 학교의 주된 가치들을 어떻게 내재화하였으며 아이들과 만나는 과정에서 어떻게 소화하였는지, 개인의 성향이나 바쁨을 핑계로 공동의 가치에 소홀하지는 않았는지…….

우리의 성찰은 끝이 없었다고 할까요? 하지만 이런 성찰을 통해서만 우리는 다시 힘 있게 새 학기를 맞이할 수 있다고 믿는 것입니다.

윤 선생님,

저에게는 처음으로 교장 공모에 참여했을 때보다 더 어려운 결정을 해야 하는 때가 다가왔습니다. 얼마 전 우리 국적기가 미국에서 착륙하다 큰 사고가 났을 때 그 상황을 보도하던 어느 종편 뉴스 진행자가 '사망자가 중국 사람이어서 다행'이라는 해선 안 되는 말을 하고 말았지요. 본디 그런 일을 하는 사람에게는 적절한 재능도 필요하지만, 사회적 책무성과 더불어 인간에 대한 예의를 지키는 자질이 더욱 필요하지 않을까요? 혁신학교 교장도 그와 다르지 않다고 생각합니다. 흥덕고 교장으로 보낸 소중한 시간이 헛되지 않게 시대적 소명과 책무성을 살피며 마지막까지 잃지 말아야 할 가치가 무엇인지 성찰하고 또 성찰하노라면 저의 내년 진로는 자연스레 모습을 드러내리라 믿습니다. 윤 선생님도 멀리서나마 응원해 주시기 바랍니다.

2013년 7월
여름방학 열린 교장실에서 이범희

교실에서 행복하시나요?

박현숙

경기 시흥 장곡중

1

옛날 옛적(!) 한 제주도 처녀는 고향인 섬에서 도망치기 위해 친한 친구들은 따라 경기도에서 교원 임용 시험을 치게 되었다. 딱히 교사를 할 생각이 없었기에 시험 전날 그녀는 여관방에서 '열공'하는 친구들을 뒤로하고 혼자 선술집을 찾아 들어가 청하를 열 몇 병이나 마시며 주酒 삼매三昧에 빠진다. 다음 날, 숙취로 해롱해롱한 채 시험을 치렀는데…… 결과는 그녀만 합격! 그런데 때는 '전교조 사태' 바로 이듬해인 1990년, 1차 합격자들에게는 하나의 난관이 있었다. 교육청의 면접시험에서 면접관들은 "전교조에 대해 어떻게 생각하느냐?"는 사상 검증적 질문을 던졌던 것이다. 섬 처녀는 그런 사실을 까맣게 몰랐다. 그러니 현명한 수험생들은 이미 그 질문을 예상하고 "나쁘다고는 생각하지 않지만, 교사는 국가공무원법을 지켜야 한다고 생각합니다"라는 약삭빠른 답변을 준비한 사실도 알 리 만무했다. 그런데 이상하게도 면접관은 그녀에겐 그 질문을 하지 않았다. 나중에야 그 사실을 알게 됐다는 그녀는 당시 자신에게 그 질문이 날아왔다면 아마 이렇게 대답했을 것이라고 말했다. "누군가 버스에 놓고 내린《교사 최종순은 이렇게 가르쳤다》라는 책을 읽었는데요, 참 좋은 선생님이시구나, 나도 교사가 된다면 그분처럼 살아야겠다고 생각했어요." (최종순 교사는 이른바 '의식화 교사'이자 전교조 교사로서 1989년 해직되었다.) 아무튼 면접관은 그녀에게 이런 식으로만 묻는다. "국어교육의 목표가 뭐라고 생각합니까?" 그녀는 당당하게 대답한다. "모르겠습니다." 그러자 다른 질문이 날아온다. "대학 다닐 때 공부는 잘했어요?" 이건 또 무슨 질문? "예, 잘했습니다." 도대체가 그녀는 선생 할 생각이 있긴 있었던 걸까? 하지만 그녀는 최종 합격한다. 그것도 꽤 높은 점수로! (하나의 미스터리!) 어찌 되었던 간에, 이런 사연으로 제주도 처녀 박현숙은 경기도에서 국어 선생을 시작하게 된 것이다.

"근데 말이죠. 교단에 서고 보니 전 정말 선생 되길 잘한 것 같더라고요!"

전국학교비정규직노동자대회가 열린 어느 늦가을의 토요일, 덕수궁 돌담길을 마주한 한 낙지볶음집에서 막걸리 잔을 앞에 놓고서였다. 우리는 대회 장소인 서울광장에서 만나자마자 수많은 인파와 대형 스피커에서 터져 나오는 소리를 피해 곧장 거길 갔던 것인데, 술이 몇 순배 오가기도 전에 그녀는 알레그로allegro 조로 신 나게 얘기를 풀어내는 것이었다.

"신규 교사 연수 때는 말이죠, 연단에 올라오는 강사마다 전교조 비난을 빼놓지 않더군요. 그래서 손을 번쩍 들고서는 '저, 질문 있어요!' 소리쳤죠. '강의 제목은 다 다른데 왜 전교조 얘기만 하세요? 주제에 맞게 강의 좀 제대로 해 주세요!' 놀란 강사와 장학사들의 표정이 지금도 눈에 선하네요. 그때 전 순수의 절정이었죠. 순수 그 자체!"

파죽지세에 종횡무진……! 그녀가 누군지 대번에 알 것 같았다. 자칭 '순수 그 자체' 아니, 그보다도 '선생 되길 정말 잘한 것 같다!' 참 오랜만에 들어 보는 말, 듣기만 해도 유쾌한 말이었다. 옛날에는 그랬다 하더라도 지금 그렇지 않으면, 그러니까 지금 행복하지 않으면 나올 수 없는 말이 아닌가? 나는 물론이고 내 주위의 숱한 선생들은 돈만 좀 넉넉하다면, 연금만 탄탄하게 보장되면 당장에라도 '학교 때려치우고 싶다'고 누구이 말하고 있지 않은가. 그건 대개 하루의 고단을 잊기 위한 푸념이지만, 까놓고 말하는 진심이기도 하다. 그런데 무작정 자신만만하고 행복해 뵈는 교사 박현숙은 대체 누구인가……? 물론 전부터 나는 그녀를 알고 있었다. 아니, 아주 모르진 않았다. 교실에서의 '불행'을 말썽 많은 아이들이나 잡무, 교육정책, 관료 체제 탓으로 돌리기 전에 '나의 혁신'을 문제 삼고자 하는 교사치고 저 '장곡중학교 박현숙'을 모른다면 시쳇말로 간첩이라 할 터다. 그러니까 나는 최소한 세상 물정 모르는 간첩은 아니었다는 말이다.

2

박현숙과 관련해 내가 알고 있던 '세상 물정' 두 가지는 이렇다.

하나, 장곡중은 경기도의 '혁신학교'로서 '교사와 학생이 함께 행복한 학교'로 유명하다.

둘, 그런 장곡중을 앞장서 만들고 세상에 널리 알린 장본인이 바로 박현숙이다.

그렇다면 어떤 인연으로 박현숙은 장곡중과 혁신학교를 만나게 된 걸까?

"혁신학교, 처음부터 하려던 건 아니었어요. 경기도에 진보적인 김상곤 교육감이 당선(2009년)되고 교육청 차원에서 교육개혁을 위한 주요 청사진으로 '혁신학교'를 내놓긴 했는데, 그걸 하겠다고 신청한 학교가 없었던 모양이에요."

어느 날 전교조 경기지부에서 그녀에게 연락이 왔다. '박현숙, (넌 할 수 있다) 너희 학교가 신청해서 네가 한번 해 봐라.'

"조직의 명령이었죠! (알짜 전교조 활동가인 그녀에게 그건 지엄한(!) 무엇으로 다가왔다는 뜻인데……) 하지만 두려웠어요. 초등학교엔 비슷한 경험도 있고 모델이나 상柤이라도 있는데 중등엔 그런 게 전혀 없었거든요."

아니, 왜 없단 말이오? 삼천리 방방곡곡 저 숱한 '연구학교'들과 '시범학교'가 있었고, 그 성과도 산더미처럼 쌓여 있을 터인데? 현장과의 교감이 도무지 불가능한 책상물림 학자나 교육 관료들은 반문할지 모르지만, 교사들은 다 안다. 그 결과물들이 얼마나 빈껍데기이며 실적 위주의 허황한 전시 행정에 불과한 것인지를 말이다.

그랬기 때문에 혁신학교 관련 공문이 각급 학교에 내려갔을 때 교사들이 콧방귀를 뀐 것은 당연한 일이었다. '흥, 진보 교육감이라더니 결국 혁신학교라는 이름의 그럴싸한 연구학교(혹은 시범학교) 한번 해 보라는 거잖아!' 하면서 말이다. 혁신학교의 취지에 공감하는 교사들도 주저하긴 마찬가지였을 것이다. 카프카의 《성城》처럼 열린 듯 굳게 닫힌 이 땅의 학교를 '혁신'하기보단 공화국을 하나 새로 세우는 데 공을 들이는 편이 차라리 낫겠다 싶지 않았을까……?

그러나 박현숙은 어쨌든 반드시 해야만 할 것 같은 (아마 하고도 싶었을) 그 일을 '조직의 명령'으로까지 미화하며 선뜻 받아들이고 만다. 그녀에게는 무슨 비장의 방책이라도 있었던 걸까? 그 얘기부터 들어 보기로 하자.

3

"전 대중을 조직하는 데 제 나름의 노하우가 있어요. 옮기는 학교마다 전교조 분회장을 한 덕분이죠. (20년째 분회장을 하고 있단다.) 옮긴 학교마다 조합원을 늘렸어요. G공고에서는 1명뿐이던 조합원이 나중에 10명으로 늘었고요, 장곡중에 왔을 땐 3명이었는데 지금은 21명이 되었죠."

그녀는 장곡중으로 수업을 보러 온 교사와 순회 교사도 가입시키고 탈퇴했던 조합원도 재가입시켰다고 했다.

"교사 안 하고 무슨 영업 사원, 보험 아줌마 같은 걸 했으면 정말 잘했을 거예요. 제겐 사람을 홀리는 힘이 있는 것 같거든요. '당신 말을 듣고 있으면 안 될 일도 잘될 것 같은 느낌이 든다……' 뭐 그런 거 있잖아요."

생이지지生而知之, 참 타고난 복도 많다? 하지만 세상에 공짜는 없는 법이다. 진짜 진실은 고진감래苦盡甘來나 '지성이면 감천'일 때가 더 많지 않을까?

"혁신학교 하면서 저의 능력이랄까, 풍부한 경험이랄까, 설득력이라 할까, 하는 것들이 어디서 나왔나 생각해 봤어요. 근데 그게 다 분회장을 하면서 쌓인 거라는 걸 알게 됐죠. 전 전교조 활동을 통해 정말 많은 것을 배웠고, 교사로서 인간으로서 성장한 것 같아요. 사실 분회가 있는 학교 현장이 가장 치열한 전쟁터잖아요. 바로 곁에 동지도 있고 적도 있고, 방관자도 있고 독재자도 있으니까요. 이들이 함께 모여 사는 학교에서는 새로운 일을 하려면 우선 이들을 설득해 내야 하죠."

어떻게 하면 사람을 '설득'하거나 '홀릴' 수 있는 건지……? 그녀의 묘수는 이랬다. "약한 고리를 알면 된답니다." 이를테면 정년이 2년 반 정도 남았던 장곡중 교장의 '약한 고리'(이게 꼭 '약점'이 될 필요는 없다)는 '남은 임기를 무사히, 좋게, 잘 마치는 것'이었다. 그런데 학교는 학생 수가 줄어 교사 수도 줄고 예산도 깎일 판이었다. (교장에게 이건 별로 좋은 일이 아니다.) 박현숙은 교장을 찾아가서 말한다.

"혁신학교 하면 2억을 따올 수 있어요."
"정말이오?"

"물론이죠!"

그러고는 교육청 책임자에게 전화해 그녀의 장기를 발휘한다. "이거 안 해 주면 난 죽어 버릴 거예요!" 물론 이런 협박성 요청이 아무나 가능한 것이 아님은 두말해 무엇할까? 그녀가 '전교조 활동가'로서 맹렬히, 착실히 쌓아 온 저력, 그 열과 성의 자연스러운 열매인 것이다.

"교장이 학교를 돌아보듯이 분회장인 저도 한번씩 학교를 찬찬히 돌아보죠. 학교가 잘 돌아가고 있나? 혹 부당노동행위는 없나? 분회원 선생님들의 고충 사항은 없나? 하고 말이죠. 호호호."

"허허허." 이 대목에선 나도 절로 웃음이 나왔다. (할아버지 흉내를 내며 뒷짐을 지고서 어슬렁거리는, 콧수염 단 귀염둥이 소녀(?)를 상상해 보라.) 아무튼 이런 식으로 1년을 지내면 너도나도 분회에 가입한다는 거다. "뭐, 가입 안 해도 상관 안 해요. 안 하는 저만 손해지 뭐." 대신 누가 조합원으로 가입하기라도 하면 박현숙은 "오늘 또 한 명 가입했다, 아자!" 하며 보란 듯이 표 나게 기쁨의 휘파람을 분다. "전교조운동, 놀이하는 것처럼 가볍게 신 나게 해야죠." 이때의 '전교조운동'이란, 전교조의 대의에 공감하는 교사를 늘리는 일이겠지만 그 이전에 함께 무슨 일이든 도모할 수 있는 든든한 '동료'가 더 많아지는 것을 의미함을 누가 모르랴. 그리고 이런 배경이 있기에 박현숙이 혁신학교라는 초유의 과업을 덥석 받아안을 수 있었으리라는 것도.

4

'당신에게 혁신학교는 무엇입니까?'

그녀를 만난 날, 나는 이런 질문을 미처 못 했다. 그래서 답도 들을 수 없었다. (허술하기 짝이 없는 인터뷰다.) 그러나 혁신학교 장곡중에 관한 이야기가 빼곡히 담긴 그녀의 책,《교사는 수업으로 성장한다》(2012년)를 읽은 사람이라면 쉽게 답을 찾을 수 있을 것이다. 내가 찾은 답을 요약하면 이렇다.

'혁신학교, 그것은 교사와 학생 모두 교실에서 행복한 학교입니다.'

'교실에서 행복', 아니 어떻게? 대체 무엇으로……? 여기에 대한 대답도 명료하긴 마찬가지다.

'그건 수업을 통해서입니다.'

그야, 마땅히 그래야 한다는 걸 누가 모르랴! 문제는 그게 잘 안 되니까, 행복한 수업이 안 되니까 다들 힘든 것을! 내 아무리 무장을 하고 들어가도 아이들은 자고, 졸고, 묵묵부답이고, 지겨워하고, 떠들고, 심지어 대들기까지 하니 교실은 지옥인 것을! 들어가기 겁나고 싫은 것을! 아득한 옛날처럼만 여겨지는 25여 년 전, 교무실에선 무지 힘들어도 교실에만 들어가면 행복한 시절이 내게도 있었다. 두 눈을 빛내며 경청하고 질문하고 대답하는 아이들과의 수업 시간은 요즘 흔히 하는 말로 '힐링'의

시간이었다. 아니 아름답다고 해도 좋을, 가슴 벅찬 교감과 소통과 배움의 시간이었다. (이게 순전히 나만의 편집된 기억은 아니길!) 그런데 세월이 흘러 아이들도 변했고 나도 변했다. 정말이지 수업은 날이 갈수록, 나날이, 난공불락의 요새처럼 나를 압박한다. 그런데 이 피할 수 없는 수업만이 행복의 문을 열어 주는 유일한 열쇠라고 그녀는 말하고 있는 것이다. 아니 혁신학교를 통해 그걸 거듭거듭 확인했다는 것이다.

그렇다면, 혁신학교 이전의 박현숙도 교실에서 늘 행복한 교사였을까? 짐작건대 전국에서 두 번째 가라면 서러울, 인기 있는 선생이었을 것이다. 그녀는 교사 초년 시절부터 전교조 문예위원회 놀이분과인 '교사놀이연구회 가위바위보'의 열성 멤버였으니까. 그녀가 공동 저자로 참여한 《빛깔이 있는 학급문집 만들기》(2002년), 《놀이로 하는 학급운영》(2004년), 《빛깔이 있는 학급운영》(2004년), 《교실 속 갈등 상황 100문 101답》(2008년) 등의 책들을 일별한 사람이라면 박현숙이 전국의 '학급운영의 달인'들 중 한 명임을 의심하기는 어려우리라. 그녀의 수업은 다양한 놀이로 꾸며져 노상 활기 넘치는 시간이라는 것도. 그런데 그 세월도 10년, 15년. 천하의 박현숙에게도 시련은 찾아왔던 모양이다.

"어느 날 보니 애들이 수업 시간에 공허한 눈빛을 띠고 있더라고요. 놀이 수업을 할 때조차 귀찮아하는 애들도 보이고요."

아무리 몸부림을 쳐도, 온갖 아양(?)을 다 부려도 '배움으로부터 도주하는 아이들'은 어찌할 수 없었다는 말 아닌가?

"그럴 즈음 사토 마나부 교수의 '배움의 공동체'를 알게 되었죠."

이건 '행복한 만남이자 필연적인 만남'이라고 나는 말하고 싶다. 박현숙은 진작부터 '아이들 중심의 수업'을 위해 '교과서를 재구성'하고 '수업설계'도 하고 '활동지'도 만드는 등 노력해 왔으니까. 다른 무엇보다 시나브로 답답해져 버린 교실을 변화시키고, 나아가 학교를 변화시키고자 하는 오랜 열망이 단 한 번도 식은 적이 없다 할 그녀였으니까.

손우정 교수를 통해 널리 알려진 사토 마나부의 배움의 공동체는 진실로 절망할 줄 아는 적지 않은 교사들에겐, 그 실천 여부는 차치하고 기적과도 같은 희망으로 다가왔다고 나는 생각한다. '단 한 명의 학생도 소외되지 않는 교실!' '배움이 일어나는 교실!' 그래서 아이들의 눈빛이 초롱초롱 살아 있는 교실. 결국 '교사와 학생이 함께 행복한 교실'이 이론이나 이념으로서가 아니라 실제로 가능하다면 그건 오늘의 이 참담한 학교 현실에서 기적이 아니고 뭐란 말인가!

그러므로 박현숙의 혁신학교가 배움의 공동체로 거듭나기 위한 분투의 역사가 되었다는 건 조금도 이상한 일이 아니라 할 것이다.

5

2007년 3월 : 박현숙, 여느 중학교와 다름없는 장곡중으로 전근.

2009년 4월 : 무상급식 확대와 혁신학교를 핵심 공약으로 내세운 김상곤 교육감 당선.

2010년 3월 : 장곡중, 혁신학교 지정.

2012년 12월 : 박현숙, '연간 2천 명의 교사들이 방문하는 학교의 수업 혁신 이야기'라고 소개한 책, 《교사는 수업으로 성장한다》 펴냄.

이 짧은 연대기가 말하는 것은 무엇일까? 나는 모종의 '기적'이 숨어 있는 역사라고 말하고 싶다. 그 기적의 씨앗이자 거름이자 휘몰아 간 바람이기도 했던 박현숙은 그 첫걸음을 어떻게 뗐을까? 그녀는 이렇게 말했다.

"저부터 수업을 공개했죠."

빈틈없는 각본에 따라 보여 주기 식으로 전개되기 십상인 '연구수업'이나 '시범수업'이 아닌 있는 그대로의 수업을 동료 교사들에게 공개한다는 것은, 자신의 알몸을 드러내는 것만큼이나 어렵다는 걸 부정할 교사가 있을까? 알몸을 드러낸다는 것, 그것은 마음을 활짝 열고 흔쾌히 매 맞을 준비가 되어 있다는 말인 것이다.

그러나 아무리 좋은 것도 주위로부터 '잘난 너나 잘해 보세요' 하고 외면당하면 만사휴의萬事休矣인 건 고금의 진리. 박현숙이 그걸 몰랐을까? 우리는 그녀 주위에 적잖은 '동지'들이 이미 포진해 있다는 것을 알고 있다.

"제가 맨 먼저 하겠다고 하고선 '다음엔 누가 할래? 네가 할래? 네가 해라' 하며 분회원 선생님들을 중심으로 공개수업 순서를 정하고는 누구나 수업을 공개해야 하는 분위기를 만들어 나갔죠."

그녀는 수업을 공개하기로 한 교사들의 명단과 순서를 교내 메신저로 알리고 전체 교사들의 참여를 유도했다. '오늘까지 신청 받습니다. 빨리 신청 바랍니다. 곧 마감됩니다.' 이건 숫제 박현숙 특유의 '안 하면 저만 손해지 뭐' 버전이다. 이렇게 교사들의 수업 공개가 그럭저럭 순조롭게 진행되자 박현숙은 언론사에 보도 자료를 보낸다. '우리 학교는 교사 중심이 아닌 학생 중심의 수업을 진행하고 있다. 공개수업을 진행하니 와서 보고 세상에 알려 달라⋯⋯.' 왜 그랬을까? 이 또한 물어보지 않았지만 짐작 못 할 것도 아니다. '혁신학교-배움의 공동체'를 향한 장곡중의 실험 혹은 도전은 무슨 일이 있어도 포기하거나 물러서지 않겠다는 의지를 세상을 향해 또한 아이들을 향해 보여 줌으로써 행여 누군가 딴마음이라도 먹는 걸 막아 보겠다는 선의의 계산이 박현숙에겐 있지 않았을까?

"선생님들에게 말하곤 했죠. '우리는 잘될 거다. 우리는 수업을 통해 성장할 수 있다. 우리는 할 수 있다!' 이렇게요."

이러는데 누가 감히 어찌 딴마음을 먹을 수 있겠는가?

"수업 공개를 하면서 선생님들이 엄청 달라졌죠. 매우 적극적으로 변했고 무엇보다 행복해졌지요."

물론 진정 감동적으로 '달라'지고 '적극적'이 되고 '행복'해진 건 아이들이었다. 그 변화된 학교의 진실과 아름다움이 궁금한 이들은 그녀의 《교사는 수업으로 성장한다》를 일독하면 된다. 아니, 여기서 바로 그 책을 잠깐이라도 펼쳐 보자.

2009년을 생각해 보니 그때의 장곡중학교는 정말 그렇고 그런 일반
학교였다. (……) 특히 3학년이 있는 4층과 5층은 너구리굴 같았다. 심지
어 여교사 화장실에까지 가서 학생들은 담배를 피웠고, (……) 마음이
여린 여교사가 있으면, 중학교 1학년 여학생들조차 무리 지어 학생들 앞
에서 선생님을 무시하고 조롱하였다.

— 박현숙, 《교사는 수업으로 성장한다》, 70쪽

그런데 수업이 바뀌면서, 수업 시간에 아이들이 주인공이 되면서 모
든 것은 시나브로 달라졌다. 이 말은 교사들이 학생과의 '좋은 관계와
소통'을 위해 안간힘으로 노력(수업 공개와 토론)하고 공부(배움의 공동체
연수와 실천적 시도)했다는 뜻이기도 하다. 그렇다고 모든 게 순풍에 돛
단 듯 돌아갔을까? 그럴 리는 만무하다. 세상일이란 게 원래 그렇지 않
던가. 박현숙은 장곡중이 처음 혁신학교로 지정되었을 때 학교운영위원
회에서 나온 학부모위원들의 발언도 기록해 놓았다.

"혁신학교가 무서운 전염병처럼 아이들에게 퍼져 나간다. 아이들이
마음대로 행동하고 머리도 자기 멋대로 기르고, (……) 점점 나빠지고 있
어서 큰일이다. (……) 전염병이 더 퍼지면 안 된다."

— 박현숙, 《교사는 수업으로 성장한다》, 84쪽

그러나 장곡중에서는 결국 진실이 승리한다. 그런 독설을 퍼부었던 학

부모위원들도 '아이들의 변화를 지켜보고, 교사들의 공개수업을 보고, 학교가 좋아지고 발전해 가는 것을 보면서' 점점 생각이 바뀌어 갔고, 지금은 없어서는 안 될 소중한 '동반자'가 됐다니까 말이다.

"이제 우리 아이들은 교사들 욕을 하지 않아요. 이건 학부모들이 먼저 알죠. 다른 학교의 말썽 많은 아이들이 장곡중으로 전학을 오곤 하는데, 알고 보니 동네 공인중개사들이 우리 학교가 좋다고 추천했다는군요."

6

그녀에겐 좌우명이 하나 있다.

'나잇값 하지 말자!'

내내 '철딱서니 없는 교사'이고 싶다는 것이다. 다른 말로는 젊어서든 늙어서든 '꼰대'는 되지 않겠다는 다짐이고, 영원히 젊은 영혼으로 살고 싶다는 뜻이겠다.

"아이들은 생각이 얼마나 자유롭고 말랑말랑해요? 정말 상상도 못 할 만큼 훌륭하죠. 교사는 그런 아이들이 속에 가지고 있는 것을 끄집어내기만 하면 되는데 가진 것도 별로 없으면서 자꾸 주려고만, 가르치려고만 하죠. 하지만 교사가 가르치려 드는 순간 아이들은 수업에서 빠져나갑니다. 아이들의 공허한 눈빛을 탓해선 안 된다고 생각해요. 들을 게 없

으니까 안 듣는 거 아니에요?"

무서운 말……! 백 번 천 번 옳은 말이라 여기지만, 나 또한 오늘도 수업을 바꾸지 못하고 있는 선생이다. 번번이 절망하지만 벽을 뚫고 나갈 힘과 확신이 없는 것이다. 나도 한때 책상을 'ㄷ자' 형태로 배치하고 배움의 공동체 수업 방법을 시도했지만 두 달을 못 넘기고 포기했었다. 물론 '수업 방식을 바꾸려면 학교에 있는 교사들이 함께해야 한다. 그리고 교사들의 전체 수업이 바뀌려면 학교의 시스템도 거기에 맞춰 바뀌어야 한다'는 박현숙의 말을 빌려 나를 변호할 수도 있겠다. 하지만 문제가 해결되는 것은 아니니, 나는 오늘도 박현숙의 매운 매를 피할 재간이 없다.

다시금 물어본다. 박현숙은 누구인가?
철인3종경기의 매력에 빠져 버린 박현숙. 노래보다 춤을 더 잘 추는 박현숙. 오직 전교조의 정당성과 좋은 활동들을 알리기 위해 만들었다는 블로그에 무려 150만 명이나 다녀갔다는 막강 파워 블로거 박현숙. 페이스북도 오직 장곡중을 홍보하기 위해 시작했다는 박현숙. 장곡중의 사례를 들고 전국 방방곡곡으로 강연을 다녀야 하는 박현숙. 동료들의 열화와 같은 추천으로 교육혁신부장에 수석 교사가 된 박현숙. 올해 수석 교사가 되었기 때문에 장곡중에 3년은 더 있을 수 있게 되었다는 박현숙…….

그래서, 그녀에게 지치지 않느냐고 물었다. 무릇 슈퍼우먼에게는 반드시 숨겨진 그늘이 있기 마련 아닌가? 그러나 그녀는 나의 그런 의도성 질문을 탁구공처럼 날렵하게 되받아쳤다.

"제 본질은 가벼움에 있다고 생각해요. 뭐든 재미있게 해야죠. 봉사, 의무, 희생 이런 거 내세우면 사람들은 같이 일 안 해요. 다 떠나 버리고 나만 망하는 거죠. 지치는 건 대개 사람들 때문인데, 저는 그냥 그 사람을 있는 그대로 바라보려고 해요. 전교조운동 하면서 도를 닦은 셈이죠. 가령 혁신학교를 별로 좋지 않게 보는 한 동료 선생님이 절 보고 '교장과는 말이 되는데 수석은 벽처럼 느껴진다'고 말한 적이 있는데, 그럴 때면 전 '아, 내가 저 선생님에겐 벽이구나' 하고 말아요."

알겠다. 그녀도 누군가에게는 벽이 되기도 하는구나, 가 아니다. (벽은 따로 있었다. 벽은 자신이 벽인 줄 모른다!) 나는 단지 그녀의 '본질'적 '가벼움'을 《숫타니파타》의 '그물에 걸리지 않는 바람' 같은 것이리라 잠깐 생각해 보는 것이다. 그녀라 해서 어찌 남모를 절망과 눈물과 아픔이 없겠는가. 바람 속엔 그 모든 것이 있다. 그런데 그 바람은 어느 것에도 걸리지 않는다……. 아무튼 바람, 저 무구한 영혼의 박현숙은 이 밤도 내게 묻는 것만 같다.

'오늘 당신은 교실에서 행복하셨나요……?'

2012년 12월

박현숙의 그 후 이야기

선생님, 그때 인터뷰 자리에서도 말씀드렸듯이 선생님께서 쓰신《교사를 위한 변명-전교조, 그 스무 해의 비망록》을 읽으며 저는 손수건이 젖도록 울었습니다. 그건 '전교조를 위한 변명'이었고 '전교조 교사를 위한 변명'이었으니까요. '참 대단하신 분이다' 하고 생각했습니다. 그렇게 마음으로 만났던 선생님께서 어느 날 저를 만나고 싶다고 했을 때, 저는 감격했습니다. '내가 〈윤지형의 교사탐구〉 대상이 되다니……!' 감히 생각 못 한 일이었고 선생님과 이야기를 나눌 수 있다는 사실만으로도 가슴 떨리는 일이었습니다. 그런데 인터뷰가 시작되자, 그 떨림은 어디 갔는지 저는 혼자 신 나서 떠들었습니다. 저의 본질은 가벼움인데 그게 어디 가겠습니까? 우아하고, 깊이 있게 보이고 싶었음에도 저는 날라리같이 내내 가볍게 말해 버리고 말았습니다. 그리고 후회했습니다. 조금 무겁게 할 것을…….

요즘 저는 전생에 나라를 구했거나, 아무튼 큰일을 했을 것 같은 느낌

이 듭니다. 왜냐고요? 그렇지 않고서야 제가 어찌 주옥같은 우리 전교
조 선생님들의 수업을 보러 다닐 수 있겠습니까?

최근 들어 수업에 대한 생각이 바뀌고 있습니다. 아시다시피 배움의
공동체 수업에 전체 교사들이 참여하는 장곡중은 선생님들에게도 배움
의 공간이었습니다. 그래서 우리 학교 교사들의 수업의 깊이는 대한민국
최고라는 자신감마저 생겼습니다. 누군가 '어떻게 자신하느냐?'고 묻는
다면, 제가 경험하고 목격한 변화와 다른 연구자들의 기록을 얼마든지
이야기할 수 있고요.

그런데 전교조 활동가 선생님들의 수업을 참관하게 되면서 수업에 대
한 저의 생각이 다시 바뀌고 있습니다. 그분들은 학교를 바꿔 보려고, 수
업을 바꿔 보려고 자신들의 수업을 공개하면서까지 저에게 도움을 청했
습니다. 저 또한 그분들을 도울 수 있어서 정말 좋았습니다. 그런데 수업
을 참관하면서, 저는 그들이 왜 전교조일 수밖에 없는가를 새삼 깨닫게
되었습니다. 수업 공개는 남들에게 보이는 행위입니다. 그래서 모두들 잘
보이고 싶어 합니다. 하지만 그 선생님들의 눈엔 아이들밖에는 안 보이는
것 같더군요. 저는 수업에서 단 한 명의 아이도 빠뜨리지 않으려는 그들
의 마음을 보았습니다. 수업이 끝난 후에는 행여 낙오하진 않을까 하며
위태로운 아이들을 챙기는 그들의 사랑을 보았습니다. 자신을 버리고 아
이들을 세우는 헌신과 그런 교사를 향한 아이들의 믿음도 보았습니다.

배움의 공동체도 결국은 소통입니다. 소통 속에서 배움을 이끌어 내
야 합니다. 서로에 대한 믿음이 없으면 참 배움도 없습니다. 아이들을 믿
지 못하는 교사는 가르치려고만 듭니다. 그럴 때 소통은 끊어지고, 공허

한 눈빛의 아이들만 남습니다. 소통은 사랑과 믿음이 바탕입니다. 전교조 교사들의 사랑과 믿음이 절절히 묻어나는 수업을 보면서 꼭 배움의 공동체가 아니어도 소통이 있으면 참 배움이 있다는 것을 다시금 깨달았습니다. 또한 그분들의 열정을 보았습니다. 혁신학교가 아니어도, 돈을 지원받지 못해도, 자신이 딛고 선 학교를 바꾸려는 노력을 봅니다. 자신이 먼저 앞장서서, 다른 사람들을 설득하며, 아이들을 잘 배우게 하려는 참사랑을 봅니다. 바로 이런 선생님들이 저를 찾고 불러 주니, 저는 세상에서 제일 행복한 교사입니다.

'교사를 안 했으면 무엇을 했겠느냐?'는 질문을 가끔 받습니다. 저는 사실 기자가 되고 싶었습니다. 말을 부리고 쓰는 일을 좋아했기 때문입니다. 그러나 저는 지금 교사라서 행복합니다. 제가 즐기는 말 부리기를 가지고 밥벌이를 할 수 있으니 행복합니다. 그 대상이 아이들이라서 더 행복합니다. 사악한 말 부리기가 아닌 소통을 위한 말 부리기를 하고 있어 행복합니다. 저의 성장이 아이들의 성장과 함께 있어 더없이 행복합니다.

저는 배다른 동생이 셋 있습니다. 제가 아버지를 쏙 빼닮은 것이 있는데, 그중의 하나가 말을 잘 부리는 것입니다. 아버지께서는 그 소질을 가지고 저에게 동생 세 명을 만들어 주셨습니다. 아버지는 초등학교만 졸업하셨습니다. 부잣집 작은아들로 나고 자랐지만, 공부는 큰아들만 해야 한다고 생각하신 할아버지의 결정 때문이었습니다. 아버지와는 달리 저는 학교에서 배울 수 있었던 덕에 그것을 잘 이용하며 행복하게 살고 있습니다. 그래서 저는 교육이 반드시 필요하다고 생각합니다. 사람이 저마다 가지고 태어나는 소질을 학교의 교육과정을 통해 발견해야 한다고 생각합니다. 아이들이 저마다 가진 소질은 자신의 삶을 행복하게 사는 데 써야 한다고 생각합니다. 그것을 배우는 곳이 바로 학교여야 하고요.

그래서 지금 우리의 학교는 혁신이 필요합니다. 이게 바로 제가 혁신학교에 미친 이유입니다. 언제까지 미쳐 있을지는 저도 잘 모르겠습니다. 그렇지만 저는 한번 미치면 10년은 갑니다. 무턱대고 미치지도 않지만, 고민 끝에 한 가지에 미치면 오래갑니다. 저와 많은 전교조 교사들이 혁신학교에 미쳤으니, 한 10년 후면 우리나라 교육이 조금은 바뀌지 않을까 싶습니다. 안 바뀌어도 괜찮습니다. 10년간 혁신학교에 쏟아부은 저의 노력은 또 다른 저의 능력으로 단단하게 자리 잡을 것이라고 확신하기 때문입니다.

어떤 이는 저에게 묻습니다. "너 놀이의 대가이지 않았느냐? 그런데 갑자기 무슨 혁신학교냐?" 전 사실 '○○의 대가'라는 말이 어울리지 않습니다. 오히려 '○○의 부진아'가 맞습니다. 잘 배우지 못하기 때문입니다. 그 대신 무엇엔가 한번 빠지면 그것만 보고, 그것만 생각합니다. 놀이에 빠졌을 때는 놀이만 보고, 놀이만 생각했습니다. 학급운영도 놀이로, 수업도 놀이로, 학교 축제도 놀이로…… 그러다 보니 남들이 저를 '놀이의 대가'라고 불러 주더군요. 사실 20년을 그렇게 살았는데 '대가'가 되지 않은 게 오히려 이상한 일이지 않겠습니까?

지금 저는 혁신학교에 빠져 있습니다. 그렇지만 우리 학교만 혁신학교로 만들고 싶진 않습니다. 이웃 학교에서부터 전국의 모든 학교를 혁신 학교로 만들고 싶습니다. 그래야 우리가 버거울 때 의지할 수 있습니다. 그래야 제가 전근을 가도 편합니다. 그래야 전국이 저의 무대가 될 수 있습니다. 그래서 전국 어디서 부르든 달려갑니다. 다행히 아직은 체력이 받쳐 주고 있습니다. 철인3종은 아마도 이렇게 쓰려고 했던 것 같습니다. 운동을 10년 동안 했더니 선수들만큼 짱짱한 체력을 가질 수 있게 되었습니다.

제가 10년 넘게 했던 운동이나 놀이가 다시 혁신학교에 오롯이 쓰이고 있습니다. 미련하게 한 곳만 보며 달린 결과치고는 기적이라 할 수 있습니다. 혁신학교는 별것 아니었습니다. 결국 학교 문화를 바꾸는 일이었습니다. 사실은 어려운 일이었으나 어렵다고 생각하지 않았습니다. 그렇게 생각해야 일을 저지를 수 있습니다. 일을 저지르고 나면 할 수밖에 없잖아요? 그래서 주변의 동지들에게 도와달라고 했습니다. '내가 감당하지 못할 일을 저질렀다, 당신이 없으면 나는 못 한다.' 그랬더니 동지들이 다 해 주었습니다. 그런데 사람들은 제가 했다고 합니다. 절대 아닙니다. 저는 아무것도 하지 않았습니다. 다 우리 학교 선생님들이 하신 일입니다.

10년 후엔 제가 어떤 모습으로 살고 있을지 궁금합니다. 다만 확신할 수 있는 것은 무엇인가에 미쳐서 오로지 그것만을 보며 살아가고 있을 것이고, 그것으로 매우 행복해하고 있을 것이라는 사실입니다.

2013년 6년
박현숙

‘교사-교장’,
그 오래된 경계를 넘나들다

고춘식
서울 한성여중(현 다솔공부방)

1

내겐 몇 년 전부터 나 자신에게 부과한 숙제가 하나 있다. 그것은 '교사를 위한 변명'이라는 제목의 책을 한 권 쓰는 일이다. 이 숙제는 안 한다고 해서 누가 나무라거나 당장 불이익이 떨어지는 것도 아니어서 태평스레 미루어지고 있는 셈이지만 그럼에도 숙제를 하루빨리 해내야 한다는 어떤 사명감이 맹렬히 나를 사로잡을 때가 있다. 그것은 한마디로 교사들이 사회로부터 뭇매를 맞을 때. 특히 전교조가 아주 죽일 집단으로 매도될 때! 그러므로 나의 '변명'에 대한 열정은 일단은 억울함에서 출발했다고 해도 좋겠다. 지은 죄는 한둘 정도로 여겨지는데 열 배, 스무 배 이상의 죗값을 추궁받는다면 어느 누가 억울하지 않겠는가? 게다가 그 '지은 죄'라는 것이 불의와 폭력의 시대에 맞서 항거하는 와중에 필요악처럼 요구되었던, 저 뜨거운 휴머니즘적 고뇌의 산물인 '과격성'이었을진대!

'변명'으로 말하자면 더할 나위 없이 고매하고 감동적인 《소크라테스의 변명》이 있는가 하면, 지식인의 부동浮動하는 속성과 그 사회적 책무를 설파한 사르트르의 《지식인을 위한 변명》도 있다. '역사는 무엇에 쓸모가 있는 것인가요?'라고 묻는 어린 아들에게 답하기 위해 쓰기 시작했다는 마르크 블로크의 《역사를 위한 변명》도 있다는 걸 우리는 안다. 그런데 '교사를 위한 변명'은 왜 없는 것일까, 하고 나는 종종 생각하곤 했다. 여러 '변명들'이 없었던 건 아니지만 저 빛나는 '변명'들에 필적하는, 마땅히 있어야 할 '변명'이 없는 까닭은 무엇일까? 이 땅의 교사는 그야말로 변명의 여지가 없는 존재이기 때문일까? 그건 일단 그렇다고 해 두자. 그러나 나는 내가 욕망하고 있는 교사를 위한 변명이 '선생'이 아니라 '교사'를 향해 있다는 사실만은 말해 두어야겠다. 나로선 치욕스럽기 그지없는 말인 이른바 '선생질'을 해 온 '선생'의 역사, 독재의 그늘 아래 숨죽이며 순응하고 순치되어 살아가야 했던 그 '선생'의 역사에 종지부를 찍기 위해서이다. 그럼으로써 1980년대 말 자주적 교사단체를 만들어 어렵사리 자존의 목소리를 내기 시작해 마침내 탄생한 '교사', 그 '교사'의 역사를 대변하기 위해서이다. 따라서 언제 완성될지 알 수 없는 나의 '교사를 위한 변명'은 저 '교사의 탄생'이 없었다면 결코 쓰일 수 없는 인과因果의 결과인 것만은 분명한 사실이다.

2

모든 탄생은 산고産苦를 동반한다. 그 산고가 있기에 탄생은 오히려 더 빛난다. 돌아보건대 '교사의 탄생'은 얼마나 엄청난 시련을 요구받았던가! 1989년 봄, 한심한 봉급쟁이에다 백면서생으로 치부되었다 할 '선생'들이 전교조라는 깃발을 높이 쳐들고 자신이 '교사'임을, 그것도 '노동자'임을 선언했다. 하지만 해방 후 반세기에 가까운 세월 동안 악착같이 부당한 기득권을 누려 온 세력들은 정권의 안보를 위해 무차별 공격을 가했다. 1,600여 명의 교사들이 학교에서 쫓겨나고 그들과 뜻을 함께한 수많은 교사, 학생, 시민들은 그야말로 역사를 정의의 길로 돌려세우려는 일념으로 눈물겹게, 맹렬하게, 싸웠다. 그리고 나는 기억하지 않을 수 없다. 당시 전장戰場이라고 해도 크게 어긋나지 않을 학교에서 교사들이 가장 먼저 직접적으로 부닥친 '적敵'은 불행히도 교장이었다! 그렇다. 교사, 학생, 학부모 모두에게 참으로 불행히도! 문제의 본질은 학교 사회를 지배해 온 어떤 사고, 역사의식, 정치적 편향, 교육관, 교육자상, 반공 이데올로기, 아집과 편견, 순응주의, 독선, 무지몽매 등이지만 결국 그 정점엔 교장이란 존재가 버티고 있었던 것이다. 과연 새로 태어난 '교사'와 교장 사이엔 뛰어넘을 수 없는 간극이 존재했다. 크게는 사상, 역사, 정치에서부터 작게는 아이들을 생각하는 마음에 이르기까지 교사와 교장은 명백히 서로 다른 관점과 입장으로 인해 번번이 충돌해야 했으니까. 이젠 그런 시대는 갔다 해도 좋을지 나는 의심하지만, 어쨌든 얼마나 오랫동안 교장은 학교라는 좁디좁은 왕국에서 제왕적으로 군림했던가! 그러한 교장의 존재 자체가 민주주의와 교육개혁의 최대 걸림돌이라는 사실을 모르는 교사가 있을까? 싸움은 불가피했다. 한데 평화로워야 할 학교에서 어느 누가 싸움하기를 좋아하겠는가? 역설적이게도 교장과 자주 부딪히는 교사일수록 진정 존경할 수 있는 교장을 얼마나 끔찍이도 만나고 싶어 했던가? 매사에 절차적 민주주의를 존중하며 공사公私가 분명하고 풍부한 인간미와 열린 마음, 그리고 명쾌한 합리성을 지닌, 그리하여 명실상부하게 빛나는 권위를 가진 그런 '교장 선생님'을 말이다.

그러나 그런 기대가 쓸모없고 백년하청百年河淸인 세월은 길었다 할밖에 없다. 오죽하면 교장, 교감이 되면 사람의 DNA가 바뀐다는 말까지 생겼을까? 교사 시절엔 인간미도 있고 합리적인 사고를 겸비한 사람이라도 '교장-관리자'가 되기 위해 점수를 관리하고 상사의 눈치를 보게 되는 순간부터 눈에 띄게 관료 바이러스에 감염된 언행이 나타난다. 그렇게 최소 10년, 20년 이상의 세월을 견디다 보면 어느 날엔 교장이 되어 있는데, 그때의 그는 한심한 권위주의에 옹졸한 보신주의, 치졸한 권모술수가 착종된 그런 인물인 것이다. 어느새 DNA가 바뀌어 있는 것이다. 그래서 '인간'으로 남기를 바라는 교사는 일찌감치 교장의 길을 접고 만다는 것인데……!

3

서두가 꽤 길어졌다. 그러나 까닭이 있다. 국어 교사 고춘식. 그는 2000년 11월 '전교조 교사'로서 최초로 중학교 교장이 된 장본인이며 교장 임기를 마치고는 올 9월 다시 교사의 자리로 돌아온 장본인이다. '전교조 교사 출신 교장'이란 이름도 생소하다 못해 부조리해 보이기까지 한 것이지만, '한번 교장은 영원한 교장'이라는 학교 사회의 통념을 가볍게 밀쳐 버린 '교장 출신 교사'란 이름도 자못 그러하지 않은가? 그는 서로 아주 높은 담을 쌓고만 있는 것 같은 교사 동네와 교장 동네를 자유자재한 걸음으로 확확 넘나들어 버린 유일한 '교사-교장'인 것이다. 물론 이것이 가능했던 건 몇몇 인연이 맞아떨어졌기 때문이다. 우선 그를 교장으로 모셔 갔던 한성여중은 재단 문제 때문에 지금까지 관선이

사 체제로 있는 사립학교라는 사실을 꼽아야 한다. 말하자면 '재단 독재'가 원천적으로 봉쇄된 사학이었던 것이다. 관선이사 체제에 이사(장)으로 위촉된 인물들이 김채윤 박사, 손봉호 박사, 그리고 지금은 녹색대학 총장이기도 한 장회익 전 서울대 교수라는 사실도 빼놓을 수 없다. 2000년 그 당시, 전교조 서울지부는 한성재단의 교장 공채가 공정하게 이루어지리라 본 것이고 그래서 서울 영파여고를 거쳐, 정의여고에서만도 23년을 근무하며 10여 년 가까이 교무부장직을 맡아 온 그에게 응모를 권했던 것이다. 그리고 그도 그것을 진지하게 '조직의 명'으로 받아들였던 것이고.

"일단 응모를 했으면 되어야 하잖습니까? 그것도 전교조 대표 자격으로 갔으니까. 당연히 준비가 필요했지요. 그런데 면접 심사 당일 가서 보니 현직 교장을 포함한 7명의 지원자 개개인에게 주어진 시간이 겨우 15분이더군요. 한 학교의 장을 뽑는데 그건 너무 짧은 시간이었지요. 어쨌든 면접을 마치고는 A4 용지 13쪽 분량의 학교 경영 방침과 철학, 연간 계획 등이 담긴 유인물을 심사위원들에게 주고 나왔습니다. 필요할 것 같아 미리 준비해 간 것이었는데 면접위원들은 놀란 얼굴을 하더군요."

고춘식의 '교장'으로서 첫 다짐은 그를 채용한 한성여중을 "우리나라에서 가장 민주적인 학교로 만들겠다"는 것이었다. 가장 민주적인 학교! 아, 정말이지 '교장 선생님'으로부터 이런 말을 들을 수 있는 교사들은 행복했을 것이다. 또 그 학교의 학생들만큼 축복받은 아이들도 없으리라! 교장과 승강이를 벌여 온 교사들의 아주 유일하다 할 요구가 바로 학교를 민주적으로 운영해 달라는 것 아니었던가? 그런데 교장 쪽에서 먼저 꼭 그러고 말겠다고 나왔으니 이 무슨 믿기 어려운 경사란 말인가……! 하지만 고춘식의 이런 포부는 마냥 순풍에 돛을 달았을까? 민주주의란 그것에 자연스럽게 훈련되지 아니한 구성원들에겐 귀찮고 피곤하고 때론 아주 비효율적으로만 보이는 제도이기 마련이다. 그러므로 민주주의를 하겠다는 교장 고춘식도 모종의 각오를 해야 했을 터다. 거기엔 유형무형의 저항이 있게 마련이니까. 아무리 정당해 뵈는 일도 구성원들의 자발적 동의를 이끌어 내지 못하면 제대로 추진할 수 없지 않은가. 예전 같으면 대다수 교사들의 방관적 침묵 속에서 십여 분이면 끝이 날 어떤 합의나 결정도 '민주적인 학교'는 무려 몇 시간의 토론이 필요하곤 했고, 그건 때론 교사들에게 참여를 강요하는 셈이 되고 교장의 역할과 책임을 공연히 분배하여 떠맡기는 셈도 되었을 테니까. 그러나 설사 그렇다고 하더라도 민주적 합의에 따라 어떤 결정을 내고 그걸로 학교를 이끌어 가면 '순풍에 돛 단 배'에 가까운 무엇이지 않았을까? 그러나 그렇진 못했던 모양이다. 고춘식은 이렇게 말했다.

"교장 4년 10개월, 술로 버텼지요."

고독을 달래며 혼자 마시는 그런 술을 말하는 게 아니다. 퇴근길 교사들과 함께하는 술자리가 많았다는 거다. 원래가 '술상공동체'에 어울리기를 좋아하는 그이기도 하지만 교장이기에 꼭 그래야만 할 때가 많았다는 말이다. 음모형 정치가처럼 민주적 교장에게도 '밤의 정치'는 필요했다고 할까? 그러나 정치가의 밤이 노골적 지배와 은밀한 거래의 시간이라면 고춘식의 그것은 주신酒神 디오니소스가 주재하는 모종의 축제의 밤이 아니었을까? 교장과 교사들이 술잔을 주거니 받거니 하며 격의 없이 교육 문제를 논의하고, 학교운영의 묘를 놓고 격론을 벌이고, 자칫 오해 때문에 빗나간 감정의 선들을 바로잡고, 때론 숨은 상처들을 서로 보듬어 주기 마련인 그런 '술자리-밤의 정치의 장'은 필경 아름다웠을 것이다.

4

'교사' 고춘식을 탐구하는 마당에 '교장' 고춘식 얘기가 자꾸만 길어지고 앞으로도 더 해야 하는 까닭은 교장 고춘식 속에는 속속들이 교사 고춘식이 살아 숨 쉬고 있었기 때문이다. 그는 교장이 되면서 자칭 "가장 탁월한 선택"을 했던 바 그것은 "교장도 수업을 하겠다"는 것이었다. 아이들과 유대의 끈을 놓치고 싶지 않아서도 그랬고 임기가 끝나면 다시 교사의 자리로 돌아가기로 마음먹었기 때문에도 그랬다.

"돈 한 푼 안 들이고 학교를 민주화시킬 수 있는 멋진 제도가 바로 교장선출보직제지요. 하지만 난 이걸 '교장선출수업제'라 이름 해도 좋다는 생각입니다."

그는 교장 첫해는 매주 2시간, 둘째 해는 3시간, 그 나머지 임기 동안엔 4시간, 이렇게 시간을 늘려 가며 한문 수업을 맡았다. 수업만 달랑 한 게 아니라 시험 출제도 하고 성적 처리도 했다. 그렇다고 교장 업무를 소홀히 할 수는 없었다. 정말이지 교장은 마음만 먹으면 학교를 위해, 아이

들을 위해 엄청난 일을 할 수가 있다. 그런 권한도 있고 시간도 있다. 그는 교장 재직 4년 10개월 동안 여름 겨울 할 것 없이 방학 때마다 학교 시설 개선 공사를 단행한다. 무슨 돈으로? 그거야 교육청의 재정 지원을 받아서다. 국민 세금을 얻어 와 필요한 데 당당하게 쓰는 것이 바로 교장이 할 일이다. 어두운 복식 교실의 창문턱을 낮춘다든지, 냉난방 시설을 정비한다든지, 강당에 음향과 조명 시설을 한다든지, 분필을 먼지 안 날리는 물백묵으로, 칠판을 자석 칠판으로 바꾼다든지, 책상 걸상을 교체한다든지 하는 이 모든 일은 어디까지나 아이들의 건강과 복지의 관점에서 행해졌음은 두말할 나위가 없다. 요컨대 '군림하는 교장'의 눈으로가 아니라 아이들과 부단히 부대끼는 '교사'의 눈으로 그랬다는 말이다. 올 6월 '교육·인적자원 혁신 아이디어 공모전'에서 최우수상도 받은 바 있는 '작은 학년제'도 마찬가지다. 한 학년을 두세 단위의 작은 학년으로 나누어 그 한 학년을 5~6명의 교사가 3년 동안 지속해 맡음으로써 교사와 학생, 학생과 학생, 교사와 교사를 더욱 긴밀하게 소통할 수 있게 한 게 이른바 '작은 학년제'이다. 이는 그가 "거대 학교는 야만"임을 피부로 느끼는 '교사'였기에 가능했던 것이리라.

"교장이 누구냐고요? 독일에선 그러더군요. 책임이 가장 무거운 교사가 바로 교장이라고. 정말이지 교장은 그 책임의 무게만큼 권한이 있는 겁니다. 진정한 권위는 많은 부분 거기에서 나오기 마련이겠지요."

그런데 권한으로 말하면 평상시엔 교장은 그것을 누리고만 있어도 좋은 무엇이다. 그러나 어떤 문제가 발생하면 그땐 교장은 오직 책임의 정점에 서 있게 된다고 그는 말했다. 동해안으로 수학여행을 갔을 때 아이들에게 바다로 뛰어들 수 있도록 허락한 사람이 교장이라는 사실을 확인한 안전요원이 "교장 선생님 제정신이십니까?" 하고 놀라 소리쳤다지만 그거야 하나의 작은 모험담에 불과하다. 성적 문제와 과도한 체벌 문제로 그야말로 한 식구인 교사를 징계해야만 했을 때, 그건 마땅히 그래야 하고 피해서는 안 되는 것이었음에도, 그때만큼 교장에게 주어진 책임과 권한이 무겁게 느껴진 적이 없었다고 그는 말했다. 그건 그의 타고난 소박하고 부드러운 성품 탓이기도 할 것이다. 하지만 그는 결코 무골호인無骨好人이 아니다. 그를 두고 주위에서 '전형적인 외유내강형'이라 부르는 데는 이유가 있다. 작년 11월 사립학교 관계자들과 교장들, 우익 단체 회원들이 '사립학교법 개정 반대' 집회를 열었을 때 그는 현직 사립학교 교장의 신분으로 그것을 거침없이 비판했다. 당시 〈오마이뉴스〉는 그의 사자후를 이렇게 전한다.

"참으로 참담하였다. (……) 서울역 앞 광장은 (……) 증오의, 증오에 의한, 증오를 위한 집회가 아주 성대하게 거행되고 있었다. (……) 당신들이 결사적으로 지키려고 하는 영토는 과연 무엇인가? (……) '학교 폐쇄'를 결정했다고 하기에 농담인 줄 알았다. 그런데 결의대회 현장에 딱 가서 보니까 농담이 아니었다. 충격이었다. (……) 이들의 생각엔 누구도 못 말릴 오만과 반교육적 정서와 독선이 가득했다. (……) 그런 마인드를 가진 사학법인부터 폐쇄시켜야 사학이 살고 사학이 살아야 교육이 산다!"
— '한 사립 교장의 용기 있는 '커밍아웃", 〈오마이뉴스〉, 2004년 11월 10일

그의 '분노'는 "역사는 발전하고 발전해야 한다고 믿는" 그로선 당연한 것이었고 또한 그것은 새로이 탄생한 '교사'와 어깨를 나란히 하는 그런 분노였다. 그러기에 그는 당당하게도 이렇게 말할 수 있었을 것이다.

'나는 권위를 내세우려 하지 않았다. 그러나 권위 없는 교장은 아니었다.'

5

우문이라 해도 좋았다. 전교조를 어찌 보고 있는지를 물었다. 전교조의 '교원평가 투쟁 국면'이 전 국민적 관심사가 되어 있는 상황이었다. 어쨌든 그의 대답!

"전교조는 강자입니다. 문자 그대로 강자라기보다는 조직의 밀도와 그 추진력이 가장 강한 집단이라는 뜻에서, 우리 교육에 미치는 영향 또한 가장 크다는 뜻에서 그렇죠. 그렇기에 나는 강자의 책임을 말하고 싶습니다. 전교조는 세상을 감동시킬 수 있어야 하고, 세상은 전교조를 하나의 '세력'으로가 아니라 우리 교육을 위해 무궁하게 헌신할 수 있는 거대한 '에너지'로 이해하고 받아들일 줄 알아야 합니다."

한마디로 간결 명쾌! 강자의 책임이라! 세력이 아니라 에너지라! 이 같은 대답은 나로 하여금 유연하고도 선명한 어떤 균형 감각, 중도中道의 무게 같은 걸 느끼게 했다. 그가 교장과 교사를 넘나들 수 있었던 것도, 그러니까 교장직을 무사히 수행할 수 있었던 것도 바로 그런 지혜의 힘 덕이지 않았을까? 그리고 그가 그의 후임 교장 선출 과정에서 교사들과 '충돌'했지만 끝내는 자신의 뜻을 관철시킬 수 있었던 것도!

"선생님들은 어차피 우리 손으로 뽑을 거라면 제일 표를 많이 얻은 한 사람만 이사회에 추천하면 된다고 했지요. 나는 2인 복수 추천을 주장했습니다. 1, 2위를 명시해서요. 잘하려는 이사회를 드러내 놓고 꼭두각시로 만들어선 안 되겠기에 말입니다."

6

지난 11월 6일 '교사' 고춘식은 제10회 '서울시 청소년 연극축제'에 초대받아 〈그대들의 하늘은 푸르다〉란 제목의 축시를 낭송했다. 그가 4, 5년 전부터 그 축제에 관심을 두고 힘닿는 데까지 도움을 주려는 것은 연극 동아리 활동을 열심히 하는 학생들만큼 학교와 가정에서 못 말릴 천덕꾸러기 취급을 받는 아이들도 없다는 걸 잘 알기 때문이다.

"우리 아이들은 마당만 만들어 주면 어떤 일도 해낼 수 있는 능력이 있습니다."

이 같은 믿음은 청소년들이 벌이는 이런저런 문화 행사들을 부지런히 발품을 팔며 찾아다니는 속에서 더욱 분명해졌던 셈인데……. 그게 아니라도 그로선 그의 한성여중 아이들이 학생회장 선거를 순전히 자치적으로, 아주 신 나고도 뜻깊은 '축제'로 치러 내는 양을 보는 것만으로 이

미 충분한 것이었다. 게다가 선거가 끝나자 진 쪽 아이들도 기꺼이 학생회 간부로 참여했고, 그런 광경이야말로 그에겐 하나의 감동이었으니까. 그러니까, 작은 차이를 넘어서 큰 뜻을 함께 이룰 줄 아는 것! 이것이야말로 어른들이 아이들에게서 배워 마땅한 일 아닌가? 그러기에 있는 마당도 제대로 안 열어 주려는 어른들이 고춘식은 가슴 아플 정도로 답답하다. 그부터가 문화라는 열린 마당을 좋아해서 더 그럴 터다. 일찍부터 서울 지역 교사 풍물패 '흥사렁'의 주 멤버이기도 한 그는 올가을에도 국립민속박물관 야외 마당에서 열린 정기 공연에 징과 쇠(꽹과리)를 들고서 흥겹게 나섰다.

'가장 행복했던 때가 언제였느냐?'고 묻자, 그는 한성여중 교장으로 가게 되어 정들었던 정의여고를 떠나던 날 제자들이 〈당신은 사랑받기 위해 태어난 사람〉이라는 노래를 불러 주었을 때를 먼저 떠올렸다. 고춘식에게 그 노래는 '당신은 진정 우리에게 사랑받은 교사였으니 교장으로서도 두루 사랑을 받게 될 것이다'라는 찬사와 격려의 메시지로 들렸을지도 모른다. 그랬다 한들 무슨 허물이랴. 아무래도 그는 사랑받기보다 사랑하기가 더 몸에 맞는, 교사이기 전에, 교장이기 전에 오직 한 인간이고 싶을 뿐인 존재인 것을!

교장의 짐 훌훌 벗어 버리고 나니 다가오는 '자유'의 겨울방학이 가슴 설레도록 기다려진다는 그는 '쇠 치는 것에 점점 더 빠져들 것 같고, 그걸 아주 잘해 보고 싶다'고도 말했다. 그는 올해 쉰아홉이다. 그러나 나이가 무슨 상관이랴. 그는 천상 그가 가장 존경하는, 만년 청춘의 기상과 사랑으로 살다 간 늦봄 문익환 선생의 후배 같고 동지 같고 친구 같기만 하지 않은가? 그러한 그가 있기에 오늘 다시금 나는 우리 교육의 희망을 생각한다. 교장 속에 교사가 살아 숨 쉬고, 교사 속에 오직 사랑하는 아이들이 살아 숨 쉬는 한 어쩌면 한 번도 위기가 아닌 적이 없었을 우리 교육도 많은 '고춘식들'과 함께 변화하고, 성장하고, 있어 마땅한 그 본래 면목을 발견할 수 있을 것이라고!

2005년 12월

고춘식의 그 후 이야기

　　교장 시절 못 이룬 꿈이 하나 있었습니다. 선생님도 아시다시피 '작은 학년제'가 그것이지요. 교장에서 물러나 '원로 교사'라는 이름으로 수업을 하면서 그걸 시작하기 위해 선생님들을 더 적극적으로 설득했는데 교장의 입장이 아니라 동료 교사로서 주장하니 선생님들도 조금씩 마음을 움직여 주더군요. 아무튼 한 학년만 시범적으로 해 보기로 논의가 되어 2007학년도 신입생부터 그런 체제로 갔는데 예상했던 대로 첫해엔 별다른 변화를 찾아볼 수 없었습니다. 2학년이 되면 무언가 달라질 거라는 기대를 갖고 기다렸는데 역시 제 기대와는 달리 그런 일은 일어나지 않더군요. 오히려 다른 학년들에 비해 말썽을 부리는 아이들은 더욱 많아지고, 시간이 갈수록 더 영악해진다는 느낌이 들어 제 마음은 몹시 쓸쓸하고 어두워졌습니다. 그리고 2009년 2월, 그 아이들이 3학년이 되는 걸 보지 못하고 저는 정년퇴임을 하게 됐습니다.

　　퇴임 후에도 저는 그 아이들에게 관심을 두고 지켜보았는데요, 다행히 아이들이 3학년이 되고부터 달라지고 있다는 말이 제 귀에 들리기 시작했습니다. 작은 학년제에 참여한 선생님들이 낸 결과 보고서를 봐도 학생들이나 학부모들로부터 긍정적인 평가를 받았더군요. 고등학교 진학 상황도 전과는 많이 달라졌고요. 특목고에 많이 간 것도 그렇지만, 제가 주목한 점은 아이들이 진학한 학교들이 전보다 다양해진 것이었습니다. 교사와 학생들이 주고받은 '3년의 눈빛' 속에서 맞춤형 진로 지도가 이루어진 결과로 볼 수 있겠지요. 더욱 반가운 일은 작은 학년제에 참여했던 선생님들이 다시 하기를 원한다는 것이었습니다. 좀 더 체계적으로 운영하고, 학교가 좀 더 관심을 갖고 적극적으로 도와주면 훨씬 더 좋은 결과를 만들어 갈 수 있을 것이라는 자신감을 얻었던 것이지요. 또 한성여중 아이들이 많이 진학하는 한성여고의 선생님들이, "한성여중 아이들이 전과 달리 선생님들에게 달라붙는다"는 말도 한다더군요. 졸업하고 찾아오는 아이들도 부쩍 늘었다고 하니 이보다 더 큰 보람과 결실이 또 어디 있겠습니까?

저는 요즘 입에 담지 못할 말들을 여기저기 다니면서 하고 있습니다. 4년 전 정년퇴임을 할 때 《우리교육》에서 부탁한 제 글의 제목이 〈나의 비겁, 우리 교육의 비겁들〉이었지요. 이제는 우리나라 교육에 대해 좀 멋있고 고상하고 희망적인 말을 할 만도 한 것 같은데, 그것이 잘 안 됩니다. 교육 관련 행사 등 사람들이 모이는 곳에서 한마디 할 경우가 생기면, 안 해야지 하면서도 결국 '교육의 복수', '교육 복수의 시대', '교육 복수의 사회'라는 말을 하게 됩니다. 이것이야말로 불편한 진실 아닐까요? 지금 우리는 교육이 우리 사회에 복수하는 시대에 살고 있습니다. 이것은 세계적인 현상 같기도 하니 교육이 인류에게 복수하는 것은 아닌가 하는 생각마저 들기도 합니다. 한마디로 병이 든 교육이지요. 교육이 골병들었으니 이처럼 커다란 복수가 어디 또 있습니까? 이처럼 처절한 복수가 어디 있습니까? 학생들도 선생님들도 학부모들도 다 골병이 들었습니다. 이렇다 할 보람도 없이 골병만 들었으니 통탄할 일이 아닌가요? 학교도 교육도 중환자입니다. 더욱 암담한 것은, 그럼에도 제대로 된 의사도 병실도 병원도 없다는 것입니다. 보건복지부도 없습니다.

한번은 '어떤 학교가 좋은 학교일까?' 하는 생각이 들어 몇 가지 적어 본 적이 있습니다. 적다 보니 50개 정도가 나오고, 다시 적어 보니 100개가 되더군요. 적고 또 적으니 365개가 되었습니다. 그래서 〈내가 생각하는 좋은 학교 365〉라 제목을 붙이고 출력해서 몇몇 지인들에게 보여 주기도 했습니다. 그러다가 문득 마음이 아팠습니다. 역설적으로 이것이 우리 학교의 슬픈 자화상이 아닌가 하는 생각에서였지요. 그걸 서울시교육청 행사 때 50여 명에게 나누어 준 적이 있습니다만, 그 후에는 누구에게도 보여 주지 않고 있습니다. 그것을 읽고 오히려 상처를 받을까 우려되어서지요.

제가 우리 학교 현장에 절절하게 바라는 것이 있다면 작은 학년제의 도입입니다. 함께 작은 학년제에 도전해 보자는 것이 한결같은 소망입니다. 이것은 교육을 '1년 맡김'의 구조가 아닌 '3년 맡음'의 구조로 바꾸라는 말입니다. 1년짜리 관계, 1년짜리 관심, 1년짜리 만남으로는 진정한 교육이 될 수 없다는 거지요. 학교가 '맡기니까' 내키지 않는 마음으로 1년짜리 담임을 맡고, 수업을 맡는 구조로는 턱도 없다는 말이지요. 3년짜리 만남, 3년짜리 관계, 3년짜리 관심, 3년짜리 고민, 3년짜리 눈빛이 그래서 필요하고, '맡겨서' 맡는 것이 아니라 스스로 내가 '맡겠다'고 해야 한다는 것입니다. 그래서 '맡음'입니다. 그렇게 해서 우리는 아이들 속으로 파고들어야 합니다.

혁신학교가 소중하고 고귀한 성취를 이루고 있는데, 그 핵심적인 힘은 아이들과 선생님들과의 '관계의 회복'을 이루어 낸 데 있습니다. 선생님들의 피와 땀이 밴 정성과 열정과 기다림이 만들어 낸 기적이지요. 아이들과의 '관계의 구조'를 바꿔서 서로 신뢰하지 않을 수 없는 구조, 서로 사랑하지 않으면 안 되는 구조로 바꿔야 한다는 것입니다. 서로 절실히 필요한 존재가 되는 구조로 바꾸자는 것입니다. 선생님들이 합의를 통해 그런 결단을 했다면, 교육부와 교육청은 제발 건드리지나 말았으면 합니다. 마음껏 아이들 속으로 파고드는 일에만 몰입할 수 있는 환경을 만들어 주는 것이 절실합니다.

요즘 저 스스로 대견하다는 생각을 합니다. 퇴임하고 나면 시조도 덜 쓰고 메모도 덜 할 줄 알았는데 웬걸, 아니었습니다. 저 스스로 놀라기도 하지요. 퇴임 후 시조 쓰기도 더욱 활발해져서 이명박 정권을 비판하는 시조 〈멍 세상, 멍멍 세상〉을 1,600여 수 썼고, 성경 중 '시편詩篇'과 '아가雅歌' 등을 시조로 쓰니 그것도 2000여 수 가까이 되더군요. 정년 후 5,000~6,000여 수는 썼을 듯합니다. 저는 〈온겨레 시조 100수 운동〉을 생각하기도 합니다. 남과 북의 모든 사람들이 평생에 시조 100수 쓰기 운동을 하자는 것이지요. 평생 100수를 쓰지 않은 사람은 죽을 자격을 주지 않으면 어떨까 생각하면서 혼자 웃기도 합니다. 메모도 오히려 늘었습니다. 정년 때 200여 쪽 메모 수첩 120권을 썼었는데 지금 240권째 쓰고 있으니 꼭 두 배로 늘었습니다. 언제 한번 시간을 내서 메모 수첩에 있는 톡톡 튀는 생각들을 향기 나는 시조로 바꾸어 볼 생각입니다. 선생님의 건필을 빌며 이만 줄입니다.

2013년 5월

고춘식

'작고 아름다운 학교'를 위한 연가^{戀歌}

조영옥

경북 상주 화북중

1

　남자는 여자보다 확실히 이기적이다. '그야 사람마다 다르지' 같은 하나 마나 한 말은 일단 사양한다. '적어도 나는 그렇다'고 고백할 참이니까. 그리고 유유상종이어서인가? 내 주위의 몇몇 친구들도 그런 것 같다. (이게 결코 자랑일 수는 없다는 건 나도 안다.) 아무튼 다른 건 차치하고, 한 여인을 '누님'으로 모신다면서 자신은 철부지 남동생쯤으로 낮추는 전술을 구사하는 남성을 한번 생각해 보라. 그의 이기적인 목적은 명백하다. 그는 열렬히 이렇게 말한다. '누님이시여, 당신은 무한정 내주시기만 해야 합니다! 당신은 언제나 풍요로운(!) 치마폭과 너른 가슴, 지칠 줄 모르는 부지런한 발걸음, 날렵하고 유용하고 따뜻한 손, 환하고 자비로운 미소의 화신이시니 말입니다. 그렇지 않다면, 그것은 자연에 어긋나는 일이고 운명을 거스르는 일임을 당신이 모르실 리가 없습니다. 아니 당신은 이미 그 모든 것을 넘어서 있는 여신-관세음보살님이 아니십니까……?' 요컨대 이 글의 첫머리를 나는 다음과 같이 쓰고 싶은 것이다.

　'5월의 봄날, 경상북도 안동에서 나는 '누님' 조영옥을 만났다.'

2

1953년생. 부산의 명문 경남여고를 다닐 때 '전원문학회'(연합 동아리)에서 수준 높은(!) 문학 활동을 했다는 '자유로운 영혼'의 문학소녀는 경북대 사범대를 졸업(1976년)하고 경북 울진군 죽변으로 초임 발령을 받는다.

"농어촌 생활은 난생처음이었어요. 대학에서 배운 많은 것들이 현실과는 너무나 동떨어진 것임을 알게 됐죠."

그녀는 그저 평범한 초임 교사일 뿐이었다. 그리고 2년 후, 전근 간 상주중학교에서 미술 선생님의 소개로 만난 청년과 두 달 만에 결혼에 골인하는데…… 나중에 '어떻게 그렇게 빨리 결혼을 결정할 수 있었느냐?'는 주변 사람들의 물음에 대한 그녀의 대답은 이랬단다. "딱히 거절할 명분이 없어서였지 뭐……." 결혼의 조건이 성격과 취미만 별문제 없으면 그만인 그녀이긴 했다. 그러나 상대는 남동생을 다섯이나 둔 장남인데다 부친이 물려준 사업(장사)을 하고 있었다. 서울대 출신의 수재라고는 하지만 당시 기준으로는 반듯한 직장이 없는 청년이었다. "원래 장사하는 사람을 싫어했는데, 인연이었는지 그 사람을 만나기 몇 달 전에 미국에서 최초로 백화점을 만든 사람에 관한 책을 보다가 '장사하는 사람도 철학이 있다면 괜찮겠구나' 하고 생각을 하게 된 참이었지요." 있는 조건 없는 조건 모두 척 하고 다 받아들였다는 말이다.

상상컨대, 그녀는 처음부터 큰 손의 맏며느리요, 너른 마음의 양처良妻

요, 든든한 형수였을 터다. 거기에다 그녀는 시골 사람들이 존경하는 교사, 국가공무원이었다. 이래저래 안팎으로 고달픈 일이야 왜 없었겠느냐마는, 제 마음먹기에 달린 보통 사람의 행복 정도야 그녀로선 여반장으로 쉬웠을 터다. 시부모님 잘 모시고, 남편 뒷바라지 성심껏 하고, 도련님들 챙겨서 돌보고, 아들딸 낳고 기르며 그렇게 보살행 하듯 살아가는 일이 그녀에겐 크게 어렵지 않았으리라.

그런데 위기가 찾아왔다. 무슨 말이냐 하면, 엄혹한 유신 독재의 하늘 아래서도 별 탈 없이 대학을 졸업하고 교사가 된 조영옥이었지만, '격동의 80년대'는 기어코 그녀를 집 밖으로 역사 속으로 끌어냈던 것이다. 5월 광주와 인혁당 사건의 진실……! 그것은 교사 조영옥에게 '충격'이었다.

"제가 도덕 선생이고 윤리 선생이었잖아요. 당시 교과서는 '남침 야욕을 불태우고 있는 북한'의 통일전선전술의 대표적 사례로 인혁당 사건을 꼽았어요. 저는 그걸 그대로 믿고 아이들에게 아주 상세히 가르쳤단 말이에요. 근데 그게 박정희 정권의 조작이었다니까……!"

그녀는 유신 체제에 대해선 나름 비판적 안목이 없지 않았지만 '직접 체험에서 벗어난 많은 역사적 진실에 관한 공부는 빈약했었다'고 고백했다. 이젠 무엇을 어떻게 가르칠 것인가? "그때부터 두려운 마음으로 세상을 다시 보게 되었지요." 도덕·윤리 교사로서의 고민이 시작된 거였다.

"막연하나마 세상이 변해 가고 있다는 건 느꼈어요. 자연스레 독서의 방향도 달라졌죠."

때는 전두환 정권 말기였다. 1987년 벽두를 강타한 서울대생 박종철의 고문치사 사건, 6월에 불붙은 민주화 대항쟁, 7월의 연세대생 이한열의 죽음……. 당시 그녀가 살았던 안동에도 이전에는 볼 수 없었던 시위가 벌어졌다. 그 와중에 시동생이 가져다준《민중교육》이라는 교육 무크지! 그 책의 내용 못지않게 글을 기고한 교사들이 학교에서 쫓겨나고 감옥에 갔다는 사실이 그녀에겐 또 다른 충격이었다.

"1988년 전국교사협의회가 창립될 때는 망설일 이유가 없었지요."

하긴 그때야 교사-교육운동이 질풍노도, 파죽지세의 시절을 맞이하고 있었다. 삼천리 방방곡곡의 학교에 민주화 바람이 불었다. 적지 않은 학교에서 평교사협의회가 구성되었고, 곪을 대로 곪은 사학들에서도 교사들은 분기했다. 사학 정상화 투쟁―그것은 가히 요원의 불길이었다. 그래서 자주적 교사단체인 전국교사협의회가 전국교직원노동조합으로 질적 전화轉化를 하는 것은 시간문제로 보였다.

그러나 다들 아는 것처럼 역사는 그렇게 쉽게 흘러가지 않았다. 1989년 5월 전교조 창립……! 그것은 역사적 필연이었고 대번에 범국민적 관심사가 되었지만 노태우 정권은 결국 전교조를 탈퇴하지 않는 교사는 무조건 다 목을 치겠다고 나왔다. 그것은 엄포가 아니었다. 전교조는 '다 죽기로 각오하면 다 산다'고 버텼지만, 애초 그건 그렇게 될 수 없는 것이었다. 교사들을 전교조에서 탈퇴시키기 위한 정권 차원의 공세는 청와대에서부터 반상회에 이르기까지 수단과 방법을 가리지 않았다. 투옥, 파면, 협박이야 그렇다 쳐도 부모·형제나 친지까지 동원한 탈퇴·분

열 작전은 상상을 초월할 만큼 집요했다. 탈퇴를 거부하고 해직을 결심한 며느리 조영옥도 시부모님과의 언쟁에 이은 읍소를 피할 수 없었다. 엎친 데 덮친 격으로 시댁에서 경영하던 사업이 부도나고, 그 충격으로 고혈압이던 시어머님까지 쓰러졌다.

"상황이 참 안 좋았지요. 그렇지만 남편은 남편대로 저는 저대로 어려움을 헤쳐 나가는 수밖엔 별도리가 없었어요."

아, 그런데 나는 왜 이런 오래된 이야기를 더듬고 있는 걸까? 1,600여 해직 교사치고 이런저런 어려움을 안 겪은 사람이 어디 있었을까? 하지만 나는 조영옥의 젊은 시절 무용담(!)을, 그녀가 전교조 경북지부장을 무려 6년이나 했다는 사실까지는 끌고 가야 한다.

뇌경색으로 쓰러져 1년 반 동안을 식물인간으로 사셨던 시어머님이 돌아가시고 시아버님은 서울 사는 둘째 아들이 모셔 가게 되자 '자유 아닌 자유'의 몸이 된 그녀는 경북지부장을 맡게 된다. 1993년 새로 들어선 김영삼 정부가 진통 끝에, 마지못해 전교조 해직 교사 복직 방침을 내놓은 바로 그해였다. '즉각적이고 무조건적인 원직 복직과 해직 동안의 임금과 호봉 배상'이라는 전교조 측의 바람과 요구와는 너무도 다른 차원의 복직 방침은—형식적이나마 전교조 탈퇴 각서 제출을 전제로 한 특별채용(1994년 3월 1일 자)이었다. '전교조 합법화'에 대한 기대 자체가 무망한 그런 정부였다. 그럼에도, 아니 그랬기에 '어쨌든 복직'은 거스를 수 없는 대세였다. 하지만 조영옥은 복직할 수가 없었다.

"저 다음에 지부장을 할 사람이 없는 거예요. 전교조는 여전히 비합법, 법외 노조인데 누구든 복직해서 지부장을 하게 되면 또 해직 사태가 생길 게 뻔했으니까요. 그러니 제가 바깥에 남아서 활동할밖에…… 그래도 복직하는 간부 선생님들 모두에게 마음의 각서를 받아 놓았지요. 복직해도 지부 일 열심히 하겠다는……."

그녀의 지부장 장기 집권(!)은 그렇게 시작된 거였다. 그 후 김대중 정부가 들어서고, 전교조가 합법화되고, 그녀를 포함한 미복직 전교조 해직 교사들은 물론이고 사학민주화투쟁 관련 해직 교사들까지 거의 한 명도 빠짐없이 복직된 1998년 9월까지 그녀는 경북지부장이었다. 밤낮이 따로 없고 퇴근 시간도 따로 없는, '그리운 교실 속 아이들'과는 천리만리 떨어져 있어야 하는 그 전교조 지부장 말이다.

마침내 돌아온 학교, 아이들은 많이 변했고 적응하기도 쉽지 않았지만 조영옥은 복직하기가 무섭게 통일교육운동으로 잰걸음을 한다. 봉화지역의 선생님들과는 '통일 교사 모임'도 만들고 학생들을 데리고 '통일캠프'도 진행한다. 상주로 학교를 옮긴 2003년에는 노무현 정부가 추진한, 남북교사교류 사업의 일환인 전교조 평양교육견학단의 일원으로 평양도 방문하고…… 이래저래 쉴 틈이 없었다. 그리고 바로 그해, 나이 쉰하나인 그녀에게 새로운 임무가 떨어졌으니 그것이 바로 이름 하여 '작은 학교 살리기'였다.

3

"작다는 것만으로도 좋다!"

그녀가 이렇게 말했을 때 나는 미상불 E. F. 슈마허의 《작은 것이 아름답다》를 떠올렸다. 그야말로 아름답고, 진실되고, 시적詩的인 이 책에 대해 누가 내게 한마디 토를 달아 보라고 한다면 나는 이렇게 말하겠다. '근대 기술·기계 문명이 몰고 온 가짜 행복, 가짜 풍요, 가짜 천국으로 고통받는 이들을 위한 또 하나의 복음서'라고. 모두 부자가 되면 세상엔 평화와 행복이 올 것이라는 근대 사회의 지배적 관념을 정면에서 비판하며 그는 '소박함'과 '비폭력성'을 근간으로 하는 '불교 경제학'을 내세운다. 이 책을 읽다가 나는 다음과 같은 대목에서 눈이 번쩍 뜨였다.

누구나 쉽게 접근할 수 있을 만큼 값이 싸며, 소규모 이용에 적합하고, 인간의 창조적 욕구에 부합될 수 있는 것. 이러한 이 세 가지 특성으로부터 비폭력성이 생겨나고, 영속성이 보장되는 인간과 자연의 관계가 출현한다. 이 중 하나만 무시하더라도 일을 반드시 그르치게 된다.

— E. F. 슈마허, 《작은 것이 아름답다》, 47쪽

이것은 내게 '왜 작은 학교인가'라는 물음에 대한 명쾌하고도 본질적인 해답으로 다가왔던 것이다. 복잡하게 생각할 필요가 없을 것 같다. 1,000명, 1,500명의 학생과 30개 이상의 교실, 60명 이상의 교사들이 운집해 있는 학교와 30~50명의 학생과 10개 정도의 교실과 10명 안팎의 교사가 조용히 거니는 학교를 잠깐이라도 비교해 보자. 어느 쪽이 더 '인

간의 창조적 욕구에 부합'하는 교육 환경인가는 명백해질 것이다. 게다가 대규모 학교는 도시의 산물이고 작은 학교는 대체로 자연과의 접근성이 쉬운 농촌의 보금자리일진대! 그러기에 조영옥은 말했다.

"작은 학교에서 교육의 새로운 희망을 보았지요."

그럼 그녀는 어떻게 해서 그 '가슴 설레는' 희망의 길로 접어들게 되었을까? 이젠 그 얘기를 들어 보기로 하자.

4

"노무현 정부 시절 이런저런 인연으로 교육혁신위원회의 위원으로 위촉되었어요. 저는 농어촌교육분과에 배치되었는데, 당면 과제가 무너져 가는 농어촌 학교, 농어촌 교육을 살리기 위한 정부의 역할이 무언지를 알아보는 일이었습니다. 송대헌 선생과 함께 TF팀을 구성하고 '농어촌 학교 살리기'를 '작은 학교 살리기'로 바꿨는데, 문제의 핵심은 '지역'이 아니라 '규모'라는 판단이 섰던 거지요."

아무튼 조영옥으로선 꼭 하고 싶던 일이었다. 4년 전, 경북교육청이 농어촌의 작은 학교를 통폐합하겠다고 나섰을 때, 전교조 경북지부는 치열한 반대 투쟁을 벌였다. (당시 조영옥은 지부장이었다.)

"경북 지역만이 아니었어요. 다른 도道들도 일제히 학생이 100명 이하면 통폐합하고, 분교는 폐교하겠다고 나왔지요. 그걸 실행에도 옮기자 각 도마다 통폐합 반대 비상대책위원회가 구성되었고요. 경북은 전교조와 농민회가 중심이 되어 싸웠지요."

성과도 있었다. '지역 학부모들이 원치 않으면 폐교는 하지 않는다'는 확약을 교육청으로부터 받아 낸 것이다. 실제로도 학생 수가 30명도 안 되는 의성의 한 학교는 분교가 아닌 본교로 남아 있을 수 있었다.

"그게 선례가 되어 지금도 학생 수 100명 이하인 학교라도 학부모가 원치 않으면 교육청이 섣불리 폐교하겠다고 나서지 못하고 있지요."

사라질 위기의 '작은 학교'를 존속시키는 자체만 해도 의미 있는 일이라 할 것이다. 하지만 그것을 누가 어떻게 살려 내고 꽃피어 나게 할 것인가는 또 다른 문제.

"상주중 시절부터 주위의 어느 학교가 작은 학교 운동을 하는 데 적절할까 생각하며 몇몇 전교조 교사들과 암중모색을 했었어요."

2006년 말경, 그들은 낙서초등학교 졸업 예정자 10명 중에서 대다수가 상주에 있는 중학교로 진학한다는 소식을 접한다. 그건 매우 중요한 정보였다. 아이들이 사라지면 학교도 존립 근거를 잃게 되는 건 당연지사. '조영옥들'은 가정방문을 통해 학부모들의 생각부터 들어 봤다. 예상대로 학부모들도 폐교에 대한 우려가 많았다. 학부모가 반대하면 교육청도 폐교 결정을 쉽게 할 수 없게 되었으니, 그것만으로도 절반의 성공이었다.

다음 해 3월, 조영옥은 전교생이 17명에 불과해 통폐합이 운위되고 있던 내서중학교로 발령을 받게 된다. 이는 그녀의 작은 학교 살리기 운동의 중요한 한 도전인 동시에 실질적인 시작을 의미했다. 조영옥들은 일단 설문 조사와 학교운영위원회 회의를 통해 학부모 전원의 폐교 반대 의지를 확인한다. '작고 아름다운 학교 만들기' 추진팀을 만들어 통폐합 저지를 위한 실질적인 활동도 진행했다. 그리고 1년여 만에 도립 상주도서관에서 통폐합에 반대하는 다수의 학부모들과 교사, 교장 등이 모인 가운데 '설명회'(2007년 11월 13일)를 갖는다. 내서중이 '작고 아름다운 학교'로 거듭날 것이라는 선언에 더해 이미 그렇게 거듭나고 있다는 자신감을 표명하는 자리였다. 설명회 자료집에 담긴 '교육 목표 및 향후 계획'과 교장의 인사말, 추진팀에서 함께 일한 교사 최윤호, 장상동 그리고 조영옥의 말은 모두 자못 감동적이다. 우선 교육 목표와 석휘중 교장, 그리고 장상동 교사의 이야기부터 보자.

'참삶을 가꾸는 작고 아름다운 학교', (내서중학교는) '주체적이고 자유로운 사람', '자연과 공생하는 사람', '더불어 사는 사람'(을 기르는 곳입니다).

"이 자리는 작고 아름다운 학교를 만들기 위해 부단히 노력했던 우리 학교 구성원들의 소박한 흔적이 돋보이는 곳입니다. 더 정확하게 말하자면 소통과 공유의 결과물입니다. (……) 교사와 교사의 소통을 위해 회의 체계를 혁신하였고 학부모와의 소통을 위해 찾아가는 학부모 만남의 날을 운영하였습니다. 학생들과의 소통은 학생회 총회와 자유 발언대, 사제동행의 날을 통해 훨씬 두터워졌습니다."(석휘준 교장)

"거대 학교와 대비되는 작은 학교, 삭막한 환경에 포위되어 있는 도시학교와 비교되는 아름다운 농촌 학교 (……) (다른 학교의 문제점을 지적하기보다는) 작고 아름다운 학교 만들기를 통해 새로운 희망을 찾는 자리입니다."(장상동 교사)

여기에 대해 '농어촌 작은 학교에서 학교교육의 희망을 만들다'라는 제하의 조영옥의 글은 '왜 작은 학교인가'라는 물음에 대한 명쾌하고도 가슴을 뒤흔드는 답변이었다. '1982년부터 2001년까지 전국에서 2,922개의 농어촌 지역의 학교가 폐교'되었다는 것, 2004년 한·칠레 FTA 협정 체결 당시 농수산부가 중심이 되어 '농림어업인 삶의 질 향상 및 농산어촌지역 개발 촉진에 관한 법률(농특법)'을 제정하고 '작고 아름다운 학교 육성 등 농어촌 살리기 대책'을 내놓은 바 있다는 것, 그런데 2006년 교육인적자원부는 '농산어촌 소규모 학교 통폐합 계획'(전국 676개 학교 대상)을 다시 발표했다는 것을 하나하나 지적한 그녀는 이렇게 말했다.

"학교가 통폐합될 것이라는 말이 나오는 순간부터 많은 농민들이 이농을 생각하고 실제 농촌을 떠나 갑니다. 학교 통폐합은 이농의 결과가 아니라 원인인 것입니다. (……) '돌아오는 농촌'은 구호가 아니라 현실이 되어야 하며 그러기 위해서는 학교가 반드시 있어야 합니다."

이어서 그녀는 동료 교사들과 함께 농어촌 학교 살리기 운동을 고민하고 실천하는 과정에서 '학교는 작아야 한다는 신념'을 갖게 되었음을 밝힌다. 그 이유는 분명하다. '학교가 교사들이 학생들과 함께 삶을 나누고 희망을 만드는 곳'이어야 하는 한 '맑은 공기와 자연의 아름다움을 마음껏 만끽'할 수 있는 '천연의 학습장'으로서 농어촌 작은 학교는 그것을 가능케 하는 최적의 학교임을 거듭 확인할 수 있었다는 것이다.

"농촌의 작은 학교에는 '익명의 아이들'이 없습니다."

내서중에서의 행복한 분투를 통해 조영옥들이 확인한 작은 학교의 진실을 이보다 더 감동적으로 표현할 수 있을까? 단지 작기만 하면 될까? 교사들의 아낌없는 헌신과 학부모들의 동참과 이해가 전제되어야 하는 것이다. 그러나 일단 작지 않고서는, 도시의 대규모 학교라면, 그 어떤 바람직한 교육적 활동도 불가능할 정도로 어렵다는 걸 누가 모르랴?

5

조영옥이 작은 학교 살리기 운동의 거점(!)으로 삼은 내서중은 그녀가 부임한 해인 2007년엔 전교생 17명에 교사 8명, 교장, 행정·기능직 2명이 전부였다. 거두절미하고, 이렇듯 손바닥 안에 들어오는 소규모 학교니 교사들만 뜻이 통하고 소통이 어렵지 않은 교장이 있으면 못 할 게 없지 않을까? '바른 삶을 실천하는 인성 함양', '자기 주도적 학습', '공동체 의식 함양', '모두가 주인 되는 학생', '참여와 봉사의 학부모' 같은 '학교교육의 방향'이야 여느 일반 학교와 별반 다르지 않다. 문제는 그걸 진짜 실천하느냐 않느냐에 있는 것이다. 요컨대 '통일·환경·인권을 주제로 한 통합교과 운영'도 그렇고, '아침 독서'나 '아침 명상'도 그렇고 '영어 캠프'나 '사제동행의 날'도 그렇지만, 이 모든 것이 17명의 학생과 8명의 교사가 하나가 되어야 이루어지는 것인데 가짜로, 형식적으로 할 필요가 어디 있겠는가? 도무지 그리될 수도 없었을 것이다.

"초등학교에선 말 한마디 않고 책상 앞에 앉아만 있던 아이가 우리 학교에 와서는 1년 만에 완전히 달라졌어요. 우리 학교 아이들은 고등학교에 가서도 다른 학교 출신 아이들보다 씩씩하고 당당하다는 소리를 듣곤 했고요. 중학교 때 마음껏 놀며 다양한 활동을 신 나게 해 본 게 힘이 되었겠지요"

그야, '익명의 아이들이 없는'―배움으로부터 소외된 아이들이 없는 학교라고 조영옥은 말했었다. 아이들이 좋아하는 학교, 재미있는 학교라고 솔솔 소문이 나자 자녀들을 내서중으로 보내려는 학부모가 많아져 2007년엔 17명이던 전교생이 2011년엔 50명이 되었다고 했다. 그렇다면 교사는? 여전히 8명이다. 당연한 결과로 업무가 훨씬 많아졌지만 (아니 처음부터 '작은 학교'의 교사들은 보통 학교보다 업무뿐 아니라 교육 활동 자체가 훨씬 많을 수밖에 없다) 선생님들은 결코 불행해하지 않았다고 조영옥은 말했다.

"선생님들이 말하더군요. '여기선 내가 주체적으로 뭔가를 하고 싶어지고 또 할 수 있어서 행복하다'고 말이죠. 사실 작은 학교는 아이들보다도 선생님들에게 더 큰 자극이 되고 의미도 있었다고 말할 수 있습니다."

다른 무엇보다 아이들과의 참된 소통은 선생님들로 하여금 교사로서 보람과 긍지와 자부심을 배가시켰고, 그것이야말로 행복의 원천이 되었다는 말이다.

6

올해 조영옥은 내서중에서의 5년을 뒤로하고 화북중학교로 옮겼다. 전교생 30명의 작은 학교다. "어제 처음으로 여덟 명의 교사가 모두 둘러앉아 회의라는 걸 했어요." 이 말은 내게 이렇게 들렸다. "화북중이란 텃밭에 '작고 아름다운 학교 만들기'라는 씨앗을 막 심었지요." 그 씨앗도 때가 되면 떡잎으로 올라오고 줄기도 뻗을 것을 나는 소망해 본다. 쉽지는 않을 것이다. 그러나 될성부른 나무는 떡잎부터 알아본다는 말처럼 교사와 학생에게 '작고 아름다운 학교'만큼 생생하고 매력적인 떡잎이 어디 있단 말인가? 게다가 그 씨앗을 심는 손의 주인공은 다름 아닌 '누님' 조영옥일진대……? 그렇다. 누님. 아무래도 이 탐구는 '누님' 얘기를 좀 더 해야지만 막을 내릴 수 있을 것 같다.

그녀에게 물었다. '당신은 어째서 그토록 많은 이들의 '누님'이 되었는지요?'

"전교조 결성 직후 경북에서도 102명의 교사가 해직되었는데, 그중 서른여섯 살인 저도 나이가 좀 많은 편에 속했어요. 당시 해직 교사들은 동병상련의 마음으로 서로를 기꺼이 보듬었지요. 그런데 날이 갈수록 저보다 젊은 후배 교사들이 병이나 사고로 죽어 가는 거예요……."

아픔, 슬픔, 암담함, 억울함……. 다들 마음속 깊이 누구에겐가 의지하고 싶었으리라. 조영옥과 나이가 비슷한 여선생들도 있었지만 기혼자는 그녀뿐이어서 그리되었을까? 어쨌든 조영옥은 자신보다 나이 어린 남선생들에게 시나브로 '누님'이 되어 갔다. 남동생이 없어서 '누님'으로 불리는 게 처음엔 불편하고 어색했다지만, 그녀 말마따나 "모든 걸 품어 안아야 하는 지부장"을 나이 마흔 살부터 6년이나 해야 했던 그녀였다. (경북의 해직 교사로 복직도 못 한 채 병마로 유명을 달리한 시인 정영상은 조영옥의 첫 시집 《해직일기》(1991년)의 발문에서 그녀를 '넉넉한 옷섶', '큰누님', '여장군'이라 부르기도 했다.) 내서중에서 보낸 5년 동안에도 그녀는 여지없이 '누님'이었다. 교무부장 조영옥과 7명의 선생님들은 같이 밥해 먹고, 비 오는 날이면 파전에 돼지고기도 구워서 막걸리도 곧잘 마시고들 했다는데……. 그 '공동체' 안에서 누님의 손과 발과 가슴이 어떻게 움직였고 어떻게 바빴을지 또 얼마나 행복했는지는 상상이 가고도 남는 일이다.

여전한 전교조 활동가에, '강과 습지를 사랑하는 상주 사람들' 대표에, '공갈못 문화재단'의 이사로서 늘 이런저런 집회나 모임의 앞자리나 뒷자리에 서 있기 일쑤여서 몸이 열 개라도 모자랄 판이라는 그녀는 이렇게도 말했다.

"함께하는 젊은 사람들이 다들 얼마나 예쁜지 몰라요. 저야 별 할 일이 있나요. '뭐든 책임은 내가 다 질 테니까 걱정 말고 일해' 그럴 뿐이죠."

7

'명품 교육'. 이것은 경북교육청이 떡하니 내건 캐치프레이즈다. 이놈은 도시, 농촌 할 것 없이 맹위를 떨치며 돌아다닌다. 술에 만취한 자가 모는 자동차처럼. '작고 아름다운 학교.' 이것은 변방의 조영옥들이 들릴 듯 말 듯 들려주는 노래다. 나무 심는 사람의 혼자 부는 휘파람과 같은…… '자동차'는 경적을 울리며 앞만 보고 냅다 질주한다. '나무 심는 사람들' 중의 하나인 조영옥은 말한다.

"농어촌에선 4명 중 3명이 엄마가 없는 아이, 엄마가 도망간 아이, 할머니와 사는 아이, 할아버지와 사는 아이랍니다. 많은 아이들이 자살의 유혹에 빠진다고 합니다. 이 아이들을 한번 돌아봐 주세요!"

천하의 조영옥에게도 이래저래 근심이 많은 것이다. 작은 학교 운동 초기 멤버들이 대다수 떠나 버린 내서중은 '작고 아름다운 학교'로서 그 생명을 이어 갈 수 있을까? 그 뜻을 함께할 교사들이 몇 명이나 모일까……? 초기 멤버들과 함께 만든 '오동회'('모두 같다'는 의미)는 내서중 학생들에게 장학금도 내놓으며 바깥에서 걱정도 하고 지원 논의도 해 보지만 한계는 분명하다. 조영옥이 전근 온 화북중도 마찬가지다. 새로운 텃밭이되 또한 황무지일 수도 있는 곳이 바로 학교 아닌가? 아직은 아무것도 알 수 없다. 그러니 어쩌겠는가. 나는 나대로 푸른 밤하늘의 별이라도 떠올릴밖에……. 옥토면 옥토인대로 황무지면 황무지인대로 '누님' 선생님 조영옥의 마음 길은 늘 분명했다는 걸 다시 떠올릴밖에……. 아니, 비 내리는 날 시인 조영옥이 밀양 표충사의 한 누각을 바라보며 떠올린 시詩 한 편을 나는 곱씹어 볼 수밖에.

비 오니 꽃 피고
비 오니 꽃 지고

— 조영옥, 〈표충사 우화루〉 전문

2012년 5월

조영옥의 그 후 이야기

　지난봄 안동에서, 겨울엔 부산 해운대에서 선생님을 만났는데, 그때 이후로도 시간이 한참 흐른 것 같습니다. 잘 계시지요?

　제가 내서중을 떠난 지도 벌써 2년이 되어 가네요. 교사들은 이전 학교를 흔히 '친정'이라고 하지요. 그중에서도 즐거운 추억이 있는 학교는 쉽게 잊히지 않아, 떠나고 나서도 한동안 소속 학교를 혼동하곤 한답니다. 제가 그랬어요. 작년 6월인가 옮긴 학교인 화북중학교에서 인공호흡 연수를 했는데 내서중 체육 선생님도 오셨기에 반갑게 인사를 나눴습니다. 그런데 그 선생님께서 하는 말이, "선생님이 (연수 등록부에) 소속 학교를 '내서중학교'라고 써서 할 수 없이 저는 '화북중학교'라고 썼어요" 라고 하는 거예요. 기가 막혔지요. 그 선생께 학교에 돌아가서 절대 이 사실을 말하지 말아 달라고 신신당부했는데, 알고 보니 다 소문이 났더군요. 그 일로 얼마나 놀림을 받았는지……

　작년엔 '친정'에도 몇 번 갔었어요. 오랜만에 아이들을 만나니 반가운 마음에 서로 끌어안고 펄쩍펄쩍 뛰기도 하고 꼭 그 학교 교사인 양 휘저으며 돌아다녔는데, 어느 순간 '이건 아니다' 싶더군요. 교무보조 선생님이 "교무부장님" 하고 부르는 소리에 저도 모르게 돌아보기도 했으니까요. 내서중에 새로 오신 선생님들과 함께 근무했던 선생님들에게도 부담이 될 것 같다는 생각이 들더라고요. 그 이후로는 자연스레 발걸음이 멈춰지더군요. 그리고 내서중에서 일어나는 일들에 대해 더는 신경을 쓰지 않기로 했답니다. 흔히 내가 하던 것과 달라지면 뭔가 불안해지는 그런 거 있잖아요? 애써 그런 마음을 지우려 노력했답니다. 사람이 달라지면 학교도 자연히 달라지는 것이고 아무튼 변화는 좋은 것이라는 생각을 하면서 말이죠. 그러고 나니까 '오동회' 정기 모임에서 내서중 소식을 듣게 돼도 전보단 감정이입을 좀 덜 하게 되더군요. 물론 그저께 모임에서도 올해 만기가 된 내서중 수학과 과학 선생님의 후임으로 누구를 모시면 좋을까, 걱정했지만 말이죠.

아무튼, 지금은 새로 만난 우리 화북중 아이들에게 더 관심을 쏟고 있습니다. 더구나 우리 학교 아이들은 내서중 아이들보다 훨씬 좋지 않은 환경에서 살고 있어 가슴이 아프기도 하고요. 상주 시내에서 거의 1시간쯤 차를 타고 들어와야 하는 벽지 학교이다 보니 아이들은 자연히 문화적 혜택을 받지 못하는 형편입니다. 속리산과 화양계곡 등 수려한 자연경관이 장점이긴 하지만, 되려 관광지 특유의 상업적인 냄새가 배어 있는 학부모와 아이들을 보면 안타깝기도 합니다. 제가 줄 수 있는 게 별로 없다는 생각이 들기도 하고요. 더구나 학교에서 무언가 변화를 시도하는 것도 조심스럽네요. 상주에서 근무한 지도 10년이 되어 내년에는 다른 지역으로 전출을 가야 하는 형편이어서요. 2년 후면 정년이기도 하네요.

생각해 보면 1998년에 복직하고, 이런저런 이유로 담임 한번 못 해 보고 수업 방법에도 노하우를 쌓지 못한 채 해마다 '어떻게 도덕 수업을 해야 애들이 재미있어 할까?' 전전긍긍하며 보낸 세월이 벌써 15년입니다. 영주에서 봉화를 거쳐 상주까지……. 다 나름 의미 있는 학교 생활이었지만 그래도 가장 좋았던 시간을 꼽으라면 역시 내서중에서의 5년입니다. 5년 만기 근무를 한 학교도 내서중뿐이고요. 아이들과의 생활도 정말 행복했지만, 무엇보다 마음 맞는 선생님들과 함께 열정적으로 교육 활동을 할 수 있어서 좋았습니다. '힘들어도 힘들지 않다'는 말을 실감한 시간이었습니다. 그런 찬란한 시간이 제 교직 생활 끄트머리에 있었다는 것이 축복으로 여겨집니다.

저는 항상 이 땅의 학교와 교육을 바꾸는 힘은 역시 교사에게서 나온다고 생각해 왔습니다. 그리고 그걸 경험했기 때문에 이젠 아무리 어려운 상황이 와도 절망하지 않을 것 같습니다. 그러고 싶지도 않고요. 겨자씨보다는 더 큰 믿음으로 우리 교육의 미래를 생각합니다. 여기저기에 얼마나 많은 선생님들이 학교를 변화시키기 위해, 아이들을 위해 노력하고 있는지 알 만큼은 알기 때문입니다. 다만 나이가 들고 보니 제가 앞장서서 무엇을 시작하는 것은 좀 주저하게 되네요. 젊은 사람들이 열심히 하고 저는 격려하는 걸로 족하다 싶고요. 물론 어려운 일이 있을 때나 마지막에 책임질 사람이 필요할 때면 제가 나서서 해결하고 책임질 마음은 항상 갖고 있습니다. 이런 저를 후배 교사들이 든든하게 느껴 주면 그것으로 충분하지 않겠어요?

내서중을 떠날 즈음 제 버킷리스트를 만든 적이 있습니다. 죽기 전에 꼭 가 봐야 할 곳, 해 봐야 할 것들을 30개 정도 적어 보았어요. 그중 학교를 그만두면 당장 지역에서 해 보고 싶은 게 있습니다. 상주에는 없는 예술극장을 하나 만드는 것! 예술극장조합을 구상하고 있지요. 문화로 지역을 바꾸는 작업—인심은 좋지만 사회를 바라보는 시각은 여전히 과거에 머물러 있는 이 지역 사람들의 생각을 어떻게든 변화시켜 보고 싶기 때문입니다. 이 일을 생각하면 정말 기운이 납니다.

남북관계를 비롯해 이런저런 일들로 세상이 뒤숭숭한데 저는 나날이 꿈만 꾸며 사는 것 같습니다. 세상으로 향한 문을 닫고 사는 것은 아니지만, 예전보다 관심이 덜 가게 되네요. 대신 소소하지만 다양한 지역의 일들에 관심과 애정을 갖게 되었습니다. 이것이 더 큰 일의 터전이 된다고 믿기 때문입니다.

항상 더디게 가는 듯해도 손을 놓아 본 적은 없습니다. 마라토너처럼 저만의 속도를 지키며 끝까지 뛸 것을 스스로 다짐해 봅니다. 이것이 선생님이 그리신 제 모습에 부끄러움을 느끼며 드리는 저의 대답입니다. 언제 만나 술 한잔 나눌 수 있을 때까지 잘 계시길 바랍니다.

2013년 7월
상주에서 조영옥

3

교사는
분투한다

그 시험이 나를 '시험'했지만

김영승

서울 세화여중

1

무서운(!) 얘기부터 하나 해 볼까 한다.

'학교 괴담'의 주인공은 대개 학생(여고생)이지만 지금 내가 들려줄 '실화'의 주인공은 40대 중반의 남교사이다. 매우 으스스하고 스릴 넘치고, 거기에 비극미 같은 것도 있어야 무릇 괴담이라 할 수 있다면 내 얘기가 과연 그러한지 장담할 수 없다. 사실 이 괴담은 우리나라에선 드물지 않게 볼 수 있는 '황당'하고 '폭력'적인 학교 이야기여서 식상함만 안겨 줄지도 모르겠다. 그렇지만 진짜 공포는 평범한 일상 속에서 문득 드러나는 것 아닐까?

2008년 10월 어느 가을날, 서울 하고도 강남, 한 사립 여중의 아이들은 수학 수업 시간에 선생님에게 묻는다. "선생님, 그 시험 안 보면 안 돼요?" 사흘 전인가 중간고사가 끝났는데 나라에서 치라는 일제고사가 또 낼모레였다. 교사는 솔직하게 대답한다. "그래, 치고 싶지 않다면 안 쳐도 된다." 일제고사가 아이들에게 별 도움이 되지 않을 뿐 아니라 전국의 학생들을 점수순으로 줄 세우려는 매우 비교육적인 시험이며 가뜩이나 아이들을 숨 막히게 하는 무한 경쟁 교육을 더욱 가중시킬 것이라고 그는 생각해 왔기 때문이다. 더구나 시험을 안 칠 수 있는 권리가 학생이나 학부모에게 있음에도, '시험을 무슨 군사작전하듯 밀어붙이면서 말 안 들으면 가만 안 두겠다고 나오는' 새 정부의 태도에 그는 교사로서 화도 나고 자존심도 상해 있었다.

일제고사 당일 그 교사가 근무하는 학교에 장학사가 배치되었다. 시험을 제대로 치르는지 감시하기 위해서였다. 왜 하필 그 학교에 장학사가 배치되었을까? 서울의 하고많은 학교에 모두 장학사가 파견된 건 아니었을 텐데…… 그런데 그 학교에 문제가 발생한다. 그 교사가 수업을 들어가는 3학년 학생들 중 일부(100여 명)가 백지 답안지와 동일 번호가 적힌 답안지를 낸 것이다. 학교에 상주해 있던 장학사는 이를 확인하고 해당 학생들에게 진술서를 요구했는데—거기엔 첨삭 지도를 받은 논술 답안처럼 새로 첨가된 하나의 문구가 있었다.

"수학 선생님이 백지 답안을 내라고 했습니다."

학교 당국이었을까? 장학사였을까? 누구였든 간에 그 문구를 받아 내고 싶었던 자는 학생들에게 무서운 존재였음이 틀림없다. 그래도 어떤 아이는 "내가 시험 보기 싫어서 부모님께 허락을 받고 그런 답안지를 냈다"고 썼다. 또 다른 아이는 첨삭을 받은 문구를 거부하고 오히려 일제고사의 문제점을 조목조목 지적한 진술서를 제출하기도 했다. 하지만 그 교사는 학교 재단의 징계위원회에 불려 가 파면 처분을 받는다. 학교에서 쫓겨난 것이다. 징계 사유서에는 일제고사를 앞두고 동료 교사들에게 '일제고사 반대 교사 선언' 서명에 참여해 달라고 부탁한 일까지 명시되어 있었다.

그 교사는 재단의 파면 처분이 부당하다며 법원에 호소한다. 비록 시간은 오래 걸렸지만 1심도 2심도 3심 대법원도 '파면 무효' 판결을 내린다. 그러나 학교 재단 측은 대법원 판결 전에 다른 이유를 하나 더 붙여 그 교사를 재차 파면시킨다. 다시 원점에서 싸워야 했고 시간도 오래 걸렸지만, 두 번째 파면에 대해서도 법원은 1, 2, 3심 모두 '파면 무효'를 선언한다. 즉각 복직! 두 번째로 내린 법의 명령이었다. 하지만 학교 재단 측은 그에게 복직 대신 '재택근무명령서'를 보낸다. 그 교사는 지금도 학교 밖에 있다. 다시 돌아갈 날은…… 기약이 없다.

'이게 무슨 괴담이야?' 하실 분이 많을 줄 안다. 차라리 '썰렁 개그'에 가깝다. 그러고 보니 이 얘기의 장르는 '썰렁 괴담'이 적절하단 생각도 든다. 이 괴담은 우리 사회의 엄연한 현실이기에 정녕 무서운 것이고, 도무지 현실에서 벌어진 일이라고 믿을 수 없기 때문에 정말 웃기는 얘기라고도 할 수 있지 않은가!

2

서울 세화여중 수학 교사 김영승.

이 괴담의 주인공을 나는 괴담 발생 4년째인 해의 시월 어느 날 교육

공동체 벗 사무실에서 만났다. 그는 누구인가……? 그러나 '탐구'에 들어가기 전에 나는 또 하나의 다른 얘기(괴담)를 먼저 해야 한다.

2008년 2월, 봄방학으로 기억한다. 며칠 후면 중학생이 되는 둘째 딸이 우리 집에 놀러 온 단짝 친구 둘과 제 방에서 뭔가 재잘대고 있었는데, 문득 내 귀로 쏙 들려온 한마디가 있었다.

"야야, 우린 인제 죽었다."
"왜, 왜?"

나는 끼어들지 않을 수 없었다. 그것도 모르시느냐는 듯 누구 입에서랄 것도 없이 대답은 총알처럼 나왔다.

"이명바기가요, 시험 많이 치게 한다잖아요!"
"……!"

어떻게 아이들이 뭘 모른다 할 수 있으랴. 이 열네 살배기들도 막 출범한 MB 정부가 미구에 벌일, 일제고사와 관련한 일련의 '광란'을 단박에 알아차린 셈이었으니!

그러나 어쩔 도리가 없는 일. 대통령은 '국민 모두를 부자 되게 해 주겠다'는 따위의 허튼 공약空約으로, 서울시 교육감(공정택)은 '무한 경쟁 교육'을 노골적으로 내세워 당선된 바였다. 둘 다 국민과 시민의 손이 뽑은 정당한 권력이었다. 그래서 거칠 것이 없었을까? 교육 부문에서 MB 정부가 맨 먼저 들고 나온 것은 '자율화'와 '학력 신장'을 명분으로 내세운 '0교시 보충수업'과 '우열반 편성' 허용이었다. 그리고 1998년에 폐지된 일제고사의 10년 만의 부활이었다.

전교조를 위시한 교육 관련 시민단체들은 행동에 나섰다. 반대 성명, 거리 집회, 교문 앞 1인시위가 산발적으로 이어졌다. 하지만, 그건 둘째 딸아이가 중학교 입학식을 한 지 사흘 만인 3월 6일 '전국연합진단평가'라는 이름의 첫 일제고사를 이미 치른 후였다. 교과부는 엄포를 놓았다.

'일제고사를 방해하거나 거부하는 교사는 중징계하겠다……!'
'일선 학교는 시험 당일 결석한 학생 수와 그 이유를 보고하라……!'

그래도 1학기는 그럭저럭 지나갔다. 일제고사를 놓고 정권과 전교조(교사)가 정면충돌하는 양상은 벌어지지 않았다는 말이다. 그러나 그것은 정권이 한발 물러섰다든가 전교조가 힘껏 잘 싸웠다든가 해서가 아니었다. 우리는 기억한다. 그해 4월부터 '한미 FTA 졸속 협상, 광우병 쇠고기 수입 논란'으로 촉발된 대규모의 국민적 촛불 시위가 정국을 완벽하게 장악했고, 그것은 7월까지 이어졌다. 그런데 '촛불 정국'에 최초의 불을 지핀 것은 새 정부의 '학교 자율화 조치'에 반발하여 거리로 뛰쳐나온 중·고등학교 학생들이었다. '촛불 소녀', 그들이 거리라는 열린 공간에서, '미친 소 수입 반대'와 함께 목이 터져라 외친 구호가 있었으니 그것 또한 나는 생생히 기억한다.

"잠 좀 자자!"

"경쟁 교육, 미친 교육 중단하라!"

학교의 봄과 여름은 촛불 정국과 함께 저물어 갔다. 그러나 여름방학
이 끝나고 2학기가 시작되면서부터 일제고사를 둘러싼 대립은 피차 피
할 수 없게 되었다. 이쪽엔 꺼질 수 없는 '교육 촛불'이 여전히 타고 있었
고, 저쪽엔 불의한 정권을 몽땅 태워 버릴 듯했던 '민주주의 촛불'을 갖
은 강압과 폭력으로 막 잠재운 정권이 버티고 있었으니 말이다.

3

서울 : 최혜원(길동초), 정상용(구산초), 윤여강(광양중), 송용운(선사초),
설은주(유현초), 박수영(거원초), 김윤주(청운초), 김영승(세화여중)-2008년
10월 일제고사(국가수준 학업성취도평가). 황철훈(염광중)-2008년 12월 일
제고사(전국 학력평가).

강원 : 이범여, 남정화, 구미숙(동해 청운초), 김주기(북평초)-2008년 12월
강원도 동해시 일제고사(강원도 학력평가 대비 시교육청 학력평가).

울산 : 조용식(무룡고)-2009년 3월 일제고사(진단평가).

김영승을 포함한 '일제고사 해직 교사' 14명의 이름이다. 이렇게 호명
해 보는 것은 MB 정권의 저 가망 없는 악행과 일제고사에 맞서 아이들
을 지키려고 한 선생님들의 그 마음을 '기억'하기 위해서지만(정의는 '기
억과의 투쟁' 속에서 꽃 핀다고 했다), 나는 다시금 가슴이 먹먹해진다. 해

직 교사들은 2년이 넘는 재판 과정을 거쳐 승소하고 복직도 했지만, 일제고사는 지금도 거리를 활보하는 괴물처럼 뻔뻔하게 살아 있기 때문이다.

나는 이렇게 말해 본다.

"MB 정권이 아이들에게 강요한 '일제고사'는 열네 명의 교사를 학교에서 쫓아낸 시험이었다."

그런데 문득 떠오르는 바보 같은 질문 하나. '시험이 어떻게 교사의 목을 자를 수 있을까……?' 이렇게 묻고 나니 미상불 역사적 상상력이 발동한다. 그렇지. 권력의 '시험'을 거부한 이유로 죽임을 당한 사람들이 역사 속엔 있었지. 갈릴레오는 천동설을 시험의 정답으로 가진 종교 재판관 앞에서 자신의 정답을 잠깐 철회함으로써 목숨을 건졌다지만, 예수는 그런 따위의 기만적인 시험을 거부함으로써 끝내 십자가형을 당했다. 인간이 모종의 시험 앞에 얼마나 약한 존재인지를 꿰뚫어 보았던 예수는 '어린 백성'들에게 짧은 구원의 기도를 권했었다. '우리를 시험에 들지 말게 하옵시고 악에서 구하소서……!'

과연 일제고사의 망령은 교사들에게 하나의 '시험'이었다. 최소한 그 시험이 아이들의 고통을 가중시킬 뿐인 반교육적 작태라는 데 공감하는 교사들에게는 말이다. 당시 인문계고 선생이었던 나도 그 '시험'에 정면 대응하지도, 그렇다고 아주 피해 갈 수도 없었던 부류였다. 오랜 세월

대학 입시가 지상목표가 된 인문계고에서 국가 단위의 시험에 정면 대항하는 것은 나부터가 불가능했다. 주위의 공감을 얻어 내기가 불가능해 보여 지레 무의미하다고 생각했다. 전국의 적잖은 전교조 교사들이 그랬듯이 나도 시험을 앞둔 며칠 동안은 교문 앞에서 1인시위를 벌였다. 수업 시간에는 '그 시험 꼭 쳐야 하느냐?'고 묻는 아이들에게 "힘들면 대충 쳐도 돼. 내신에도 안 들어가잖아" 선동 아닌 선동도 하고 일제고사 반대 거리 홍보에도 나섰지만, 시험 당일에는 두말없이 시험 감독을 들어갔던 나였다. 온종일 시험과 씨름하느라 녹초가 되어 가는 침묵의 아이들을 교탁 뒤 걸상에 앉아 바라보며 홀로 망중한忙中閑도 즐기면서…….
이놈의 시험아 빨리 끝나라 하면서…….

그런데 정권은 작정을 하고 일을 쳤다. 2008년 12월엔 11명의 공립학교 교사(서울 7명, 강원 4명)를, 다음 해 2월엔 김영승을 파면시킴으로써 '일제고사 광란'의 막을 올린 것이다. 그들은 말했다.

'일제고사 거부는 불법행위다.'
'학생과 학부모에게 시험 선택권이 있다는 걸 알려 주는 것은 불법이다.'
'시험 당일 체험학습을 갈 수 있다는 걸 알려 주는 것도 불법이다.'
'그것을 알리는 안내문을 발송할 때 교장의 결재를 안 받는 것도 불법이다.'
'결론적으로, 이 모든 것은 국가공무원법상의 성실 의무와 복종의 의무를 위반한 것이다!'

그래도 누가 알았을까? 시험 하나 때문에 교사의 목까지 칠 줄을 말이다. 〈프레시안〉의 다음 기사를 보면 정말 어이가 없다.

학부모 돈으로 해마다 해외여행을 간 교사 22명. 지난해 서울시교육청은 이들에게 '경고'라는 경징계 결정을 내렸다. '선생님 섬기기 운동'을 한다며 학생들에게 뱃지를 팔아 수익금을 조성하고 학교발전기금 1,300여만 원을 교장이 쓴 책에 사용한 초등학교. 서울시교육청은 이 학교 교장에 역시 '경고' 조치를 내렸다. 상습적으로 학생을 성추행한 교사. (……) 정직 3개월 결정을 내렸다. 2007년 여교사를 희롱한 경력 때문에 학생들의 집단 수업거부 사태를 부른 충북의 한 교장. 그는 직위해제 석 달 만에 교육연구관으로 복직했다.
— '3월, 돌아오는 교사와 돌아오지 못하는 교사', 〈프레시안〉, 2009년 2월 27일

결국, 일제고사 투쟁은 곧 정권과의 투쟁을 의미했다. 그러므로 해직 교사들이 그 맨 앞줄에 서게 된 것은 어쩔 수 없는 일이었다. 아이들을 사랑하고, 아이들의 행복을 소망하고, 아이들을 시험의 억압과 굴레에서 조금이나마 해방시켜 주고 싶은 교사들의 소박한 마음조차 불온하고 뿌리 뽑아 마땅한 죄가 되는 나라에서는 그럴 수밖에……. 해직 교사들의 2년에 걸친 투쟁의 발자취는 생략하기로 한다. 아이들과의 가슴 아픈 생이별, 눈물, 교문 밖 수업, 거리 집회, 증언, 일제고사 반대 깃발을 들고서 강행한 전국 순회 등은 이제 벌써 역사가 되었다.

"돌이켜 보면 작년 10월 일제고사 때 저의 행위는 '무엇이 교육인가'에

대한 고민의 연장이었던 것 같습니다. 대학 시절, 3년여간 공부방에서 미아리 텍사스촌 아이들을 가르쳤던 적이 있습니다. 학교에서는 그림자처럼 조용히 있다가도 공부방에만 오면 여느 아이들처럼 신 나게 떠들고 자기표현을 하는 아이들을 보며, 이 아이들에게 필요한 교육은 무엇일까 고민했던 시간이었습니다. (……) 초등학생인데 밤 10시까지 문제풀이 공부를 시키는 학교가 생겼습니다. 시험을 잘 본 아이들에게 어떤 교장 선생님은 직접 교장실에서 용돈을 주기도 하셨습니다. 반면 학교 평균을 떨어뜨린다는 이유로 공부를 못하는 아이들은 특수반 입급과 전학을 강요당해야 했습니다. 너무나 슬프게도 이 아이들 대부분은 집도 가난한 아이들입니다. (……) 뇌물을 받아 사리사욕을 취한 것도 아니고 성적을 조작한 것도 아닌데, 단지 정부 시책과 다른 목소리를 냈다는 이유로 벌어진 참담한 광경을 목도한 우리 아이들이 학교와 사회에 어떤 생각을 품고 있을지, 지금 비록 학교 밖에 있지만 아이들 걱정이 많이 됩니다. '우리들 때문에 선생님이 떠나시게 되었습니다. 아니, 세상이 우리를 갈라놓았습니다'라고 쓴 우리 반 영호의 글귀를 생각하면 지금도 가슴이 메일 뿐입니다."

— 설은주, 결심 공판 최후 진술문, 2009년 12월 17일

4

다시 김영승으로 돌아오자. 한 가지 의문. 왜 학교는 그를 그토록 악착같이 쫓아내려고 했던(혹은 하는) 것일까? 그리고 두 번에 걸친 대법원의 판결까지 무시하는 학교 측의 그런 배짱은 어디에서 나왔던 걸까?

"다른 사람들이 보기엔 당연히 이길 거다, 유리하다고 하는 재판도, 재판을 받는 당사자에겐 그렇지 않습니다. 정말 어렵고 힘들지요. 제 재판은 특히 그랬습니다. 영화 〈도가니〉의 한 장면이 떠오를 때도 있었으니까요."

어처구니없는 2차 파면의 '적법성'과 '양정 과다' 여부를 따지는 재판은 1심부터 벽에 부딪혔다고 했다. '상식적으로 어떻게 파면 기간에 또 파면할 수 있느냐'는 원고 김영승의 최후 변론에 판사가 직접 한 대꾸는 이랬다. "그러면 징계 시한이 지나서 징계를 못 하는 징계권자의 권리는 어떻게 할 거냐?"(시민의 권리에 대한 참 대단한 배려와 노파심!) 어쨌든 1심 판결은 '2차 파면의 모든 절차, 사유는 인정하되, 파면만 과하다'로 겨우겨우 결론이 났지만 2심은 더 큰 벽이었다. 학교 재단은 1심에서 아깝게 졌다고 생각했던 것일까? 그동안 네 번의 재판을 담당해 왔던 피고(학교 재단)의 법무법인과 변호사 팀에 나이 지긋한 변호사 1명이 추가된다. (확인은 못 했지만, '도가니' 식으로 풀면 그는 재판장과 연수원 동기거나, 갓 퇴임하여 전관예우를 받을 수 있는 변호사쯤이 되지 않았을까?) 게다가 재판장은 누구였던가? 사학분쟁조정위원회의 법률 특별위원을 맡은 이력이 있는 판사로서, 그의 판결에 관한 뉴스는 심상치 않았다. 부패한 사학의 대명사라 할 상지대를 비리 재단에 돌려주는 결정이 나오게끔 한 장본인으로 언급된 판사였던 것이다. 또한 그는 김영승의 2심 기간에 '4대강 공사는 위법이 아니다'는 판결도 내렸다고 했다.

"7월에 항소가 됐는데 10월에야 결심을 해 놓고는 선고를 미루고 또

미루더군요. 뭔가 분위기가 심상치 않았는데, 어느 날 재판장의 '조정안'이라는 것이 날아오더군요."

조정안의 내용은 이랬다.

'파면은 과하니 해임으로 하면 어떨까……(요)?'

판사는 '교육'에 관해서도 뒤틀린 관념과 소신의 소유자였다. 그는 원고인 김영승이 '조정안'을 거부하고 버티자 어쩔 수 없이 '파면 무효' 판결을 내렸지만, 재판 내내 그에게 횡설수설 훈계 같은 걸 늘어놓았다고 했다. '나는 학창 시절 선생님에게 뺨을 맞은 적이 있는데 그 덕분(그런 엄한 훈도 덕분)에 오늘의 자기가 있다고 생각한다'는 둥, '하얀 도화지 같은 순수한 아이들에게 교사가 한 가지 색깔로 자기 맘대로 그려서야 되겠느냐'는 둥 하고 말이다. 그래 놓고는 한마디 꼭 덧붙이기를, '이건 뭐 꼭 원고를 두고 하는 말은 아니다……' 운운. 짐작건대 공부는 잘하지만 앞뒤가 꽉 막힌 출세지향형 학생이었을 그 판사에겐 두들겨 패서라도 좋은 대학만 가게 해 주면 교육은 성공이라 여기는 그런 부류의 선생이 최고의 교사였을 터다. '인간이니 평등이니 사랑이니 자유니 진실이니 따위, 다 좋다. 그러나 그건 네가 일류 대학 가서 출세해 놓고 볼 일이다. 그런 건 약한 자나 패배자의 넋두리에 불과하다……!' 이런 개똥 교육철학이 전부인 그런 선생 말이다. 그럼 김영승은? 만약 판사가 내게 물었다면 나의 첫 대답은 이랬을 것이다. 그는 '준비된 교사'였다오, 개똥 판사 나리. 그건 원고 김영승의 삶을 일별해 본다면 바보 멍청이가 아닌 한 아실 터이니.

"1980년대 전반기 학번은 변혁운동을 위해 노동 현장으로 투신할지
말지를 심각하게 고민한 세대였지만, 교육-교사운동이 꿈틀거리기 시작
했던 때에 대학을 간 우리 세대(88학번)는 달랐습니다. 교사가 될 생각
으로 사범대에 갔는데 이듬해인 1989년에 교원양성체제를 '개방형'(경
쟁 시험-임용 시험)으로 하겠다는 걸 골자로 한 정부의 종합대책안이 나
오더군요. 그러더니 바로 다음 해 10월에 첫 임용 시험이 시행되고 말았
고요."

나도 생각이 난다. 당시 임용 시험 정책의 강행은 적체된 사범대 졸업
생을 어떻게해서든 해소해야 하는 고육책苦肉策적인 면이 있었다. 하지만 모
종의 정치적 음모라는 혐의에서 당시 노태우 정권은 결코 자유로울 수가
없었다. 때는 전교조 태풍(결성과 대규모 해직 사태)이 막 지나간 1990년
이었다. 그들이 무슨 수단을 써서라도 '예비 교사'들을 순치하고 싶었을
것은 불을 보듯 뻔했다. 무엇으로? 경쟁과 시험을 통하여!

그러므로 전국국립사범대학생연합(전사련)이 '목적형 교원양성체제'
(사범대를 졸업하면 바로 임용되는)를 법제화하기 위한 투쟁에 돌입한 것
은 자연스럽고도 당연한 일이었다. 당시 서울대 사범대 부학생회장이었
던 김영승은 전사련 중앙집행위원장도 기꺼이 맡는다. 교사가 되기 전에
이미 교사-교육운동의 전면에 나선 셈이었다.

"임용 시험이 현실이 되고 무엇보다 시험에 떨어지는 친구도 나오니까, 학교 분위기가 달라지기 시작하더군요. 캠퍼스는 더 이상 예비 교사로서 교육 현장을 고민하고 준비하는 곳이 아니라 예비 고시생들의 걱정과 한숨이 가득한 험악한 경쟁의 장이 되었지요."

그것이 바로 정권이 노린 바! 그러기에 그에게 '예비 교사 운동'은 더욱 소중한 것이었다. 깨어 있는 교사, 참된 교사를 향한 공부가 다른 무엇보다 필요했다.

"월간 《우리교육》과 함께 무크지 《민중교육》, 교육 시집 《내 무거운 책가방》, 교육 에세이 《스스로 비둘기라고 믿는 까치에게》 같은 책은 사범대 새내기들의 필독서였죠. 2, 3학년이 되면 사범대의 교직 과정에서 가르쳐 주지 않는 좀 더 개혁적인 방향의 교육 이론서로 세미나를 하곤 했어요. 교사가 되면 바로 아이들과 쉽게 어울릴 수 있도록 풍물이나 탈춤 배우기도 학습 커리큘럼에서 빼놓지 않았고요."

더 들어 보지 않아도 능히 짐작할 수 있다. 학교 현실과 교육 모순을 역사적·사회적·인간학적 맥락에서 통찰하기 위해 힘껏 공부하면서 교육을 통한 사회변혁을 꿈꾸었을 그 김영승들을 말이다. 그들은 교단에 서면 곧장 그 실천을 위해 분투코자 했으리라.

5

김영승의 첫 학교(1996년)는 일주학원 산하의 세 학교(세화여중, 세화여고, 세화고) 중 세화여고였다. 과거 '고3 담임 몇 년 하면 집도 산다'는 서울 강남의 이 학교가 어떤 곳인지를 짐작케 하는 이야기가 하나 있으니, 이 또한 내겐 괴담이다. 김영승이 부임하기 한참 전(1988년쯤), 당시 많은 학교에서 그랬듯이 세화여중 선생님들도 평교사협의회(평교협)를 구성했다. 그 소식을 듣자마자 재단 이사장이 득달같이 학교로 찾아와 평교협 회장 선생님을 교장실로 호출해서 묻는다. "학교에 무슨 문제가 있습니까?" 대화를 하려는구나, 싶었던 회장 선생님은 대답한다. "교장 선생님이 너무 독단적으로 학교를 운영합니다. 인사도 형평성이 없고……." 그러자 이사장은 앞에 앉아 있던 교장을 손가락으로 가리키며 일갈한다. "교장, 당신을 오늘부로 종신 교장으로 임명하오!" 더 이상 무슨 말이 필요할까? 그런 재단, 그런 이사장이었다. (그런데, 그 교장은 이듬해 갑자기 세상을 하직하고 말았다고 했다. 종신 교장의 임기가 고작 1년으로 끝난 셈이었다.)

김영승의 세화여고 생활은 1년 만에 끝났다. 재단에서 그를 세화여중으로 좌천(?)시킨 건데…… 그가 전교조 조합원임이 밝혀졌기 때문이었다. (일주학원을 소유한 태광그룹은 삼성만큼이나 노조에 적대적인 기업이라고 했다.) 그러나 인간사 새옹지마라고 하지 않았던가. 초임 교사에게 고3 수업을 맡기고 보충수업이다 뭐다 정신없게 만들었던 세화여고에 비해 세화여중은 그가 교사로서 품었던 꿈, 아이들과의 사랑을 펼칠 수 있는 곳이었다.

"학급을 어떻게 운영해야 하는지를 배웠죠. 놀이 연수도 다녀오고, 반 아이들과 삼겹살 파티도 하고……. 학교 안에서 야영도 했는데, 그때 아이들 몰래 아빠들한테서 미리 받아 놓은 편지를 읽어 준 기억이 나네요. 한창 부녀 사이가 멀어질 때라 편지를 쓴 아빠들에게도, 졸지에 아빠의 편지를 듣게 된 아이들에게도 정말 좋은 시간이었을 겁니다. 그걸 준비하면서 아빠들과는 술도 한잔 나누게도 되었고요. 아이들이야, 자기 얘기 들어 주고 관심 가져 주면 좋아해서 자연스레 잘 지내게 되더군요."

세화여중에 부임하고 3년 차에 접어들자 김영승은 16명의 동료 선생님들과 전교조 분회를 만든다. 그러자 재단은 득달같이 조합원 4명을 세화여고로 보내 버린다. 전교조 조합원 교사들에게 일종의 경고를 보낸 것이었다. 그러나 홀씨가 바람에 날려 사방으로 흩어지면 곳곳에 꽃을 피우는 게 자연의 이치! 전출당한 4명의 선생님들은 세화여고에서 조합원 8명의 분회를 만들고, 세화여중도 분회원이 다시 16명으로 늘어난다.

분회가 결성되자 재단의 독단적인 학교운영에 제동을 걸고 '학교 민주화'를 위해 나선 것은 당연지사였다. 이를테면, 강남 지역의 학교 중에 일주학원의 세 학교만 '교사 숙직제'가 남아 있었는데, 2002년 분회는 '단체협약 준수'를 내걸고 싸워 폐지시켰다고 했다. 그러나 인사위원회 위원 선출을 놓고서는 조합원과 비조합원 교사 사이에 갈등이 빚어지기도 했다.

'인사위원회 규정(민주적인 절차)에 따라 위원을 뽑자'는 김영승의 당연한 주장에 맞서 '(재단의) 정관(관행)대로 하자'는 교장의 안이 나오자

두 의견을 놓고 논란이 생긴 것이다. 실제 정관에도 '인사위원회 규정에 따라 선출한다'로 명시되어 있었지만, 상당수 교사들은 전교조 대 비전교조의 대결로 사안을 받아들인 것이다. 아니, 재단의 눈치를 봤다는 편이 옳겠다. 결국, 김영승의 안은 표결에서 두 표 차이로 진다.

"일순 동료 교사들이 싫어지더군요. 하지만 이해가 안 되는 건 아니었어요. 그 문제가 우리에겐 '옳고/그름'으로 여겨졌지만, 제 안을 반대한 선생님들에겐 '이익/불이익'으로 여겨졌을 테니까요."

옳은 말이다. 모든 사람이 모든 사안에 대해 '옳고/그름'을 기준으로 판단할 줄 알았다면 세상은 벌써 바뀌지 않았을까? 최소한 학교 사회라도……. 하지만 나 또한 일제고사 투쟁을 두고서 내심 '이익/불이익'에 따라 행동하지 않았던가.

6

김영승이 해직당한 지도 어언 4년째, 그간 어떻게 살았는지 궁금했다. 해직 직후엔 학교에서 일할 때보다 안팎으로 더 바빴으리란 건 이미 알고 있다. 해직 후 9개월여 동안을 학교 교문 앞에서 1인시위를 했던 그였다. "안으로 들어가긴 싫더군요." 갑자기 쫓겨나게 된 선생님을 목도해야 했던 어린 제자들을 차마 보기 힘이 들었을 것이다. 우리 사회의 뿌리 깊은 부조리와 당면한 불의(일부 사학의 전횡)를 아이들에게 말하고 그걸 이해시키기란 쉽지가 않았을 것임도 두말해 무엇할까. 사립학교라서 졸업한 학생들이 많이 찾아오는데 응당 있어야 할 김영승의 자리가 비어 있는 이유를 동료들도 설명키 어려웠으리라.

"일제고사 투쟁 선전을 명분으로 해직 교사 전원이 함께 걷거나 차를 몰고 닷새 동안 전국을 돌았던 적이 있습니다. 근데 지역에서 만난 몇몇 선생님들은 우리를 마치 (일제고사에 대해) 무슨 특별한 전술이나 전망을 가진 사람처럼 대하더군요. 그때가 좀 힘들었습니다. 모두 함께 해직을 각오하고 싸우자고 선동을 할 수 있는 것도 아닌데 말이죠."

그건 그렇고, 다른 웃지 못할 에피소드 하나를 들어 보자. 작년에 학교운영위원회의 기능을 강화한 조례가 통과되었기 때문에 서울시교육청은 그 내용을 알리는 학부모 대상 연수를 해야만 했다. "한번은 서울 중부교육청 장학사가 요청해서 학부모 450명 앞에서 학운위 연수를 한 적이 있어요." 그런데 장학사 말이 그에게 주어진 강연 시간이 고작 40분밖에 없다는 것이다. "그렇게 짧은 시간에 뭘 할 수 있을까, 구색 맞추기에, 보고용에, 들러리가 될 게 뻔한데 가야 하나 말아야 하나 고민되더군요." 그러나 그는 가기로 작정한다. 학교운영위원회를 무력화시키는 노하우를 갖게 된 학교 관리자들(교장, 행정실장)에 대한 학부모들의 경각심이라도 높여야겠다는 생각에서였다.

그는 연단에 오르자마자 한마디 던진다. "여러분, 다들 학교에서 꼭 가야 한다고 해서 마지못해 오셨죠? 저도 그렇습니다. 이게 우리가, 학교운영위원회가 들러리라는 증거입니다." 그리고는 미리 준비한 '우리 학교 학·운·위는 몇 점?'(자기 체크 설문지)을 파워포인트로 비춰 주고는 그 자리에서 자기 학교의 학운위 운영 실태를 학부모들이 평가하게끔 했다. 그 결과는 어땠을까? 손을 들게 해서 확인해 본 결과 대다수의 학부모가 자기 학교 학운위 운영 점수를 60점 이하로 평가한 것이 드러났다. 기회는 이때다 싶었던 김영승은 일갈한다. "우리, 들러리로는 살지 맙시다." 강의가 끝났을 때, 무언가 각성하여 활기찬 학부모들의 표정에 반해 그저 그런 하품 나오는 강의를 원했을지도 모를 장학사의 일그러진 표정은 가히 볼만했을 것 같다.

7

"저는 당위적 인간입니다. 의무에 익숙한."

그는 자신을 이렇게 표현했다. 일제고사 국면만 봐도 그는 과연 그랬다. 옳다고 믿었기에 일제고사에 저항했고, 못된 정권과 비상식적인 재단을 만나 학교에서 쫓겨났고 여태 돌아가지 못하고 있는 것이다. 그런데 당위나 의무에 너무 충실한 사람은 딱딱해질 위험이 있다. 다른 사람을 불편하게 만들 공산도 크다. 그래서일까? 그는 요즘 베이스 기타를 배우러 다닌다고 했다. 전교조 지회의 몇몇 선생님들과 밴드를 결성해 벌써 10개월째 연습하고 있단다. 올 연말 전교조 송년회에서는 공연도 할 참이다. 그래서 다시 물어보게 된다. 그는 단지 당위와 의무의 인간일 뿐일까? 찾아오는 졸업생들은 그를 '만만하고 좋은 선생님'으로 기억해 주곤 한다는데? 아이들이 그 앞에서는 잘못한 것을 안 감추고 그대로 줄줄 왼다는데?

"설사 거짓말을 한다 해도, 금방 잘못을 못 깨닫는다 해도 그 자리에서 바로 몰아세워선 안 되겠지요. 교사라면 정말 그래선 안 된다고 생각합니다."

역시 당위에 의무……! 그러나 나는 말할 수 있다. 그의 '당위'와 '의무'는 교육의 본질이나 삶에 관한 성찰과 동전의 양면을 이룰 뿐 결코 자기변혁에 인색한, 딱딱한 무엇과는 거리가 멀다고.

이와 관련해 한 가지 빼놓고 싶지 않은 이야기도 있다. 그가 학교에서 쫓겨나자 그가 속한 전교조 서울지부 사립강남동지회 '동지'들은 1계좌 5천 원 하는 정기 후원 운동을 벌였다. 그 결과 그의 통장에는 매달 40만 원 정도의 돈이 '아이 사랑'이라는 이름으로 들어온다고 했다. 그런데 하필이면 왜 '아이 사랑'이었을까? 돈을 "안 받겠다"며 극구 사양하는 김영승에게 동지들은 이렇게 말했다고 한다. "당신이 아니라 당신 아이들을 위한 것인데!"(그래서 '아이 사랑'이라는 건데) 그는 매달 들어오는 동지들의 '사랑'을 용산 참사 가족들에게 보내기도 하고 조합원 유족을 위한 장학금으로도 내놓고 있다. 그래도 그게 부담이라는 그는 말했다. "벌써 2년이 넘었는데 곧 정리해야죠. 제 월급은 전교조로부터 보전받고 있는데 말입니다." 하지만 주위에서 주는 그런 '부담'(사랑)이 그로 하여금 그 힘겹고 긴 시간을 버틸 수 있게 했던 큰 힘이었음을 그가 모를 리 없다. "정말 감사한 일이죠, 정말."

"김영승 선생님 힘내세요! 끝까지 우리와 함께해요!"

제자들이 그를 돕기 위해 만든 인터넷 카페 '세화 선생님을 지켜 주세요'(cafe.daum.net/savesewha)를 열면 만나게 되는 글귀다. 김영승을 잃은 아이들과 옛 제자들이, 교사 동지들이, 또한 정의와 진실의 편에 서고자 하는 많은 사람들이 '끝까지', '함께' 하면 그의 복직은 이루어질까? 이 나라에서 사학 재단만큼 악랄하고 힘이 센 집단도 없다는 걸 나는 안다. 돈과 권력, 그리고 흉내 낼 수조차 없는 파렴치함에서 나오는 그 악마적 힘 말이다. 그러나 '(수미산만 한) 어둠이 (한 줄기) 빛을 이기지 못하더라'는 성현의 가르침을 나는 오늘 다시금 생각한다. 그리고 내겐 한 가지 소망도 있다. 김영승의 여섯 살배기 아들 녀석이 하루는 그에게 "선생님, 죄송합니다" 하고 말했단다. 해직되기 전부터 허구한 날 학교 안팎의 일로 귀가가 늦는 '아빠'를 하도 오랜만에 보는지라 저도 모르게 나온 호칭이 아빠 대신 '선생님'이었다는 건데……. 나는 김영승이 복직하는 날, 그를 쫓아낸 사람들이, 그에게 바로 그렇게 말하는 모습을 꼭 보고 싶은 것이다.

"김영승 선생님, 죄송합니다."

만약에라도 그리된다면, 그의 영혼의 안식처이자 삶의 푯대이기도 한 한백교회(1987년 안병무 박사가 세운, '한라에서 백두까지 사랑, 정의, 평등, 평화의 새 세상이 펼쳐지기를 염원하는 예배공동체')가 소망하는 나라도 잠시나마 이루어질 것 아니겠는가……?

2012년 10월

김영승의 그 후 이야기

사실 부끄러웠습니다.

그간 정권과 사학법인에 의해 교직을 박탈당한 해직 교사로서, 일제고사의 문제점이나 사립학교 개혁의 필요성을 역설하는 상징성을 가진다는 이유로 거절할 수 없는 인터뷰들이 많았습니다. 하지만 그때마다 제가 실천한 일이라곤 너무도 보잘것없는 것이기에 부끄러웠지요.

작년 10월 초 어느 주말, 부산에서 올라오신 윤 선생님과 만나서 부끄러움을 참아 가며 이러저러한 이야기를 나눈 덕이었을까요? 저는 바로 그 다음 주 목요일에 대법원의 선고 소식을 듣게 되었습니다. '심리불속행 기각'이었습니다. 1심과 2심의 판결 내용(파면 무효)에 큰 이견이 없기에 대법원에서는 심리를 속행하지 않고, 바로 2심의 결과를 수용한다는 약식 결정과 같은 판결이었습니다.

'이제 학교로 돌아간다……!'
당연한 결과지만, 너무도 기뻤고, 모두 너무 기뻐해 주셨습니다.

마음은 급했지만 서두르지 말자고 다독이면서 판결문이 도착하기를 기다렸다가 학교에 연락했습니다. 그런데…… 역시나……! 마음 한편에 찜찜했던, 머리 한구석에서 떠나지 않던 최악의 시나리오를 학교 측은 준비하고 있었지요. '대법원 판결은 파면이 과해서 취소한다는 것일 뿐, 징계 사유는 모두 인정되었으니 별도의 인사 조치가 있을 때까지 출근하지 말고 집에서 대기하시오.' 역시, 정권은 바뀌어도 학교 법인은 바뀌지 않는다는 걸 새삼 깨달았습니다. 3년 8개월 동안 두 번의 파면도 모자라서 어떤 징계를 또 하겠다고 학교에 발도 못 붙이게 한단 말인가? 다음 날 당장 학교에 출근했더니, 역시 수업이나 업무를 못 하게 함은 물론이고 교무실에 책상 한 칸 마련해 주지 않더군요. 학교장은 '귀하의 복귀 시 학교 행정에 혼란을 초래할 수 있다'고 적혀 있는 '재택근무명령서'를 전달해 주었고요. 하지만 저는 받아들일 수 없어, 앉을 책상도 없는 학교에 매일 출근하며 시위 아닌 시위를 시작했습니다. 그리고 일주일 만에, '중징계'라고 적혀 있는 이사장의 징계 의결 요구서와 징계위원회의 출석 요구서를 전달받았지요.

그 후, 서울시의회의 교육의원들이 서울시교육청 행정사무감사에서 저에 대한 부당한 재징계를 특별안건으로 상정하는 등 여러 노력을 기울였고, 또 당시에는 결과를 쉽게 예측하기 어려웠을 대통령 선거도 있었고, 이사장과 그 아들 이사가 횡령 및 배임 등의 혐의로 1심에서 징역 4년 형을 선고받고 항소심 중인 이유 등으로 해서 제 징계는 일단 연기되었습니다. 하지만 대통령 선거가 그렇게 끝나고, 공교롭게도 그 이튿날 있었던 이사장의 항소심에서 1심이 확정되자 재단은 곧바로 저에게 징계위원회 출석 요구서를 다시 보내더군요. 저는 올해 1월 3일 자로 다시 정직

3개월의 중징계를 받았습니다.

파면 세월 3년 8개월, 다시 재택근무 3개월, 그리고 또다시 정직 3개월이라니……. 학생들과 새 학년 새 학기를 시작하지도 못하게 하다니……! 분노가 치밀었지만 다른 한편으론 그래도 3개월 후에는 학교에 돌아간다, 이제는 다 끝났다……, 안도도 했습니다. 그래도 징계 기간 동안 그 부당함을 알리는 1인시위도 하고 복직 준비도 하며 겨울을 보내고, 봄을 맞았고, 마침내 지난 4월 3일 저는 학교로 돌아왔습니다. 17년 전 선생이 되어 첫 수업을 할 때처럼 아이들과 눈도 잘 마주치지 못하면서 복직 첫날의 네 시간 수업을 잘 마쳤답니다. 아주 행복하게.

지인들도 기자들도 하나같이 묻곤 하더군요. "오랜만에 아이들을 만나고 수업도 했는데 어땠냐?" 하고 말이죠. 당연한 물음에 저도 당연한 대답을 했습니다. "참 좋다." 근데 또한 참 이상했습니다. 오랜만에 교실에 온 것 같지 않고, 마치 어제 수업하고 오늘 하는 정도는 아니어도 주말을 쉬고 월요일에 출근해 수업하는 양 너무 자연스러우니 말입니다. "왜 그런 것 같으냐?"고 누가 물어서 나름 답을 고민해 보았더니 이런 생각이 들더군요. 내 마음은 항상 아이들 곁에, 학교에, 교실에 있었기 때문이 아닐까……? 그런데 좀 더 생각해 보니, 그건 실은 형제와도 같은 세화여중 전교조 조합원 선생님들 덕분이었습니다. 그동안 저 때문에 많이 힘들었을 텐데 일주일이 멀다 하고 연락하고, 밥 먹이고, 술 먹이고, 학교 이야기하고……. 그러니까 동료들은 제 머릿속이, 눈과 귀가, 마음이 학교를 떠나 있게 두질 않았던 것입니다. 아이들과 함께 수업하고 생활하는 즐거움도 즐거움이지만 그런 동료 선생님들과 함께 생활할 수 있는 저는 정말 행복한 사람입니다.

참, 제 '괴담'이 아직 끝나지 않았다는 걸 말씀드려야겠습니다. 저는 지난 1월에 받은 정직 3개월 징계처분을 받아들일 수가 없어 교원소청심사위원회에 취소 청구를 냈습니다. 그런데 제 청구 건을 심사하는 과정에서 법인 측의 절차상 하자가 발견되었지 뭡니까. 그래서 징계 양정의 과다 여부에 관한 판단 절차도 없이 제게 내려진 정직 3개월 처분이 취소되었습니다. 다만 제가 정직 3개월 처분을 고스란히 다 받고 복직한 후에야 교원소청심사위원회의 결정이 통보되었기 때문에 좀 황당한 상황이 되고 말았지요. 하지만 법인은 3개월 이내에 절차를 제대로 밟아 저를 다시 징계할 수 있습니다. 참 질기고 질긴 싸움이 되고 있는 거지요.

올해 3월 첫 모의고사를 치른 고3 학생 몇이 시험 결과를 받고는 연달아 목숨을 끊은 일이 벌어졌습니다. 제가 복직할 무렵이었지요. 그 기사를 접하면서, 약하고 어린 학생들은 저렇게 아파하고 죽어 가고 있는데 국가는, 사회는, 부모들과 교사들은, 나는 대체 무엇을 하고 있는가, 마음이 무거웠습니다.

이제 복직한 지 2개월이 좀 넘었습니다. 그동안 쉰 만큼, 쉬는 동안 못했던 만큼 열심히, 행복하게 살겠다고 홀로 다짐을 해 봅니다.

2013년 6월
서울 세화여자중학교 교사 김영승

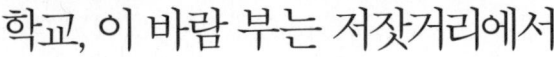

학교, 이 바람 부는 저잣거리에서

심우근

경기 의정부여고(현 평택 청옥중)

1

　지난 3월 하순경 나는 '학생인권 보장 요구에 대한 우리 교육청의 입장'이라는 좀 수상쩍은 제목의 글이 첨부된 공문 하나를 받았다. 공문의 내용은 부산시교육청이 학생부 교외지도계인 내게 지구별 선도협의회에 아무 날 아무 시에 참석하라는 것이었고 첨부된 글은 학교정책과에서 나온 문건이었다. '학생인권 보장 요구에 대한 부산시교육청의 입장'이라? 우선 그 '요구'라는 말이 내 목에 걸렸다. 누군가가 교육청에다 대고 학생인권을 보장하라고 '요구'하는데 여기에 대해 교육청은 할 말이 있다, 어떤 '입장'을 표명하고 싶다는 뜻이었다.

　그랬다. 과연 교육청은 할 말이 있었다. 누구에게? 직접적으로는 국가인권위원회와 '일부 시민단체'였고 간접적으로는 전교조였다. 그리고 정확한 논지 파악이 힘든 비문법적 문장들을 대충 간추리고 불필요해 보이는 수사의 곁가지를 치고 나면 교육청이 하고 싶은 말의 핵심은 '입장'의 첫 번째 항목에 고스란히 담겨 있었다.

　인권 옹호론자들은 어떠한 상황에서도 인권은 존중되어야 한다고 주장하나, 우리는 교육이라는 큰 틀 속에서 인권 보호와 존중을 해야 한다.

'인권의 틀'보다 '교육의 틀'이 더 크다는 억지 논리. 거기에 더해 '향후 대책'이라는 마지막 항목은 이러했다.

일방적인 그들의 주장에 미리 대비하여 한국의 사회 문화적 조건에 맞는 생활지도 패러다임을 마련해야 한다.

이렇듯 그 '입장'은 엉성하고 모호했지만 '인권 옹호론자들'을 향한 거부감만은 분명하게 읽혔다. 놀라운 일이라면 놀라운 일이겠지만 대강 무시해 버려도 좋을, 그러니까 응대할 만한 가치가 없는 두루뭉술한 말이었다. 그랬기에 선도협의회에서 굳이 그들을 향해 항의성 따지기를 하고 싶은 마음은 내겐 없었다. 쇠귀에 경 읽기. 그러나 가만히 있기도 맘이 편치 않았다. 그래서 '학생인권 보장이라는 사회적 요구 앞에 교육청이 취하는 방어적 태도가 무엇을 의미하는지 좀 더 분명히 말해 줄 수 있으신지……' 정도로 담당 장학사에게 물어볼 생각이었다. 그런데 그날의 주된 토의 주제인, 범정부적이라고 할 '학교폭력 대책' 건을 둘러싸고 예상 밖의 진지한 ― 혹은 하나 마나 하게 지루한 ― 대화가 오래 계속되는 바람에 교육청의 인권 관련 '입장'에 대한 얘기는 꺼내지도 못하고 끝날 판이었다. 그러나 담당 장학사는 형식상으로나마 그걸 빼고 넘어갈 수는 없었던 모양이다. 그가 물었다. "혹, 학생인권에 관련해서 한 말씀 하실 분은 안 계십니까?" 아무도 없을 거라 지레 판단하고 아주 마무리를 하는 투였다. 나는 가볍게 숨을 몰아쉬었다. 때를 놓쳐서는 안 되었다. 그런데 나보다도 먼저 한 남선생이 기다렸다는 듯 자리에서 벌떡 일어났다. 그는 대뜸 일갈했다. "아니, 학생인권 다 봐주고 우리 선생들은 학생 지도를 어떻게 하란 말입니까……?" 이제야 마치는구나 하고 하품에 기지개를 켰을 교사들은 일순 조용해졌다. 짧은 오리무중의 정적. 그러나 다른 무엇보다 마쳐야 하는 시간이었고 참석 교사들도 그 돌출성 발언에 신경을 쓰고 싶지 않은 게 분명해 보이자 장학사는 서둘러 말했다. "그게 바로 우리 모두의 고민이지요……." 그리고 며칠 후 나는 심우근을 만나기 위해 상행선 열차에 몸을 실었다.

심우근, 그는 3년 전 겨울, 대다수 학교의 학생생활규정이 학생인권을 침해한다는 취지의 진정서를 국가인권위원회에 제출해 세간의 관심을 끈 바 있었다. 전해 듣건대 오랫동안 교사로서 그의 '화두'가 바로 학생인권 문제였다고 했다. 그러므로 그가 만약 용맹정진 참구하여 '한 소식'(선가에서 깨달음을 일컫는 말)을 했다면, 내가 그에게 한 수 가르침을 청하는 것은 마땅하고도 자연스러운 일이라고 생각했다.

2

그런데 그와 전자우편을 통해 사전 대화를 나누면서 나는 새삼스레 자명한 진실 하나와 마주하게 되었다. 학생인권의 문제는 학교 안의 학생생활규정을 놓고 티격태격해야 하는 차원을 넘어서 한국 교육 현실의 질곡과 그 뿌리를 함께하고 있다는 사실이다. 다시 말해 학생인권 보장을 위한 싸움은 바로 한국 교육 현실이라는 거대한 적과의 기약 없는 싸움인 것이다. 나는 그리스 신화의 시시포스가 떠올랐다. 그러나 그가 전자우편을 통해 진작 내게 던진 한마디는 이랬다.

"내 작은 몸짓이 세상을 바꿉니다."

나는 이 말을 잠깐 새겨 보지 않을 수 없었다. '작은 몸짓' 때문이었다. 겸양의 수사이기도 하고 어딘가 낭만이 깃든 이 말은 내겐 차라리 '일상적 몸부림'으로 다가왔다. 아니 무리에서 떨어져 나온 새의 외로운 날갯짓, 혹은 산정山頂 깃발의 외로운 펄럭임을 나는 떠올렸다. 왜냐하면 그가 보기에 학교는 '아무리 생각해도 이해할 수 없는' 일들이 다반사로 일어나고, 명백히 '범법자'이면서도 전혀 법의 제재를 받지 않는 사람들 또한 '너무 많은' 곳이었고, 그는 그것을 그냥 보아 넘기지 못하는 성정의 소유자임이 틀림없어 보였기 때문이다. 그러므로 우리는 대한민국 중등학교에서 나날이 벌어지는 크고 작은 학생인권 침해 문제와 이것을 법적으로 뒷받침해 준다 할 대다수 학교의 학생생활규정에 맞서는 심우근의 '작은 몸짓'을 눈여겨볼 필요가 있다.

3

처음으로 교단에 발을 디뎠던 1987년 바로 그해 학생부에 배치된 심우근은 선배 교사들처럼 아침마다 교문 지도를 서야 했다. 그러나 몇 달 못 가 그는 '이게 무슨 짓인가', 회의에 빠진다. 아이들의 용의 복장 상태를 규정에 따라 아무리 지도해도 매일 '걸려든' 위반자 수는 줄어들지 않았던 것이다. 그가 보기에 거기엔 까닭이 있었다. 무엇보다 학생이 지켜야 할 학생생활규정의 그물망이 이해할 수 없을 만큼 너무 촘촘했다. 교복, 이름표, 교표, 가방, 실내화, 실내화 주머니, 양말, 신발, 머리핀, 머리

끈, 반지, 목걸이, 무스, 스프레이, 화장품, 심지어 가방 안의 청결 상태까지⋯⋯. 1,000여 명이 넘는 학생들 가운데 이 중 하나둘쯤 위반하거나 잊어버린 아이들이 하루에 100여 명쯤 나오는 것은 오히려 자연스러운 일 아닐까⋯⋯? 그러나 그의 이런 생각이 '대단한 사명감을 가지고 통제를 열심히 하는' 동료 교사들의 반론에 부닥치는 건 거의 필연적이었다. "매일 단속을 해도 그런데 안 하면 수백 명이 나오지 않겠어요⋯⋯?" '아이들을 꽉 틀어잡지 않으면 학교는 혼란과 무질서에 빠질 게 뻔하다'는 식의 그 숨 막히는 오래된 논리를 나는 안다.

그때부터 학생인권 보장을 향한 그의 싸움은 시작되지 않았을까? 그에게 학교는 '아이들을 일부러 혼내고 괴롭히기 위해 존재하는 기관'처럼 보였고 '폭력이 일상화된 곳'이었다. 무엇보다 학생생활규정은 '억압의 사슬'과 다름없었다. 하긴 이런 문제의식은 정도의 차이는 있을지언정 심우근만의 것은 아니다. 하지만 그 누가 20여 년 동안 그 문제의식을 부둥켜안고서 싸움의 살바를 끝내 놓지 않을 수 있었을까? 게다가 그 투쟁이 번번이 벽에 부닥치고 외롭기 그지없는 것이라면?

생각해 보라. 나이 마흔여덟의 학생부 교사 심우근은 학생생활규정이 "명백히 인권에 위배"되고 "헌법에 보장된 표현의 자유, 사생활을 누릴 권리를 침해"한다고 주장하며 개정을 위해 동분서주 분투하는데, 오히려 교문을 지키고 서 있는 선도부 학생들은 그를 심히 불만스러워하는 사태를 말이다. 오죽하면 "규정대로 단속하는 것이 명문고인 모교를 위하는 일"이라고 항변하는 선도부 학생들이 그의 눈에는 "홍위병"으로 비치기까지 했을까? 또한 그 아이들에게 "너희들(선도부)이 해체되는 것이 학교를 위한 길"이라고 했을까?

　그뿐 아니다. 그의 동료 중에는 "짐승 같은 교사"들이 있었다. 짐승이
라니? 좀 심한 말 아니냐고 나무랄 수도 있겠다. 그럼 이건 어떤가? 학급
회의 때 한 학생이 '물도 잘 안 나오고 문짝도 떨어진 화장실을 좀 고쳐
달라'고 건의한다. 학급일지를 통해 그걸 확인한 한 교사, 그 반에 쫓아
가 그 학생을 불러내선 다짜고짜 뺨을 올려붙인다. 또, 학교 홈페이지에
익명으로 '학교 급식이 형편없다'는 글을 올린 학생을 기어코 찾아내어
무슨 죄인 다루듯 다그치고 그 부모에게까지 협박성 전화를 하는 교사
를 우리는 뭐라고 이름 하면 좋을까?

　"그건 짐승", 이라고 심우근은 말했다. 그러기에 그로선 달리 선택할 길
이 없었을 것 같다. 말하자면 '한 사람의 천 걸음보다 천 사람의 한 걸음'
을 소위 '운동'한다는 교사들은 중요하게 생각하겠지만, 그를 둘러싼 상
황은 이처럼 녹록지 않았다. 그래서 그는 진작부터 홀로 부딪치며 싸워
왔고 그게 그의 방식이었다.

　그가 학생생활규정과 관련한 학생인권의 문제뿐 아니라 학교 비리 문
제 등을 학교 밖으로 끌고 나간 것도 같은 이유에서였다. 제도 개선을 위
한 정치적 싸움이나 법적 투쟁 역시 그의 고립되고 외로운 싸움의 연장
선에서 이루어진 것이다.

4

　충남 아산 음봉면 산골짜기에서 "가난하지만 대단히 부지런한 농사
꾼 부모님"의 4남 1녀 중 차남으로 태어난 '촌놈' 심우근. 그의 어린 시절

삶의 풍경은 사설조로 토해 내는 다음과 같은 자기 고백에서 훤히 드러난다.

"다른 집 아이들은 잘도 놀더만 우리 집 형제들은 날이면 날마다 밭 갈 때면 괭이, 고무래, 쇠스랑으로 흙 곱게 부수기, 어린 동생 등에 업고 파 마늘 까기, 눈 비비고 일어난 썰렁한 아침이면 이슬에 아랫도리 후줄근히 적셔 가며 이 골짝 저 골짝의 밭 다니며 호박꽃 수분하기, 모내기 때 모 나르기, 한여름엔 고추밭 풀 뽑기, 쇠꼴 베어 오기, …… 겨울이라고 팽팽 놀쏘냐? 산에 가 나무꾼 나무 못 해 가게 지키기, 내 나무 해 오기, 어스름 저녁이면 멍석 채기……."

이렇게 일로 잔뼈가 굵은 덕이라면 덕이었겠다. 대처로 나와 고등학교를 졸업하고 충남대를 다니던 중에 간 군대의 훈련소 생활은 "모내기보다 훨씬 쉬웠다"고 그는 말했다. 그러나 졸업 후 돈 내라는 학교들은 거절하고(줄 돈도 없었을 터다), 1987년에 쉽지 않게 들어간 한 사립 여자중학교는 모내기보다, 그러니까 훈련소 생활보다 더 어려웠음이 틀림없다. 사립학교 재단이 교사운동이나 전교조 활동을 하는 교사 — 그들은 필경 재단 비리나 비민주적 학교운영을 문제 삼곤 했으니 — 를 곱게 볼 리 만무했을 터이니까. 공존이 불가한 적과의 동침이랄까?

"재단 이사장이 국회의원에 출마했을 때는 전 교사를 선거운동원으로 만들었어요. 법에 안 걸리는 선거 홍보용 사신私信을 교사들에게 쓰라고 하거나 수업을 4교시까지만 하고 가정방문을 가라는 식이었지요. 도

저희 그냥 볼 수 없어 이사장의 행태를 신문 기자에게 제보했습니다."

그 권력으로 말하자면 대통령보다 더한(대통령은 멀리 있으니) 무소불위인 이사장을, 자신을 채용해 준 은인이랄 수도 있는 이사장을 고발했으니 학교가 발칵 뒤집힌 것은 물어보나 마나였다. 당장 쫓겨나지는 않았다니 그래도 좀 나은 사학이었는지도 모르겠다. 어쨌든 그로부터 3년 후인 1999년 그는 재단 측의 '방출' 의도와는 상관없이 그 자신이 먼저 사립학교에 넌더리가 난 상태였으므로 공립학교로 옮기는 데 동의한다. 자발적 퇴출이랄까?

그렇지만 공립학교라 해서 안전지대, 혹은 비무장으로 있어도 좋은 평화의 지대였던가? 물론 아니었다. 심우근도 그걸 기대할 만큼 순진하진 않았음은 물론이다.

"우리나라에서 경기도 내 도시의 인문계고만큼 '지독하게 공부 많이 시키는' 곳은 없을 겁니다."

옮겨 간 학교가 유독 그랬던 모양이다. '지독하게 공부 많이 시킨다'는 것이 무엇을 의미하는지 우리는 안다. 이른 아침부터 늦은 밤까지 공부 기계가 돌아가는 공장으로 만들어 버리는 체제. 교사도 학생도 정신없이 돌아가게 하는 공부 공장. '인간 교육'이나 '민주주의'나 '인권'이나 '자유롭게 놀 권리' 따위는 우매한 사치에 불과하거나 척결해야 할 악惡인 그런 공장 말이다. "의정부 시내 학교의 고3은 토요일은 물론이고 일요일도 공휴일도 없다"며 심우근은 한숨을 내쉬었다. 그의 학교도 마찬가지였다. 수원의 어떤 교사는 주당 정규 수업 17시간에 보충수업만 25시간을 한다고도 했다. 사정이 이러니 '공교육 정상화'를 자나 깨나 외쳐 온 심우근의 심기는 불편할 수밖에 없었다. 그는 강제 보충·자율학습이 학생들의 정당한 학습권, 요컨대 학생인권의 주요한 한 부분을 침해한다는 사실을 한시도 잊어 본 적이 없는 선생 아닌가. 그러므로 학교와 크고 작은 마찰은 그로선 불가피한 일이었다. 그리고 무슨 일이 일어났던가……?

어느 날 심우근은 교장실로 호출된다. 그런데 문을 열고 들어서니 교장은 없고 학부모 몇몇만이 그를 기다리고 있었다. 그들은 그에게 '학교 방침'(필경 학교의 공부 공장화 체제)을 안 따르고 그걸 계속 문제 삼으면 "당신의 퇴출 운동을 벌이겠다"고 으름장을 놓았단다. 그러나 원래 그런 식으로 나오는 일부 학부모들의 어이없는 항의는 십중팔구 누군가의 사주에 의한 것임을 짐작 못 할 심우근은 아니었다. 그 모든 게 교장의 수작임이 금방 드러났고 거기엔 그럴 만한 직접적인 이유도 있었다.

"국민 혈세이자 학교 공금인 교장의 업무추진비 중 상당 부분이 순전히 개인 경조사비로 나간 걸 결산서 내역을 통해 확인하고는 정말 어이가 없었지요."

그는 교장이 이를 시정하겠다는 의사가 전혀 없음을 확인하자 지체 없이 감사원에 감사를 요청한다. "경기도에는 1년 365일 중 방학 80여 일을 뺀 거의 모든 날을 출장 나간 것으로 처리해 출장비를 받은 교장도 있었다"고 그는 씁쓸하게 웃었다. "학교 회계가 통제가 안 되고 있는 게 이해가 안 간다"고 그는 거듭 말했다. 여하튼 그는 여러 면에서 교장의 눈엣가시였던 셈이다. 다른 교사들은 어떨지 몰라도 그에게 교장은 '범법자'였고, 감사원의 감사 결과 '문제 있음'으로 판명된 학교장에 적절한 조처를 하지 않은 교육부와 교육청의 책임자는 '직무 유기'를 한 자들이었다. 또한 국가인권위원회가 '학생인권의 악화 또는 침해 소지가 있다'고 결론을 내린 '학생생활규정'(교육부 예시안)과 그 취지에도 훨씬 못 미치는 학생생활규정을 고집하는 일선 학교의 장들은 결과적으로 '헌법 위반자'였다. 그러므로 그는 그들에게 눈엣가시 정도가 아니라 그들의 심장을 겨누는 칼끝이었다 해야겠다. 그러고 보면 그는 '범법자', '직무 유기자', '헌법 위반자'들에 둘러싸여 그들과 끝없이 싸움만 벌이는 사람인 것 같다. 그러나 말할 필요도 없지만 싸움이 좋아서 하는 사람이 어디 있을까? 잠시도 포기할 수 없는 어떤 꿈과 신념이 그를 어쩔 수 없이 전장으로 내몰았을 터다. 그게 뭐냐고 내가 굳이 물었다면, 그는 가장 좋아한다는 존 레넌의 노래 〈이매진Imagine〉부터 내게 상기시켰을 것 같다.

내 것 네 것이 없는 세상을 상상해 봐요 / 당신은 상상할 수 있나요? / 탐욕도 굶주림도 없는 / 인류애가 가득 넘쳐 나는 / 그런 세상을 함께 나누는 / 사람들을 상상해 봐요

5

'그래서 지금 행복하신가요?'

이렇게 묻고 싶은 마음이 굴뚝이었지만 그러진 못했다. (한 인간의 행복에 대해 묻는다는 건 자칫 무례가 될 수 있는 조심스러운 일이기도 하다.) 그래서 그건 알 수 없었다. 그러나 묻지 않아도 내가 알 수 있었던 건 분명 있었다. 그가 최근 경기도 내 모든 중등학교의 학생생활규정들을 한 교육의원을 통해 확보했다며 그것을 분석한 것을 토대로 조만간 비민주적·반교육적 학생생활규정이 헌법 정신에 어긋난다는 헌법 소원을 낼 것이라고 말할 때나, 자신이 사무국장으로 있는 의정부 지역 '학부모학교운영위원협의회' 활동에 대한 포부를 밝힐 때 어김없이 묻어나는 그의 투지와 자긍심 같은 것 말이다. '효순이 미선이 미군 장갑차 압살 사건 대책위원회'에서의 자신의 활동이나 '불법 찬조금' 문제를 가지고 참교육학부모회와 함께 감사원 감사를 요청한 일을 떠올릴 때도 그랬고, '학력차별금지특별법'을 만들어야 하는 이유를 내게 열심히 설명할 때도 마찬가지였다.

그러나 그를 만나고 돌아온 지금, 나 자신에게 물어본다. '심우근, 그는 과연 행복한 것일까?' 왜냐하면 나는 '행복의 철학'만이 진실하다고 믿기 때문이다. 인간다운 삶을 위한 변혁운동의 지속성이 문제 될 때는 더욱 그러하다고 믿기 때문이다. 정녕 나는 그가 얼마만큼 행복한지 잘 모른다. 그러나 그가 '희망의 돌파구', 어쩌면 행복의 단초를 끊임없이 찾아나서고 있는 것만은 부정할 수 없는 사실로 보인다. 그는 '이전투구 해야 하는' 도시의 학교를 언젠가는 떠나 시골로 갈 것이라고 했다. 또 경기 북부 지역에 세워질 대안학교, 가칭 '자유 숲 학교'를 위한 구체적인 계획도 갖고 있다고 했다. 시골로의 귀환과 '자유 숲 학교'는 상상해 보는 것만으로도 행복 지수가 올라가는 것 같다. 그러나 나는 달리 생각해 본다. 그런 것들보다도 오히려 한국 교육 현실의 질곡이라는 저 바람 부는 저잣거리에 서서 나날이 고투하는 심우근의 실존이야말로 아이들을 향한 희망의 돌파구이며 우리들의 행복의 단초가 아닐까, 하고 말이다.

그는 올해 새로 부임해 온 교장 선생님에게 '학교 발전 방안'에 대한 그 나름의 청사진을 제시하고 함께 좋은 학교를 만들어 나가자는 제안을 할 작정이라고 말했다. 그가 근무하는 학교가 모교이기도 하다는 교장 선생님이 그것을 일종의 도전장으로 볼지, 한 평교사의 교육에 대한 순수한 충정으로 받아들일지 나는 알지 못한다. 그러나 아무려면 어떠랴. 후자가 되면 그보다 다행한 일도 없겠지만, 그렇지 않다고 해도 심우근은 오래도록 쟁투하며 살아오지 않았던가. 그런 심우근을 생각하면, 때론 너무 고달프고 너무 그만두고 싶기도 할 그를 생각하면, 그가 왜 존 레넌을 그토록 좋아하는지를 나는 가슴 뭉클하게 이해하지 않을 도리가 없다. 그러기에 오늘 밤 나는 심우근의 방 창밖에서 노래하는 존 레넌을 상상하고야 마는 것이다.

날 몽상가라 부를지도 몰라요 / 하지만 나만 이런 생각을 하는 게 아니에요 / 언젠가 당신도 우리와 같은 / 생각을 하게 될 거예요 / 내 것 네 것이 없는 세상을 상상해 봐요

2005년 5월

윤 선생님, 어느덧 8년이란 세월에 흘렀네요. 선생님과 통화를 끝내고 2005년 5월호《우리교육》을 빼 봤습니다. 특집이 '학교폭력이 던진 숙제'였네요. '그때도 학교폭력이 심했었나?' 기억이란 헌 나무칼 같아 무디기만 하지요.

2010년 2월 이른바 '알몸 졸업식' 뒤로 당시 대통령이 고함치고 교과부 장관은 몽둥이 들고 설쳐 '학교폭력 예방법을 개정한다', '생기부에 가해 행위를 기록한다' 했건만 뾰족한 해결 방법을 못 찾고 있습니다. 못 찾는다기보다는 찾을 만한 생각의 깊이를 갖지 못한 사람들이라는 게 맞겠지요. 8년 전이나 지금이나, 또 앞으로도 이런 식이라면 학교폭력은 더 무성하게 일어날 겁니다. 우리 사회가 학교폭력이 잘 일어날 기름진 흙인데다 교육 당국은 비료까지 듬뿍 퍼 주고 있는 격이니까요.

우리 사회는 뒤 돌아볼 겨를 없는 무한 질주 사회지요. 어른들은 돈과 그 돈을 뜯어낼 권력을 향해 달리고, 아이들은 숫자로 값 매긴 성적과 순위로 이른바 '명문대' 특정 학과를 향해 달음박질이지요. 옹알이를 막

마친 유아 때부터 시작해 서른이 다 될 때까지 암기와 시험을 강요해 순위 경쟁을 시켜 대니 그들이 미치지 않는 게 더 이상할 정도지요.

사람을 수단으로 여기는 교육, 목표와 과정을 치졸하고 천박하게 만들어 놓은 교육은 우리 학교를 정신병동으로 만들었습니다. 개인의 권리의식과 경제 수준은 높아졌는데 유독 교육에 대한 생각과 투자, 정책은 제자리걸음, 아니 아예 뒷걸음질입니다. 아직도 도시의 학교들은 전체 학생 수가 1,000~1,500여 명이 넘는 집단 수용소입니다. 학급당 학생 수도 35~40명인 경우도 많습니다. 아이들의 생각과 행동, 요구는 매우 다양해졌는데 학교는 아직도 일제 식민지, 군사 독재 시절의 낡은 규정을 고집하고 있지요. 이 때문에 교사와 학생들은 숨바꼭질과 맞서기로 날마다 〈개그콘서트〉의 '멘붕 스쿨'을 찍고 있습니다. 하기야 거대한 집단 수용소의 질서를 유지하려면 인권에 반反하는 강제 규정이 필요하긴 할 겁니다.

저는 이제 '교육'이란 말을 버릴 때가 됐다고 생각합니다. '가르치고 기른다'는 옛 개념으로는 요즘 아이들과 그들의 생각을 감당할 수 없기에 말입니다. 그래서 생각한 게 '학습행락성學習行樂省'(배우고 익혀 행하고 즐기며 돌아보기)입니다. 줄여서 '학습행', 어떤가요?

중국의 《설문해자說文解字》는 교육의 '교敎'를 '상소시하소효야上所施下所效也'(위가 베푼 바 아래가 본받는다), '육育'은 '양자사작선야養子使作善也'(자식 잘 길러 착하게 만든다)를 뜻한다고 풀이했고, 서양의 페다고지 pedagogy와 에듀케이션education 개념 역시 아이들을 객체로 보기는 마찬가지입니다.

잘 아시다시피 정보나 지식을 교사가 독점하던 시대는 지났습니다. 교사나 부모 못지않게 또래나 사회, 각종 매체의 영향을 크게 받고 있는 요즘엔 학생이 스스로 '학습행'의 주체가 돼야 합니다. 사회 전체가 이에 동의하고 '교육'의 판을 다시 짜야 한다는 말입니다.

푸코나 알튀세르, 프레이리가 지적하기 이전부터 교육은 이미 사회 체제, 지배 이데올로기와 맞물려 있었지요. 지금의 교육제도는 경제력과 권력의 소유, 재분배, 대물림을 구조화한 계급의 상층부가 자신들의 이익을 극대화하기 위해 합법과 공평으로 포장해 굳혀 놓은 썩은 양파가 아닐까요? 양파는 흔히 속에서부터 썩는데 겉보기엔 멀쩡하니 일반인들은 썩은 양파를 쉽게 구분하기 힘들지요.

저는 주장합니다. 헌법 제11조 1항 '모든 국민은 법 앞에 평등하다. 누구든지 성별·종교 또는 사회적 신분에 의하여 정치적·경제적·사회적·문화적 생활의 모든 영역에 있어서 차별을 받지 아니한다'(일본식 표현인 '~에 있어서', '~적'을 몰아낼 날은 언제인지 원……)에 학력 차별을 하나 더 넣자고요. 그래서 진학, 자격시험(국민이 합의한 특별한 자격은 예외로 하고), 입사시험 딱 이 세 가지의 경우에는 졸업 증명을 금지해야 한다고 말입니다.

이매진Imagine. 제 허황한 상상일지 모릅니다. 그러나 저는 분명코 말합니다. 특정 대학, 특정 학과를 가기 위해 출생부터 목매는 한국 교육의 특수 상황을 해결하기 위해서는 학력 차별, 학벌 사회를 먼저 해결해야 한다. 그러지 않고선 결코 교육 부조리를 끊어 낼 수 없다고.

채플린의 영화 〈모던 타임스Modern Times〉 첫머리에는 몰리는 양 떼와 아침 출근길을 달려가는 사람들을 견주는 장면이 나옵니다. 저는 거대 학교, 과밀 학급, 국가주의 교육과정, 성적 경쟁 속에서 병들어 신음하고 서로 싸우다 배겨 내지 못해 낙오하는 우리 아이들의 모습과 양계장 닭들을 견줍니다. 비좁은 시설 속에서 더 많은 달걀과 고기를 얻기 위해선 적정 수보다 훨씬 많은 닭을 길러야 하죠. 그러면 닭들은 스트레스가 쌓여 비실비실 죽거나, 여럿이서 가장 약한 놈을 쪼아 죽여 버립니다. 우리 학교의 모습과 크게 다르지 않죠.

대규모 공장은 거대 학교요, 목표 생산 물량은 산업 현장에 조달할 예비 노동자인 학생들이요, 대량생산을 위한 설비와 작업 공정은 국가주의 교육과정이요, 자동화 컨베이어시스템은 1년 단위 진급·진학 제도요, 불량품 판별·제거 장치는 중도 탈락, 학생 퇴출 규정이요, 그리고 작업반장은…… 아! 이 얄궂은 운명은 교사, 바로 저네요.

근대 산업 체제의 산물인 고속 대량생산의 컨베이어시스템을 그대로 학교에 적용하는 야만을 이젠 끊어야 합니다. 학습 속도가 다를 뿐인 '미진아'와 '부진아'를 불량품이라며 골라내는 물량 달성 제일주의도 버려야 합니다.

헌데도 교육부는 학교폭력 가해 학생을 가려내야 한다고 목울대에 힘주고 있습니다. 제가 보기에는 교육부가 강요하는 일제고사와 국가주의 교육과정, 정권과 장관에 따라 바뀌는 조변석개朝變夕改 교육정책 등이 더 크고 장기화, 구조화된 학교폭력이라고 생각하는데, 선생님께선 어떠신지요? 앞서 말한 자본, 학력, 학벌주의에 휘둘려 사교육 광풍을 일으킨 사회와 기성세대들의 책임 또한 부인할 수 없기는 마찬가지고요.

저는 학생생활규정 때문에 힘겨워하는 학생들이 안타깝고 가여워 몇 년 전부터 학생부장을 자처하고 있습니다. 지난해부터는 평택에 새로 문을 연 중학교로 옮겼습니다. 작년엔 4학급, 올핸 9학급, 주 24시간 수업에 학생부장까지 하려니 참 일이 많네요. 250명밖에 안 되는데도 이런저런 일로 아이들은 짜증을 입에 달고 살며, 분을 삭이지 못하고 서로 치고받고, 으르고, 울고 짜고 난리입니다. 그렇다고 이런 문제들이 전부 아이들 탓만은 아니지요. 제 노력과 대응이 부족한 것이려니 합니다. 그리고 앞서 말했듯이 국가가 요 모양 요 꼴로 만들어 놨으니까요. 요즘 중학생들을 두고 외계인이라느니, 인민군도 두려워한다느니 말이 많습니다. 하지만 요즘 아이들의 생각과 행동 수준에 맞게 거대 학교를 나누고, 학급 인원 수 줄이고, 국가주의 교육과정을 강제하지 않으면 아이들도 숨통이 좀 트일 겁니다. 개인의 발달 수준 차이를 인정하고, 학부모와 학생의 개별 학습권을 존중해서 꼭 학력이 인정되는 학교만 다니도록 강제하지 않는 것도 포함해서요. 엄격한 출결 제도 역시 결근이나 조퇴를 죄악으로 보는, 순종하는 노동자를 길러 내기 위한 훈련이라고 하면 너무 과격한 생각인가요? 우리 교육을 이렇게 바꾼다면 아이들이 무한 학습 노동과 구조화된 국가―학교폭력으로부터 해방돼 행복해지지 않을까요?

저는 지금 천안의 광덕산 자락에 3년째 살고 있습니다. 굽이굽이 흐르는 개울을 따라 올라가야 하는 산속 마을입니다. 25년 넘게 살아온 도시, 아파트를 이제서야 떠났습니다. 아파트에 살면서 늘 닭장에 살고 있다는 생각을 했고, 도시의 틀에 박힌 일상에 넌더리가 나기도 했으니까요. 솔제니친의《수용소군도》같은 학교와, '미친 교육'을 바꿔 보자고 나름 애써 왔지만 내남없이 인정하듯, 지금의 한국 교육은 아수라입니다. 솔잎 같은 바늘 끝으로 거대한 부조리, 모순의 바위산 어느 한구석 찔러 본들 크게 달라질 게 없을 것 같다는 한계를 느끼기도 했습니다. 이렇게 핑계를 둘러대며 도시를 떠났습니다.

스러져 가는 농촌, 농삿일에 지쳐 늙고 병든 노인들만 두엇, 낡은 그림 속 풍경인 양 움직일 듯 멈춘 이곳으로 말이죠. '10여 년쯤 지나면 아무도 없을 마을 하나 감히 살려 보자! 도시의 지친 영혼들이 와 쉬는 생태 체험 마을, 도농 교류로 경제 자립하는 마을 하나 만들어 보자!' 이게 제가 지금 하는 일입니다. 어쩌면 이 또한 허황된 상상이자 꿈만으로 그칠 일일지도 모르겠네요.

2013년 7월
천안 광덕산 자락에서 심우근

'전문직 노동자'의 길, '긴 숨'으로 간다

문희경

전남 목포 전남제일고(현 전남체육중·고등학교)

1

문희경은 말하자면 '목포상고' 교사다. 대통령을 '배출'한 학교, 목포상고. 그러나 이제 목포상고란 이름은 역사가 되었다. 작년부터 '전남제일고등학교'로 바뀐 탓이다. 바야흐로 '상고'의 시대는 가고 인문계고등학교의 시대가 온 것이다. 그러니까 문희경은 목포상고가 아니라 전남제일고 교사인 거다. 그건 그렇고, 상고를 얘기하면서 거창하게 무슨 시대까지 들먹이느냐고 할지 모른다. 하지만 상고는 한때 잘나가던 시절의 일부 명문 상고들을 제하면 대체로 지지리도 공부 못하는 아이들의 집합소였으니 '인문계'로의 전환은 신분 상승적 의미마저 띠어서 하는 말이다. 물론 그건 상고의 존재 가치가 몰락한 현실 앞에서 취한, '학교 측'의 생존전략인 측면이 있지만 말이다. 여하튼 그럼에도 나는 '상고'가 사라지는 작금의 사태에 적지 않은 연민과 반감을 느낀다. 그것이, 뻔뻔하게 기승을 부리는 우리 사회의 약육강식 논리, 양심과 정의가 설 자리조차 없을 정도로 만연해 있는 천박한 물신주의, 특권의식, 출세 지상주의 따위와 맞물려 있다고 보기 때문이다. 일부 거대 신문이 혹은 교사들조차, 현직 대통령과 한 정당의 대통령 후보의 출신교가 상고임을 상기시키며 은근히 비아냥거리거나 대놓고 욕을 하는 나라에 우리는 살고 있지 않은가? 이런 일종의 연성軟性 야만은, '우리 학교는 S대 몇 명 넣었노라'는

식의 플래카드까지 내걸고 동네방네 자랑하는 우리 교육 풍토의 촌스
러움과 직통으로 연결되어 있는 것이다(여기서의 '촌스러움'이란 개발 독재
시대의 새마을운동이 빚어 내기 일쑤였던 일장의 문화적·경제적 희비극을
빗대고 있음을 알아주시길).

　　그건 그렇고, 불볕더위가 내리쬐는 어느 여름날 늦은 오후, 시외버스
터미널에서 만난 문희경과 함께 목포교육청 뒤편 낙지집으로 가는 중에
나는 물었다.

　　"그 학교도 방학 보충수업 하지요?"

　　"저는 실업과라 안 합니다만……."

　　"그렇군요. 저 역시 제2외국어인 불어……. 우린 둘 다 거기로부터
자유로운 셈이군요."

　　3학년은 120시간이나 한다며 그는 곤혹스런 표정을 지었다. 120시간
이라면 학생들은 무더운 여름방학 거의 내내 냉방도 제대로 안 된 교실
에서 하루 다섯 시간 정도를 버티며 강제로 이른바 '공부'란 것을 해야
한다는 말이다. (어떤 사립학교에선 130시간, 심지어는 그 이상을 하는 학교
도 있다는 걸 우리는 알고 있었다.) 이 같은 대화는 필경 우리를 좀 의기소
침하게 만들었다. 전남제일고는 거의 대다수 교사가 전교조 조합원이고,
지난 7월에는 교장에서부터 행정실 직원에 이르는 전 교직원이 1박 2일

일정으로 '1학기를 평가하고 2학기 학교운영 계획 수립을 위한 토론회'를 열기까지 한 그런 '열린' 학교임에도 보충수업으로부턴 자유로울 수 없었다니 말이다.

생각건대 우리나라 고등학교 교육의 구조적 질곡은 이 보충수업 '문제'에서 압축적으로 드러난다. 여기에 신자유주의 경제 체제의 불공정무한 경쟁의 논리가 있고, 교육의 인간화 운동을 교육 황폐로 몰고 가는 집단의 이기가 있으며, 교사가 변혁의 주체로 서기 위해서 꼭 필요한 시간과 정신적 여유를 앗아 가는 괴력이 숨어 있는 것이다. 특기적성교육이라 눈가림한 보충수업이 만악의 근원이라는 게 아니다. 오히려 원죄 같은 거라고나 할까? 신의 구원의 손길이 닿지 않으면 아무리 발버둥쳐도 벗어날 수 없는…….

낙지집에 합류한 같은 학교 국어과 교사이자 전교조 전남지부의 이름난 문화 일꾼인 고재성 선생은 "올해는 도저히 못 하겠다고 할 수 없었다"고 털어놓았다. "안 할 때와 마찬가지로 마음이 편치 않다"고도 했다. 도대체가 거스를 수 없는 대세이고 회피할 수 없는 현실이 된 것만 같은 2002년 여름의 보충수업 앞에서는 문희경, 고재성과 같은 왕년의 기라성 같은 교육운동가들도 속수무책이구나 생각하니 귀가 먹먹해져 왔다. 대책 없는 진공 상태 속에 빠져든 것만 같은.

2

우리는 1989년을 기억한다. 그해 봄에는 전교조가 결성되었고, 여름에는 '교육 대학살'이 자행되었으며, 일부 지역으론 장대비가 엄청나게 쏟아졌다. 막 방학을 한 7월 22일쯤이었을 것이다. 총각 교사 문희경은 처녀 교사 정금례와 함께 광주 YWCA 대강당에서 열린, 서울 명동성당 단식 농성에 합류하기 위한 출정식에 나란히 참석해 있었다. 둘은 결혼을 앞두고 얻어 놓은 나주의 한 학교 정문 앞 단독주택에다 신혼살림들을 옮겨 놓고는 그걸 풀지도 않은 채 곧바로 광주로 온 터였다. 그런데 다음 날 아침 문희경은 YWCA 경비실 텔레비전에서 홍수 관련 뉴스를 보다 자기 눈을 의심해야 했다. 밤새 내린 폭우로 영산강 둑이 무너져 많은 집들이 물에 떠내려갔는데 그의 집도 마찬가지 운명이 되었음이 분명해지고 있었던 것이다.

"입고 있던 옷과 신발 빼놓고는 몽땅 다 잃었죠. 전세금까지."

문희경이 옛 추억을 떠올리며 웃자 고재성 선생이 퍼뜩 말을 받았다.

"하지만, 전교조 신神이 아니었으면 두 분은 그날 밤 다 물귀신 되었어라! 허허허."

과연 그의 말대로 예비 신랑 신부가 밤샘 농성 차 YWCA로 안 왔더라면 아닌 밤중에 홍두깨로 물에 떠내려갔을지도 모를 일이었다. 여하튼 그들은 예정대로 '동지들'과 함께 명동성당으로 가야 했다. 그곳은 '전교

조 사수'를 위해 하늘이 두 쪽 나도 가야 할 곳이기도 했지만 나주엔 가고 싶어도 갈 집이 없었다. 그리고 8월 12일, 그들은 거의 맨손으로 결혼식을 올렸고 여름이 끝나기 전 부부가 동반 해직의 길을 택했다.

"정말 빈털터리였고 막막했지요. 하지만 두렵지는 않았습니다. 나름대로 생각도 있었고요. 근데 그렇게 새로 시작한 신혼 몇 해, 해직 초기야말로 제 인생에서 가장 행복한 나날들이었습니다. 배는 고프고 아주 곤궁한 시기였지만 아내도 건강하고 아이들도 태어나고 그랬으니 말이지요."

진정 바닥까지 내려가 본 사람만이 진짜 비상飛上이 무언지 안다고 했던가. 물론 그는 생활고에 찌들었고 한땐 책 장사, 옷 장사 등 손 안 대 본 것이 없을 정도로 돈벌이가 급할 때가 많았다. 그렇다고 전교조 일을 손에서 놓을 수는 없었다.

"복직에 대한 기대요? 당시에 전 10년 내로는 안 된다고 봤습니다."

그런 비관적인 전망은 낙관의 미덕이 모자라서가 아니라 국가 권력 혹은 교육 자본가들의 현실적 힘에 누구보다도 앞장서 맞부딪쳐 온 그 자신의 생생한 경험에서 연유했을 것이다. 그는 전교조로 해직되기 전에 이미 또 다른 해직과 복직 과정을 체험한 바였다.

3

문희경은 1986년 6월, 첫 부임교인 사립학교 목포 M여상에서 "갈 데까지" 가게 되자 "죽는" 길을 택한다. 박정희 유신 독재가 무너지기 직전인 1979년 초에 처음으로 교단에 섰으니까 선생 된 지 7년 만의 일이었다.

발단은 '여교사가 결혼하면 사직을 강요'하고 '법에 규정된 출장비를 제대로 지급하지 않는', 당시 대다수 사학들이 아무런 거리낌 없이 자행해 온 관행에 대한 문제 제기였다. 그러자 재단 측은 당사자 교사 둘은 징계처분을 내리고 학교의 금전 비리 내용까지 들어 있는 진정서에 서명한 55명의 교사들 전원에게는 '가만두지 않겠다'고 으름장을 놓는 식으로 대응했다. 그런가 하면 이사장은 서명지에 가장 먼저 이름을 올린 문희경을 불러서는 '수업을 빼겠다'는 따위의 '노골적인 보복 의사'를 밝히는 판이었으니 바로 굴복을 택하지 않는 한 처음부터 한 걸음도 물러서기란 불가능했을 것이다. 한 발 물러서면 완전 항복 요구가 들어올 것임을 누가 모르랴. 도교육위원회는 감사를 파견했지만 교사들은 초록이 동색임을 확인했을 뿐이다. 다시 31명의 교사들은 'M여상의 교직 매도 행위는 천하가 아는 사실인데도 감사는 형식에 그쳤음'을 지적하는 탄원서를 교육감 앞으로 보낸다. 사태는 눈덩이처럼 커졌고, 그 끝은 문희경의 해임이었다. 그는 학교와 재야 단체 사무실에서 17일간이나 단식 농성을 했고 쓰러져 병원에 실려 가서도 그것을 멈추지 않았다. 23일 만에 그는 단식을 풀었다. 진실과 거짓에 가장 민감할 나이인 여고생들이 가만히 보고만 있을 리 없었다. 항의 데모를 했고, 시험 답지에다가는 일제히 '나가라, 나가라, 다나가라'를 썼다고도 했다. 4명의 아이들이 제적을 당했지만 다행히 나중에 모두 복적되었다고 했다. 또한 그가 그토록 처절하게 싸우고 쫓겨난 후로는 적어도 결혼을 이유로 여교사에게 사직을 강요하는 일은 없어졌다고 했다.

"그때의 아이들이 제일 많이 기억납니다. 한 해에 천 명 정도 졸업하는데, 거의 모든 아이들을 지금도 알아볼 정돕니다."

꽃다운 여고생들과 함께 학교다운 학교를 향한 그의 첫사랑의 꿈을 묻었던 곳이기에 더욱 그랬을 것이다.

해직 후 문희경의 행동반경은 더 넓어진다. 전남교사협의회에 간사로 몸담고 있으면서 사학정상화대책위원회 핵심 활동가로도 뛰게 된 것이다.

4

1988년 여름에 공립학교인 법성상고에 복직한 그는 딱 1년 만에 다시 거리의 교사가 된다. 앞서 이야기한 것처럼 전교조 결성으로 두 번째 해직을 당하게 된 것이다. 복직은 대부분의 다른 전교조 해직 교사들처럼 1994년도 3월에 진도실업고로 했다. 그때만 해도 그는 팔팔한(!) 30대 후반이었다. 그런데 이제 그도 나이를 느끼는 것일까?

"저는 어떤 문제에 봉착하면 주도면밀하게 준비를 한 다음 그걸 단순화시켜 단박에 끝장을 내고 싶어 하는 스타일입니다. 할 건 반드시 하고 말아야 직성이 풀리지요. 한데 요즈음은 나이가 든 탓인지 좀 느긋한 마음입니다."

나이는 생각도 몸도 자연스레 구조조정을 하는 법이니까 그라고 예외 일 순 없을 터다. 그는 요즘 대학원에서 교육학 박사과정을 밟고 있다. 나이가 마흔일곱이니까 만학이다. 실전에 능한 그가 이젠 이론에 더욱 천착하고 싶어서일까? 그는 기회 있을 때마다 교사의 전문성에 대한 자신의 생각을 풀어 놓았다.

"전교조를 노동운동단체로만 협애하게 봐서는 안 된다는 거야 다들 동의하시리라 봅니다. 노동자로서 정체성 확보의 필요성 또한 누구도 부정할 수 없겠지요. 그러나 행여 그것 때문에 교직의 전문성을 위한 노력과 탐구를 소홀히 하게 된다면 우리의 정체성이 근본에서부터 훼손된다는 사실을 우리는 잊어선 안 됩니다. 교직은 인격과 인격이 만나는 직업이라는 점에서 더욱 전문성을 요구합니다. 거대 담론으로서의 인간 해방도 그렇고 지역사회에서 해야 할 역할도 그렇고 모든 게 그 전문성을 통해 발현될 테니까요."

그가 말하는 전문성은 교과 영역과 직무 영역 양쪽에 모두 걸쳐 있다. 교과 전문성을 놓고 봤을 때 교사는 입시 전문가랄 수도, 진로 전문가랄 수도 없을 때가 많다. 입시 사정을 할 때면 매년 주요 학원의 자료를 빌려 쓰는 것도 현실이다. 문희경이 보기에 직무 영역은 더욱 한심하다. 하다못해 일과계 전문가도 없다. 일과 따위의 잡일에 무슨 전문성이 필요하냐고 할지 모르지만 그 직무 노하우가 전수되거나 축적되지 못하고 일회성으로 끝나 버리곤 하는 게 문제라는 거다. 그러니까 3년 경력의 교사나 30년 된 교사나 도무지 다를 바가 없고, 오히려 경력이 오래된 교사가 더 낙후되어 있기도 한 것이다. 진정한 전문성을 쌓기 위해 연구하고 노력하는 것이 아니라 그저 승진 시험에 목을 매는 풍토도 큰 몫을 차지했다는 걸 모르는 그가 아니지만, 그래도 그는 결코 그럴 수는 없다고 힘주어 말했다.

"제 말은 전문성을 중심에 두고 현재의 교육노동운동의 지점을 다시 살펴봐야 한다는 것입니다. 몇 년 전 대우 노조 간부들이 김우중 씨를 체포하러 프랑스에 간 적이 있었잖습니까? 그때 프랑스의 판사 노조, 검사 노조가 그들을 적극 돕겠다고 나섰어요. 그쪽 노조는 법률 자문을 해 줬겠지요. 그게 자기들의 전문 영역이니까요. 이런 예야말로 전문성에 기반한 노동운동의 가능성에 많은 시사점을 주고 있습니다."

그는 교사 집단의 긍지 부족과 낮은 사회경제적 지위는 교사 자신의 전문성 결여에 일차적 책임이 있다고 보는 게 분명했다. 사회적 대우와 그 자부심에서 대학 교수와 초·중등학교 교사 간에 존재하는 엄청난 차이 역시 전문성과 불가분의 관련이 있다는 것이다. 교수와 교사의 전문성은 그 내포가 서로 다르다는 건 굳이 말할 필요도 없겠다.

"교수들은 누구나 총장 피선거권이 있어요. 어떤 자격증도 필요 없고, 그가 생물학자든 국문학자든 상관이 없지요. 그런데 교사는 교사 자격

증만으로는 교장, 교감이 될 길이 원천적으로 막혀 있습니다. 그런데 정작 무슨 자격 같은 게 필요하다면 그건 교장, 교감이 아니라 오히려 엄청난 규모의 대학을 경영해야 하는 총장 쪽이 아닐까요?"

5

이튿날 정오 무렵 그와 함께 유달산을 향해 달렸다. 그가 창밖으로 보이는 조그만 야산을 가리키며 말했다.

"저기가 삼학도三鶴島 중의 일학一鶴이라고 하는 곳이지요."

아하, 삼학도! 나는 절로 감탄사가 나왔다. 〈목포는 항구다〉란 노래 속에서 '삼학도 등대 아래 갈매기 울면' 어쩌고 하는 가사로만 듣던 삼학도다. 그런데 그가 가리키는 곳은 섬도 아니고 등대는 더욱이나 보이지 않았다. 바다를 메워 아파트촌을 만들었단다. 그 와중에 다른 학으로 불리던 두 개의 작은 섬도 마찬가지로 형체도 없이 부서져 버렸단다.

"그런데 말이죠. 목포시는 이제 와선 관광자원화 하겠다며 삼학도를 복원하겠다는군요. 바다를 다시 모셔 올 수는 없고 사라진 두 개의 섬이라도 인공으로 만들어 올릴 모양입니다."

그런 식의 무분별한 개발 논리로 강토가 엉망이 되곤 하는 게 어디 목포뿐이겠는가……! 나는 내가 좋아하는 노래 〈목포의 눈물〉을 떠올렸

다. 그 한 치 앞을 내다보지 못하는 개발 논리야말로 방학 중 보충수업 열풍이 극명하게 보여 준 입시 만능 논리와 일맥상통한다는 사실도 동시에 떠올리면서 말이다.

성선설에 기울어 있다는 그에게 우리 교육의 희망에 대해 묻자 "갈수록 정형화된 인간이 되기를 강요하는 학교와 사회가 유년 시절의 자유분방함과 공동체 의식을 병들게 만들고 있는데 교사들은 무기력과 매너리즘에 빠져 있다"며 다분히 루소적으로 대답했다. 그러나 그가 편지 형식으로 아이들에게 보낸 글을 보면 우리는 그의 속내를 금방 알 수 있다. 그는 출근길 라디오 방송 프로에서 한 장애인의 이야기를 들으면서 큰 부끄러움을 느꼈다며 이렇게 고백했다.

나도 일주일은 왼손이 없는 사람으로, 다음 주에는 다리가 없는 사람으로 생활해 보았지. 처음에는 짜증도 나고 불편했지만 나중에는 마음이 그렇게 편할 수가 없었어. (……) 세상에는 버젓이 걸어 다니고 불편함이 없이 사는데도 '마음의 장애'를 가지고 사는 사람들이 얼마나 많니? 긴 숨을 참아 내는 잠수부는 생명의 소중함을 순간순간 느낀단다. 긴 숨을 참으면서 살자꾸나.

교육개혁의 실질적 담지자이자 교육 대안 세력으로서 전교조는 양적으로는 팽창 일로에 있지만 '보충수업'의 위력 앞엔 속수무책인 허약함도 보인다. 전남 목포 지역 교사운동의 '신화적인 존재'라고도 불리는 문희경이, 그가 막 들이쉬기 시작했을지도 모르는 '긴 숨'을 통해 앞으로 무엇을 보여 줄 것인가는 섣불리 묻지 말기로 하자. 아직 여행은 끝나지 않았고 갈 길은 멀리, 열려 있을 뿐이니까.

2002년 9월

문희경의 그 후 이야기

　윤 선생님, 벌써 강산이 한 번 바뀌는 시간이 흘렀습니다. 그만큼 교육 현장도 너무나 많이 달라졌습니다. 우리는 과거 개인의 안일과 평온을 포기하고 민족, 민주, 인간화 교육을 위하여 독재 정권에 대치하고 저항하였지요. 그러나 지금은 그때의 마인드로는 해결하지 못할 과제들이 빗물에 흙더미 무너지듯 앞마당에 잔뜩 쌓여 있습니다.

　30여 년 전, 제 '유년기' 선생 시절에 비친 40~50대 교사들의 모습은 너무나도 실망스러웠습니다. 무기력, 나약함, 의지 부족, 현실 안주 등으로 연상되는 모습들이 기억나는군요. 건방짐으로 비칠 수도 있으나 내심 그 선배 교사들을 반면교사로 삼겠다고 각오했던 일도 떠오르네요. 당시 제가 반면교사로 삼고 싶어 했던 교사들의 모습은 대략 이런 것들이었습니다. 책임 회피하기, 젊은 후배 교사에게 일 떠넘기기, 준비 없이 수업하기, 학생들을 다그치며 너그럽지 못하고 가혹하게 대하기 등.
　몇 년 전 어느 날, 퇴근을 몇 분 앞두고 빈 종이에 제 기억의 퍼즐 조각을 모아서 적어 보았습니다. 당시 선배 교사들과 지금의 내 모습은 얼마나 다른지를 말이죠. 그리곤, 그날 퇴근길에 비슷한 연배의 동료 교사와 함께, 못 마시는 술을 제 주량보다 훨씬 더 많이 마셨습니다. 자신 없더군요. 지금의 저를 후배 교사들이 어떻게 바라볼지 판단하기 어려웠습니다.

그러다 문득 25년 전 사건이 떠올랐습니다. 당시 전남교사협의회 교권부장이었던 저는, 교무실에서 여선생님들에게 반말과 폭언을 심하게 하는 교장이 있다는 고발 전화를 받고 광양의 모 초등학교로 조사차 찾아간 적이 있습니다. 그때 그 교장 선생은 "나도 4.19 때 전남교원노조 부위원장이었어"라며 저와 함께 간 동료에게 고함을 지르고 재떨이를 던지려고 했었지요……

그날 저는 아마도 지난 기억으로 자괴감을 털어내고 싶었던 모양입니다. 그 흐릿한 기억들을 끄집어내며 동료와 함께 밤늦도록 안주 삼아 술을 마셨으니까요.

지난 10년 동안 제 개인사에도 여러 일들이 있었습니다. 대학원 진학은 애초 교육 전문가로서의 문제의식을 갖고 공부를 더 하고 싶었기 때문이었습니다. 박사과정을 시작했던 이유도 교육 현장에서 보다 전문적 욕구를 가진 교사들과 함께 독서 토론이나 연구 모임을 함께 꾸려 보고 싶었기 때문이었고요. 허나 제 노력이 부족했던지 쉬이 이루어지지 않더군요. 모임도 쉽지 않았지만, 무엇보다 학교 풍토가 수준 높은 교육 전문성을 필요로 하지 않았고, 그에 대한 교사들의 욕구도 찾기 어려웠습니다. 아니, 오히려 평범함을 넘어선 동료를 경원했다고 표현하는 게 맞을 겁니다. 교육청도 이러한 풍토에 앞장서며 한몫하고 있고요. 교육정책 평가 과정이나 발주 프로젝트의 책임 연구자를 대학교수로 못 박는 것이 대표적입니다. 학교를 가장 잘 아는 현장 연구자를 배제하고 객원 연구자를 선호하는 아이러니가 교육 현장에서 벌어지고 있기 때문입니다. 교사로서 현장 연구자로서 전문성을 발휘하고 기여할 수 없는 구조입니다. 그래서 현장 연구자들은 학위를 마치면 대학으로 옮기기 위한 노력을 하거나 의욕적으로 현장 연구를 하다가도 대부분 좌절하고 맙니다.

저는 2004년부터 지금까지 10년 가까이 대학 출강을 하고 있습니다. 교육운동적 관점을 포기할 수 없었기 때문입니다. 한계는 분명 있으나, 예비 교사들에게 교직에 대한 사명과 현실적인 문제들을 영향력 있게 전달할 수 있는 나름 의미 있는 일이기에 아직도 지속하고 있습니다.

윤 선생님, 저는 학교에서는 전교조 조합원으로서 활동과 교사로서 역할을 분리하는 편입니다. 전교조가 합법화되면서 수적으로 팽창되었는데, 당시부터 생긴 버릇입니다. 학교마다 다르기는 하나 과거 대중 조직 초기의 문제의식과는 거리가 먼 모습으로 활동하는 분회들이 다소 있음을 보았기 때문입니다. 학교 문제는 물론 교육 문제 해결에 대안이 되는 활동을 염원해 왔으나 분파 싸움 등으로 동지를 적보다 더 미워하는 사례도 있고, 살펴보면 안타까운 일들이 많습니다.

호남 지역의 경우 학교 현장 구성원 중 절대다수를 전교조 조합원들이 차지하고 있습니다. 따라서 전교조 분회의 책무성은 고용된 노동자로서 책무성과 중견 경력자 집단으로서 책무성을 동시에 갖고 있는 상황입니다. 즉, 학교를 공동 운영할 수 있는 위치와 균형적 교직관을 실천하는 전문가의 위치를 가지므로 학교운영의 파트너십을 행사할 수 있는 구조입니다. 아직도 문제가 없진 않지만, 과거와 같이 바른 교육을 가로막는 대치 전선이 교장인 시대는 지난 거죠. 이런 상황을 기회로 삼아 산재한 교육 현안들을 지혜롭게 풀어 나가야 할 것입니다. 그러나 오히려 교사들이 바람직한 교육이 진행되는 것을 방해하는 현상도 간혹 보게 되어 안타깝습니다.

교육, 교직의 위기 또한 다른 양상으로 나타나고 있습니다. 과거와 달리, 교사가 학생의 삶에 영향력을 행사하는 정도가 갈수록 줄어들고 있습니다. 학생들은 친구나 선배보다 교사를 더 신뢰하지 않는 것 같습니다. 이는 교사가 학생들의 고민을 해결하는 데 긍정적 역할을 하지 못하기 때문이겠지요. 그뿐만 아니라 지금껏 학생들의 생활을 통제해 온 관행과도 무관하지 않은 것 같습니다. 요즘 학생들은 특정한 이슈에 얽매이는 것을 매우 싫어합니다. 반면, 과거 운동 경험이 있는 대다수 교사들은 사회를 바라보는 시각이 고정되어 있고, 그 정도가 매우 높습니다. 이는 학생들과 충돌할 위험도 크다는 의미겠지요. 그러니 학생들과의 소통도 자연스레 힘들어지게 되는 것이지요. 게다가 학생들은 스마트한 세상에서 스마트한 생활을 하는 데 익숙해졌습니다. 스마트기기를 다소 불경스럽게까지 여기는 교사들에게 요즘 학생들은 애초 이해가 불가능한 집단일지도 모릅니다. 세상이 스마트해질수록 그걸 벽으로 여기는 교사들은 요즘 학교와 교실에서 벌어지는 숱한 일들이나 학생들의 삶을 이해하기가 매우 힘이 들 것입니다.

선생님, 우리가 과거에 꿈꾸고 그토록 그려 왔던, 학생과 교사가 어울려 함께 오늘의 삶의 문제를 풀어 가고 함께 진실한 삶을 향해 걸어나갈 수 있는 길은 과연 없는 것일까요?

　저는 지난해부터 진로진학 상담 교사를 하고 있습니다. 아이들의 장래에 관한 유용한 조언과 정보를 제공할 수 있을 것 같아서입니다. 이를 위해 재작년엔 600시간의 진로진학 상담 교사 연수를 받았습니다. 제가 근무하는 전남체육중·고등학교는 운동 중 부상 등으로 꿈을 포기해야 하는 좌절을 겪는 아이들이 증가하는 추세입니다. 이 아이들이 자존감을 가진 어른으로 성장하는 데 제가 도움이 될 수 있었으면 합니다. 그러기 위해서는 무엇보다 아이들의 눈높이에서 만남과 소통이 이뤄져야 하기에 그 작은 노력으로 기존 진로실의 문패를 '진로카페'로 바꿔 달기도 하고, 내부 인테리어도 아이들이 편안하게 느낄 수 있도록 카페 분위기로 만들기도 했지요. 그래선지 아이들도 부담 없이 찾아와 진로 문제 등 다양한 이야기를 풀어 놓습니다. 제법 어른스레 미래에 대한 불안과 고민을 털어놓는 아이들을 볼 때면 흐뭇하기도 하고, 그들이 이겨 내야 할 험난한 미래를 생각하면 안타깝고 가슴 아프기도 합니다.

　윤 선생님, 저는 요즘 이렇게 살고 있습니다. 세상과 학교와 아이들이 퍽 많이 달라져서 힘에 겨울 때가 적지 않지만, 그래도 아이들의 고민을 함께 나누고 그들에게 힘이 되는 이야기를 들려줄 수 있는 교사로서 행복도 간간이 누리면서 말이지요.

2013년 7월
문희경

우리는 '국가보안법의 나라' 교사였다

한경숙, 정지영, 양혜정, 김은주
'통일학교' 해직 교사, 전교조 부산지부

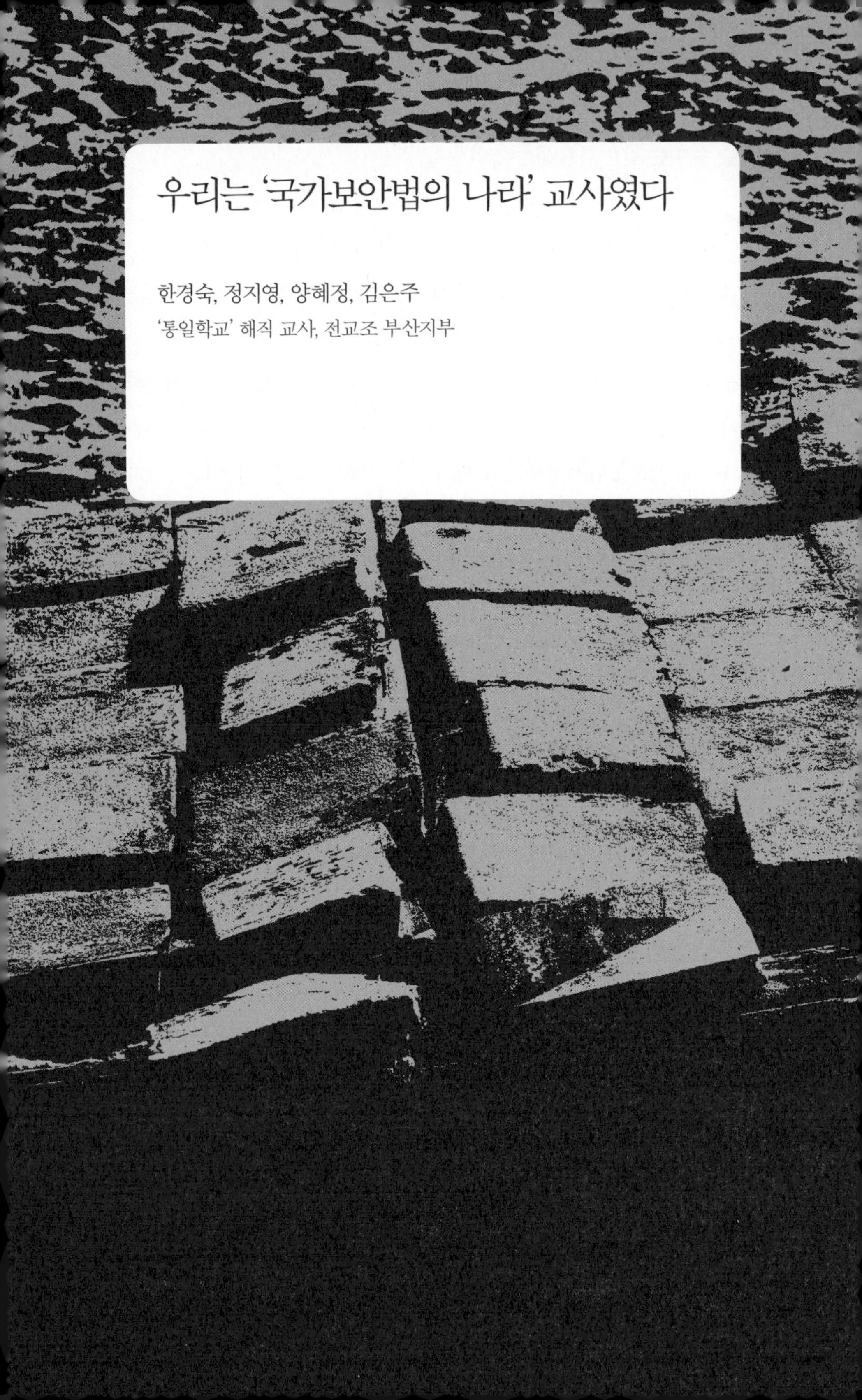

1

2009년 2월 13일 부산지방법원은 4명의 현직 교사에게 징역 10월에 집행유예 2년을 선고했다. 국가보안법 제7조(찬양·고무 등)를 위반했다는 게 이유였다. 그러자 부산시교육청은 부랴부랴, 그해 3월 1일 자로, 네 교사를 해임 처분해 이른바 '통일학교' 사건은 일단락됐다. 악의적인 수구 언론을 통해 처음 문제화되었던 2006년 7월로부터 햇수로 3년이 흐른 뒤였다. 네 선생님은 해직된 후 전국교직원노동조합 부산지부 상근자로 일하고 있다. 말하자면 '국가의 존립·안전이나 자유·민주적 기본 질서를 위태롭게 한다는 점을 알면서 반국가단체나 그 구성원 또는 그 지령을 받은 자의 활동을 찬양·고무·선전 또는 이에 동조하거나 국가변란을 선전·선동한 자'라는 4명의 저 무시무시한 '범법자'들은 국가가 합법이라 공인한 전교조의 사무실로 매일 버젓이(!) 출근하고 있다. 더구나 그들은 때론 학교 현장을 방문해 교사들을 만나고, 때론 학생인권 토론회를 준비하기도 하고, 때론 참교육실천대회 같은 행사를 기획하기도 하는 것이다. 그리고 아무런 거리낌 없이 거리를 활보하며 현 정부의 실정을 알리는 규탄 집회에도 빠짐없이 참석한다.

어째서 이런 일이 벌어질 수 있을까?

아니, 어째서라니, 분단된 조국에서 국가보안법이라는 괴물을 앞세운 불의한 권력 집단이 멀쩡한 사람을 어떻게 고문하고, 간첩으로 만들고, 죽였는가를 당신은 모른단 말인가? 이렇게 반문하면 나무라실 분이 있을 줄 안다. 그야 나도 모르지 않다. 평소 이런 법과는 무관하게 살아가는 사람들 중의 하나인 나이지만 철들 무렵부터 지금까지 수도 없이 듣고 보아 온 것들이 있다. 빨갱이, 반공·방첩, 때려잡자 김일성·쳐부수자 공산당, 무장 공비, 재일 교포 간첩단 일망타진, 구미 유학생 간첩 사건, 납북 어부, 동해안 간첩선 침투, 좌익, 친북 세력, 주사파. 그리고 언제부턴가 유행이 된 종북 좌파……. 그리고 이러한 말들 속에 기생하거나 은폐되어 있거나 두 눈을 부라리고 있는 저열한 정치적 음모, 벌거벗은 기만과 거짓, 폭력적 흑백논리, 협잡과 공격, 마녀사냥 따위들은 나도 일상적으로 경험하며 살아온 것이다. 한마디로 나도 '분단의 나라', '국가보안법의 나라'의 국민인 것이다. 그럼에도 아니 그래서, 나는 한 번 더 묻지 않을 수 없게 된다. 어떻게 이런 일이 일어날 수 있는가? 그 어떤 법보다도 지엄해야 할 것 같은 국가보안법에 따르면 네 교사는 '국가 변란을 선전·선동한 자'들이라 했다. 그런데 그들에게 내려진 저렇듯 관대한(!) 처분이며 위험천만한 자유방임은 대체 뭔가……? 나는 지금 그들을 기소한 검찰과 그들을 판결한 법원에다 대고 항의하는 것이다. 물론 그 국가보안법이 위력을 발휘하지 않은 건 아니다. 네 현직 교사를 근 3년 동안 경찰서로 검찰청으로 재판정으로 끌고 다녔고 결국엔 학교에서 쫓겨나게 만들었으니 말이다. 하지만, 다시 상기컨대, '반국가단체 …… 그 지령을 받은 자의 활동을 찬양·고무·선전 …… 국가 변란을 선전·선동한

자'들이라는 그들은 곧장 감옥행은커녕 유죄 판결을 받은 즉시 집행유예로 '자유의 몸'(이 말을 쓰는 것은 입맛이 쓰지만)이 되었고, 아니 그 이전에 그들은 경찰과 검찰의 조사와 재판이 진행되는 3년여 동안을 학교에 출근하여 어린 중학생 아이들과 수업도 하고 같이 놀기도 하고 깔깔거리고 웃기도 했던 것이다…….

2

어째서 이런 일이 일어났을까? 이렇게 자꾸만 물을 수밖에 없는 까닭은 '통일학교 사건'이라 불린 그 사건 아닌 사건이 어느 날 갑자기 무시무시한 사건이 되고 만 이 나라의 현실이 내겐 삼킬 수도 토해 낼 수도 없는 밤송이 같은 것이 되었기 때문이다.

2005년 10월, 전교조 부산지부 통일위원회는 '남과 북의 역사 인식을 비교·검토하기 위한' 학술 세미나를 열었다. 이름 하여 '통일학교'─제1강 : 일제 시대의 해방 투쟁(양혜정). 제2강 : 해방 이후 이북의 현대사(한경숙). 제3강 : 북미 대결에서 드러난 이북의 새로운 사상은 무엇인가(정지영). 학술 세미나 당일 부산지부 강당에는 채 30명도 안 되는, 그저 통일 논의에 관심이 좀 있는 교사들이 참석했다. 따져 보면 학술 세미나라고도 할 수 없었다. 발제자로 나선 세 교사는 북한 문제 연구가나 역사 전공자가 아니었다. 한경숙은 과학, 정지영과 양혜정은 특수학급 교사였다. 세미나는 관련 자료의 일부를 강사가 요약·발표하고, 참가자 모두가 돌아가면서 이야기를 나누는 식으로 이루어졌다. 그러니까 이 선생님들이 통일위원회 활동에 나서고 세미나도 기획하고 발제자로도 나서게 된

것은 단지 세 가지 때문이었다고밖엔 달리 말할 수가 없다. 통일의 당위
성에 대한 믿음, 통일에 대한 소박한 소망, 그리고 북한에 대한 지적 호기
심. 여기에 하나를 더한다면 북한의 현실과 역사에 대해 무지함으로써
평화통일의 길을 상상조차 못 하는 사람들을 향한, 교사다운 계몽의 열
정을 꼽을 수 있을 터다. 한경숙은 말했다.

"2000년 역사적인 6.15남북정상회담(김대중 대통령과 김정일 국방위원
장)이 있은 후 정부의 남북교사교류 사업의 일환으로 전교조 평양교육
견학단(단장 조희주 전교조 부위원장) 130명이 북한을 방문(2003년 7월
29일~8월 2일)할 때 저와 김은주 선생님도 그 일원이 되는 행운을 얻었
어요. 북한의 여러 교육 관련 기관, 그러니까 탁아소·유치원·소학교(초
등)·중학교(중등)·대학교를 견학했는데 그쪽의 교사, 교장 선생님들과
대화를 나누면서 저는 놀라움과 감동과 부끄러움을 함께 느꼈습니다."

미처 몰랐던 것도 많았고 배울 점도 적잖았다는 것이다. 다른 무엇보
다 통일을 대비하는 통일교육이 얼마나 필요하며 시급한 것인가를 온몸
으로 깨달았다고 그녀는 덧붙였다. 그 첫 방문 이후 몇 해에 걸쳐 교총
소속 교사들을 포함해 800여 명의 교사들이 '남북교사대회'를 위해 북
한에 다녀왔다. 당시 한경숙이 느끼기에 바야흐로 거짓말처럼, 통일의
시대는 열리고 있었다. 아니 열리는 듯하였다. 분단 반세기 만에 햇볕정
책을 표방하고 실천하려 한 김대중 정부가 들어섰고 그래서 꼭꼭 막힌
분단의 벽에 통일 가능성이라는 창이 하나 뚫린 것이라고나 할까?

한경숙

"그때 처음으로 분단 문제를 내 문제로 심각하게 고민하게 되었어요. 분단 현실은 교사인 나와 우리 아이들에게 무엇인가……? 미국의 이라크 침공(2003년 3월 20일)을 보면서 전쟁이 얼마나 쉽게 일어날 수 있으며 모든 걸 파괴해 버리는지를 확인했어요. 아직도 휴전 상태의 분단국가인 우리나라에 전쟁이 터지면 아이들은 어떡하나, 아이들을 열심히 가르치는 것도 중요하지만 전쟁 위험이 없는 통일 조국을 아이들에게 물려주는 것이 더 시급하지 않나……? 적어도 통일 시대를 대비하여 무언가 준비라도 해야 하지 않겠는가, 교사로서 사명감 같은 게 가슴에 차올랐어요."

그래서 한경숙은 김은주에 이어 통일위원장을 맡았고(2005년) 이듬해엔 전교조의 젊디젊은 후배 교사 정지영, 양혜정과 함께 통일학교를 열게 된 것이다. 그런데 뭐가 잘못되었던가……?

3

아무런 일도, 문제도 없었다. 통일학교가 열린 지 근 아홉 달이 지난 2006년 7월, 조선·동아일보가 돌연 그 자료집에 '이적성'이 있다는 보도를 대대적으로 전개하며 전교조 전체를 매도함으로써 최초로 '사건화'가 되고 그것을 단초로 경찰과 검찰이 조사를 개시하기 전까지는 말이다. 물론 공안 당국은 수년 전부터 민주노총과 전교조의 통일 관련 활동을 주시·내사해 왔다는 사실이 재판 과정에서 밝혀지긴 했지만 그때는 정말 돌연, 아닌 밤중에 홍두깨 격이었다. 때는 교육의원 선거를 비롯한 지방선거가 임박한 시점. 저쪽에선 이른바 진보 진영을 향한 공격이 필요했을 터이고 가장 때리기 좋은 약한 고리가 바로 전교조를 친북·종북·이적 단체로 모는 마녀사냥임은, 그것이 공안 당국과 수구 언론의 '짜고 치는 고스톱'임은 이쪽에서 보기엔 너무나 명백한 일이었지만 언론의 무차별 공세는 그 힘이 막강했다. 잠자고 있는 줄 알았던 국가보안법이 불쑥 그 괴력을 발휘하는 순간이기도 했다. 이 나라의 '수구 언론 재판소'가 네 교사를 친북 교사, 종북 교사, 주사파 교사, 빨갱이 교사로 딱지를 붙이고 나자 경찰과 검찰이 우르르 달려들었고 그 후 6년여가 지나는 동안 대한민국 재판소(지방법원과 고등법원)는 국가보안법을 들이대며 이를 추인했고 지금은 대법원의 마지막 판결을 기다리고 있는 것이다. 딱히 기대할 것도 없지만.

"왜 하필 우리였을까요? 전 제가 피기도 전에 꺾여 버린 꽃 같다는 생각을 자주 해요."

지난해 11월 초 서울에서 열린 교사대회에 참석하기 위해 함께 탄 무궁화호 열차 안에서 정지영은 말했다. 금방 눈에 눈물이 글썽했다. 2004년 감천중학교에 첫 발령을 받았다가 문현여자중학교으로 전근을 갔던 2006년, 특수학급 아이들과 알콩달콩 꿈같은 시간을 제대로 맛보기도 전에 졸지에 '친북 교사'가 되었고 2009년엔 학교에서 쫓겨났다. '사건'이 일어난 지 6년, 해직된 지 4년 세월인데도 아직 새내기 교사 티를 못 벗은 것만 같은 정지영의 가슴엔 못다 한 말과 상처가 꼭꼭 숨어 있었다.

"경찰이 방학 중에 중학생인 우리 아이들을 불러내 탐문 수사를 한다든지 제 집을 압수 수색 한다든지, 그런 와중에 제가 조사와 재판을 받고 해직이 되는 것은 그럭저럭 견딜 수 있었어요. 하지만 교육청 징계위원회에 출석했을 때의 그 모멸감은 잊히지가 않아요. 대체로 사실관계만 확인하려 했던 사법부가 차라리 나았지요. 교육 관료들은 현직 교사인 우리에게 '북을 어떻게 생각하느냐'는 따위로 사상 검증을 하듯 질문을 던지며 간첩이라도 대하는 양했죠."

국가보안법이라는 마수의 굴레가 한번 들씌워지면 이웃과 친지까지도 멀어져 갔던 이 나라의 많은 국가보안법 사건 당사자들의 삶을 생각하면 교육 관료들의 그런 한심하고 무정한 태도야 그리 놀랄 일은 못 된다. 그러나 그 '낙인'이 네 선생님에게 어떤 '불의 낙인'이 되었는지는 상상을 불허한다고 하겠다. 한경숙은 이런 말도 했다.

"국가보안법 위반 사범이 되어 해직된 지난 4년 중 그나마 행복했던 것은 서울의 전교조 본부에서 상근자로 활동한 1년 동안이었어요. 그냥 저를 편견 없이 바라봐 주는 사람들이 있어서 마음이 따뜻해졌던 거예요. 한번은 우리 본부의 상근 여성 변호사가 절 보고 하는 말이 '주사파를 이렇게 직접 가까이서 만나 보기는 처음이에요' 하는데 조금도 기분이 나쁘지 않았어요. 아무런 악의가 느껴지지 않는 말이었거든요."

그 후 부산으로 놀러 온 그 변호사는 한경숙에게 이렇게 말했다 한다.

정지영

"선생님께 들은 얘기 중에 잊히지 않는 게 있어요. 북한에 갔을 때 누군가가, '홀로 남겨진 고아 소녀가 어떻게 자라게 되는지가 바로 그 사회가 어떤 사회인지를 확인할 수 있는 리트머스 시험지'라며 '북에서는 국가와 사회가 그 소녀를 책임지고 키운다'고 했다는 얘기 말이에요."

한경숙은 그런 말을 기억해 주는 변호사가 고마웠다고 했다. (그런 정도의 말을 전하는 것조차 국가보안법은 고무·찬양이라고 윽박지르는 나라 아닌가?) '오늘'의 굶주리는 북녘 아이들을 생각하면 '어제'의 그 소녀(아마도 한국전쟁 고아)는 행복했던 세대라 하겠지만……. 아무튼 한경숙이 열망하는 통일 국가는 그런 나라이며, 그런 나라를 꿈꾸는 한경숙은 결코 그 무슨 국가적 범죄자일 수가 없다는 변호사의 믿음과 진심이 느껴져서였을 것이다.

"통일학교요? 전 그 사건 생각 안 하려고 해요. 기억상실도 아닌데 기억도 잘 나지 않아요."

네 선생님 중 막내인 양혜정의 첫마디는 이러했다. 정지영과 마찬가지로 서울행 무궁화호 열차 안에서였다. 2003년에 주례중학교에 첫 부임을 하자마자 전교조에 가입, 통일위원회 활동을 시작한 그녀는 일찍부터 교사가 꿈이었다. 굳이 특수학교 교사가 되고 싶었던 데에는 이유가 있었다. 청각 장애를 가진 큰아버지께 뭔가 도움이 되었으면 좋겠다고 일찍부터 생각해 왔었다. 그래서 중학교 때는 한 전교조 선생님으로부터 수화도 배웠고 대학도 특수교육학과를 지망했다. 대학에서 사회운동

양혜정

에 관심을 가지게 된 것도 장애인들을 향한 애정에서였다.

"한동안은 해직된 학교인 모라중학교 앞을 지나갈 수가 없었어요. 마음이 너무 아파서였죠. 저기에서 내가 사라졌다……. 특수학급 학생은 1학년부터 3학년 졸업까지 연달아 맡는데 그러지 못하게 된 게 아이들에게 미안해요. 지금 생각하니 전 참 모자란 선생이었어요. 때론 공부를 좀 더 해서 학교로 돌아오라는 하늘의 뜻인 건가? 이런 생각도 들어요."

양혜정도 정지영처럼 연신 눈물이 그렁그렁했다.

4

통일학교 사건의 재판이 3년 넘게 진행되는 동안 네 교사들에게 관심과 지원을 아끼지 않은 전교조 부산지부 교사들조차도 이따금 고개를 갸웃하며 서로 묻곤 하는 말이 하나 있었다.

"도대체 김은주 선생의 죄목은 뭐지? 똑같이 통일학교 맞아?"

왜 그랬을까? 그녀는 2003년과 2004년 전교조 부산지부 통일위원장으로 활동한 바 있지만, 2005년의 통일학교 세미나엔 직접 관여하지 않았다. 출산휴가로 집에서 쉬고 있던 중이었다. 그런데 어찌 된 일이었을까?

"전 '이적표현물 제작과 소지' 죄로 기소되었어요. 경찰이 압수해 간 제 이메일에 통일학교 자료집, 공무원노조 간부수련회 자료집, 기초교양

자료집 등 세 건의 이적표현물이 저장되어 있었다는 거예요."

　그것들이 과연 '이적표현물'인가에 대한 질문은 접어 두자. 국가보안법
상 그것은 엿장수 마음대로, 이현령비현령의 요상한 물건이 되곤 했으니
까. 문제는 김은주가 그런 자료집 제작에 참여한 적도 그걸 저장한 적도
없었다는 사실이었다. 그렇다면 결론은 하나밖엔 없었다. 누군가 그녀의
이메일을 도용하여 그 자료들을 의도적으로 집어넣었다……! 그리고 그
누군가는 경찰 외엔 달리 의심할 대상이 누가 있겠는가? 국가기관(경찰)
이 증거 조작……을? 상상도 못 할 일이었다. 그러므로 그 이메일이 어
떤 IP로 로그인해서 작성된 것인지 확인하는 게 김은주 재판에서 가장
핵심 쟁점이 된 건 너무나 당연했다. 그러나 재판 과정에서 검찰이 보여
준 태도는 어처구니가 없었다. 이메일 자료가 객관적인 증거라고 주장하
기 위해서는, 그러니까 '조작'이 아님을 증명하기 위해서라도 검찰은 그
파일의 로그인 기록을 확보했어야 했고 그걸 제시해야 마땅했다. 그러나
변호인의 거듭된 요구에도 검사는 "그럴 필요를 못 느껴 하지 않았다"고
만 하며 버티는 것이었다. 답답하면 피고 측 당신네가 찾아보라는 식이
었다. 기소된 후에야 이메일이 압수된 사실을 통보받은 김은주는 (주)다
음에도 문의하고, KT텔레콤에도 확인해 보았다. 그러나 로그인 기록 보
관 기간은 이미 지났고, 넓은 지역을 기반으로 다수의 사용자가 공동으
로 사용하는 통신망에선 IP 주소를 확인하기 어렵다는 답변만이 돌아
왔다. 혹시나 하는 마음에 아파트 승강기 CCTV까지 확인해 본 김은주
는 경찰이 압수했다가 아무 문제 없다며 되돌려 준 컴퓨터를 찜찜하다
고 포맷해 버린 가족을 원망할 수도 없었다. 결국 증거는 없었다. 검찰에

게도 김은주에게도! 그럼에도 1심 재판부는 검찰의 공소 사실을 그대로 받아들이면서 "아무런 근거 없이 수사기관이 자신의 이메일을 도용했다고 비난하고 있다"는 말까지 명기하여 유죄 판결을 내렸다. 고도의 정보통신 관련 범죄가 난무하는 세상인데도 로그인 기록도 확인 안 된 이메일 자료를 증거로 제출하는 검사나 이를 그대로 받아들인 판사나 무지와 외면의 폭력을 감행한 것은 꼭 같았다 할 것이다.

"재판 과정에서 저희와 비슷하게 국가보안법 위반 혐의가 덧씌워졌다가 지금은 무죄를 선고받은 서울지부 통일위원장 최화섭 선생님과 경남지부 통일위원장 최보경 선생님의 재판을 방청한 적이 있습니다. 두 분모두 당당하게, 검찰 측 증인으로 나선 보수 단체 역사학자와 논쟁을 벌이더군요. 지금도 후회되는 것은 '경찰의 증거 조작' 의혹을 재판정에서 좀 더 확실하게 적극적으로 제기하고 그것을 사회적 문제로 만들어 내지 못한 것입니다."

5

네 선생님을 인터뷰하는 과정에서 가장 가슴 아팠던 것은 네 사람 모두 엄청난 '부채 의식'으로부터 자유롭지 못하다는 사실이었다. 아낌없는 위로를 받아도 모자랄 피해자인 네 선생님의 저 무거운 부채 의식이야말로 국가보안법이란 괴물의 또 다른 괴력을 실감케 했다. '국가보안법이 두 눈을 시퍼렇게 뜨고 있는데 좀 신중히 하지 않고서……!' '뭐가 진실인가를 떠나서 결과적으로 전교조가 엄청 코너에 몰리게 되었고 지방

김은주

선거에도 악영향을 미친 건 사실이지……!' 이런 질책이야 십분 감수해야 마땅하다고 마음을 다잡곤 했던 것이지만 가까운 동료 교사들이 경찰 출두 명령서를 받거나 조사까지 받으러 가야 할 때는 가슴부터 쿵쿵 뛰고 미안해서 쥐구멍에라도 숨고 싶은 심정이었다고 선생님들은 거듭 말했다. 그러니 어떤 정신 나간(달리 표현하면 얼치기 '운동movement 기계' 같은) 전교조 활동가가 있어 자신의 블로그에 공개적으로 네 선생님을 '주사파'로 단정 지었을 때, '통일학교 사건은 전교조 문제가 아니다, 절대 다수의 전교조 교사들은 그들과 다르다'는 따위의 억설까지 늘어놓았을 때 그 심정들은 어땠을까? 악질적인 수구 언론과는 또 다르게 심장에 박히는 '비수'가 아니었을까? 김은주는 말했다.

"그 글을 보고 참 많이 울었어요. 억울한 심정에 앞서 그걸 읽은 우리 아이들이 겪었을 혼란을 생각하니까 너무 미안하기도 하고……."

생각건대 국가보안법이란 게 엄연히 존재하고 그것을 언제든 정치적인 계산에 따라 써먹을 수 있는 세력이 있는 한 거기에 안 걸려들기 위해 조심하고 안 하고, 신중하고 안 하고의 문제는 아주 부차적인 것일 수밖에 없지 않은가? 결국 통일학교 사건은 우리가 '국가보안법의 나라'에 살고 있다는 사실을 새삼 몸서리치게 확인시켜 준 데 그 의미가 있을 것이다. 아니 그런 '공포의 강제 확인'이야말로 국가보안법의 악마적 간계이기도 한 것이다.

6

한경숙. 1962년생. 대학 다닐 때는 멋 부리며 그냥 노는 동아리에서 잘도 놀았다. 그러다가 졸업을 하고 아르바이트를 하는 중에 '땜빵' 좀 해달라는 친구의 부탁으로 야학에 갔다가 거기서 노동자의 삶과 현실을 알게 된 후 인생이 바뀌고 말았다, 고 그녀는 말했다. 전교조 결성 때도 해직되었으니 이젠 '별 두 개'의 거리의 교사.

"이런 삶이 제 운명일까요. 어릴 때 꾸었던 꿈이 가끔 생각나요. 친구들과 고무줄놀이를 하다 정신을 차려 보니 저만 북쪽 땅에 있는 거예요. 친구들 이름을 부르며 남쪽으로 가려고 해도 어디로 가야 할지를 몰라 혼자 엉엉 우는 그런 꿈을 반복해서 꾸었거든요."

신통한 꿈. 하지만 '운명'이야 자주 가면 나게 마련인 길과도 같은 것. '사면'과 '복직'의 길이 아뜩하기만 하다는 걸 모를 리 없는 그녀가 열어가고 싶은 삶의 길은 어떤 길일까?

"몇 년 뒤엔 어떤 삶을 살게 될지 모르지만 지금 저의 바람은 분명해요. 국가보안법이 없는 나라, 전쟁의 위협이 없는 나라, 자주통일 국가. 누군가 제게 자주통일 국가와 목숨을 바꾸겠느냐고 묻는다면 '그렇다'고 대답할 거예요."

이러니 '운명'이랄밖에 없겠다. 아무튼 '통일'에 관한 한 같은 운명의 배에 함께 타 있다 할 김은주, 정지영, 양혜정은 이렇게 말했다.

"저는 증거 조작과 같은 국가의 범죄 행위가 더 이상 일어나지 않도록 제 사건의 진실을 이제부터라도 알려 나가고자 해요. 싸워 나갈 거예요. 우리 아들 동현이가 제 엄마를 부끄럽지 않게 기억하도록 하기 위해서라도 말이에요. 부산지부 다음으로 기소된 서울, 전북, 경남지부의 통일위 선생님들이나 저희들이나 검찰의 기소 내용은 조금씩 다르지만 모두가 통일교육을 위해 헌신해 왔고 앞으로도 그럴 것이라고 저는 부끄럼 없이 말할 수 있어요."(김은주)

"정권을 교체하고(2012), 국가보안법 폐지하고(2013), 부산에 진보 교육감 당선시켜 아끼는 후배 혜정이부터 학교로 돌아가게 하고 (2014)……, 이런 3개년 인생 계획을 세운 적이 있었는데……. 아무튼 내년에 다시 통일위원장을 맡기로 한 것은 부산지부의 위축된 통일운동, 통일교육운동을 새롭게 만들어 나가고 싶기 때문이에요."(정지영)

"통일학교. 이 말은 아직도 절 가슴 아프게 하고 눈시울이 붉어지게 해요……. 처음엔 빨리 학교로 돌아가야 한다는 마음이 강했는데, 갈수록 그렇지 못하네요. 2004년처럼 국가보안법 개정 국면이 다시 올까? 10년 세월이 흐르면 사면도 되고 복권도 되어 다시 교단에 설 날이 오긴 올까……? 와야겠죠? 교사는 아이들 곁에 있어야 한다는 생각이 갈수록 절실해지기만 하네요."(양혜정)

7

국가보안법과 평화통일이 결코 양립할 수 없는 까닭은 국가보안법 제
2조(정의)에서 '정부를 참칭하거나 국가를 변란할 것을 목적으로 하는
국내외의 결사 또는 집단으로서 지휘통솔체제를 갖춘 단체'로 정의된
'반국가단체'의 맨 앞자리에 '북한'을 암묵적으로 지목해 놓고 있다는 사
실에 있을 것이다. UN 회원국으로서의 조선민주주의인민공화국은 국가
보안법 앞에서는 그저 북괴, 주적, 이른바 '반국가단체'로 화하고 마는
것이다. 그러기에 시중 서점에도 나와 있는 북한의 역사 교과서를 편집
해 만든 자료집도 '이적표현물'로 둔갑하고 평화통일교육에 열성적이었
을 뿐인 네 선생님은 졸지에 국가적 범죄자가 되어 버리기도 하는 것이
다. 그러나 혼돈과 아픔과 기만의 우리 현대사 속에서도 평화통일의 길
이라는 '오래된 미래'는 있었다. 맨 먼저, 일장의 정치적 쇼로 끝나 버린
것이긴 해도 그 말과 정신만은 반국가보안법적이었던 1972년의 '7.4남
북공동성명'(박정희·김일성)을 나는 기억한다. 그리고 2000년 '6.15남북
공동선언'(김대중·김정일)과 이를 재확인한 2007년 '10.4남북공동선언'
(노무현·김정일). 이 중 가장 오래되고 간명한 7.4남북공동성명의 조국통
일 원칙 세 가지를 떠올려 본다.

첫째, 통일은 외세에 의존하거나 외세의 간섭을 받음이 없이 자주적
으로 해결하여야 한다.
둘째, 통일은 서로 상대방을 반대하는 무력행사에 의거하지 않고 평
화적 방법으로 실현하여야 한다.
셋째, 사상과 이념, 제도의 차이를 초월하여 우선 하나의 민족으로서

민족적 대단결을 도모하여야 한다.

아, 참 좋다. 글만 보면 만세라도 부르고 싶어진다. 그런데 여기에 "넷째, 조국통일의 남쪽의 최대 걸림돌인 국가보안법은 즉각 폐기한다"가 있었다면 금상첨화가 아니었을까? 상상은 자유라지 않던가. 그러나 21세기에도 '통일학교'가 사건이 되는 나라에서 우리는 살고 있다. 이 대명천지에 나는 '사상'은커녕 '상상'의 자유라도 제대로 누리고는 있는 건가, 의심하게 되는 것은 참으로 불쾌하고 불편하고 슬픈 일이다. 그렇다고 상상을 포기할 수는 없는 일. 나는 국가보안법에 한 방 먹이는 상상부터 해 본다. 어떻게? 그건 다음과 같은 말로써다.

"'국가보안법 사범'이라는 네 선생님의 안녕과 쾌활과 강건을 두 손 모아 비는 것은 전적으로 나의 자유고 권리이며 내 최소한의 사랑이라는 사실을 나는 온 천하에 밝힌다. 나를 잡아……가라!"

2012년 12월

한경숙, 정지영, 양혜정, 김은주의 그 후 이야기

한판 씻김굿을 끝내고

올해의 시작은 여러 가지로 힘들었습니다. 부산지부 수석부지부장 일을 맡긴 했지만, 언제까지 전교조에 남아 있을 수 있을까 하는 회의와 고민도 많았거든요. 그런 와중에, 지난 2월 대법원 유죄 확정 판결이 내려졌지요. 그 후, 선생님의 제안으로 마련된 '우리는 국가보안법의 나라 교사였다' 행사가 열렸고, 그건 제겐 한판의 씻김굿과 같은 느낌이었습니다. 그간의 제 마음을 들여다보고 해직 후 4년의 세월을 돌아보는 계기도 되었고, 무엇보다 동지들에게 제 마음을 내놓는 자리였으니까요. 그날 격려의 말을 건네며 손을 잡아 주고 안아 주는 동지들에게서 큰 위로를 받았기에 유리알처럼 깨지기 쉬운 해고의 아픔마저도 잠시 잊을 수 있었답니다.

저는 이제 다시 일상으로 돌아와 있습니다. 언제 학교로 돌아갈 수 있을까…… 언제 통일은 될 수 있을까…… 그날들이 쉽게 오지는 않을 듯

하지만, 그래도 복직과 통일의 꿈을 놓지 않으려 합니다. 미래는 꿈꾸는 자들의 것이라잖아요!

이 세상 누가 뭐라 해도 우리는 정당했고 제가 한 일은 옳았다고 생각합니다. 통일학교 사건을 둘러싸고 이런저런 말들도 있고, 저 또한 후회되는 점이 없진 않습니다. 하지만 정녕 중요한 것은 인간에게는 사상과 양심의 자유가 있고 그것은 천부적인 권리이므로 우리는 마땅히 그 자유와 권리를 누릴 수 있어야 한다는 것 아니겠습니까? 한마디만 더 하겠습니다.

"국가보안법 폐지, 주한미군 철수, 자주통일 실현은 반드시 되어야 하고, 될 것이다!"

생각만 해도 기쁜 그날들을 위해 아자, 아자, 힘내자! 행복하게 살자!

2013년 6월
한경숙

북의 교원들이 부산에서 수업을 참관하는 그날을 위해……

선생님, 올해 저는 전교조 부산지부와 민주노총 부산본부에서 통일위원장을 맡아 일하게 되었습니다. 그래서 참 행복하다고 해야 할까요? 전교조와 민주노총에 대한 낡은 이념 공세와 험난한 남북관계가 예상되기에 오히려 많은 노동자들과 더불어 평화와 통일을 이야기해야 할 때가 아닌가 싶습니다. 그래서 참 통일운동을 하는 사람으로서 사명감도 느끼게 되는 나날입니다.

좋은 기억들도 하나둘 쌓아 가고 있습니다. 전교조에서 신규 샘들과 함께 일하기란 쉽지 않은데 통일위원회에 젊은 선생님들이 활동하겠다고 들어오네요. 이들의 마음에 통일 조국의 자랑찬 교사가 되는 큰 꿈이 싹트기를 바라마지 않습니다.

며칠 전에는 평화와 통일의 길을 연 '6.15남북공동선언' 13돌을 맞아 진행된 평화통일교육 공개수업을 참관하였습니다. 수업을 하시는 선생님의 당차고 밝은 목소리와 해맑은 아이들의 모습을 보면서 전 좀 거창한 꿈을 꾸었습니다. 지긋지긋한 외세의 간섭 없이 남과 북이 서로 '격 따지지 않고(!)' 교류해서, 북의 교원들이 부산에 방문하여 우리 부산지부의 참 멋진 샘들의 수업을 참관할 수 있는 그런 날이 하루빨리 왔으면 하고요. 그날을 현실로 만들어 가는 길을 많은 선생님들이 함께 걸었으면 좋겠습니다.

2013년 6월
정지영

'상처'를 넘어서

'과거로 다시 돌아갈 수 있다면, 그래서 거기에서 무언가를 다시 해 볼수 있다면 언제로 돌아가고 싶으냐?'는 질문을 받았을 때, 저는 대답했습니다. '통일학교 사건이 막 터진 바로 그 시점'이라고. 사람들은 되물었지요. "왜 사건이 일어나기 전이 아니고 후야?" 저의 대답은 이랬습니다. "통일학교 사건에서 나는 '갑'이 아니라 '을'이었다. 그땐 그걸 몰랐다. 그래서 말도 안 되게 '사건화'는 되었는데 그 후 대처가 참 미숙했다. 재판과정도 그렇고 너무나 아쉬움이 많았다. 그래서 사건 직후로 다시 돌아가고 싶은 거다." 아무튼 사건이 벌어진 후 전 수없이 번민하며 되물었습니다. '내가 뭘 잘못했을까? 뭘 잘못했을까……?' 그래서 지혜를 모으기 어려웠고 상처만 깊어지고 그랬던 거죠.

지난 2월, 대법원 선고 이후 넉 달이 지났네요. 그동안 무엇이 달라졌을까 생각해 봅니다. 먼저 떠오른 답은 '그대로'네요. 여전히 저는 '국가보안법의 나라'에 살고 있고, 그들은 또 다른 사람들에게 국가보안법을 들이대며 마녀사냥을 하고 있습니다. 저는 이제 한결 편안해졌지만, 끊임없이 들려오는 '국가보안법 관련 사건' 소식에 진작 그 악법을 폐지하지 못한 죄스러움과 함께 피해자들의 고통이 그대로 느껴져 마음이 무겁습니다.

지난 2월, '우리는 국가보안법의 나라 교사였다' 증언 행사를 통해 저는 '통일학교 사건'을 나름 정리할 수 있게 되었습니다. 그날 서로 나누지못했던 이야기도 하고, 숨은 아픔들을 드러내는 동안 우리는 무언가 치

유의 경험을 할 수 있었지요. 통일학교 사건을 이젠 더 이상 '개인'의 사
건이나 상처로 받아들이지 않고 '사회'적 문제로 풀어 가고자 합니다. 그
럴 힘을 주신 동지들께 감사한 마음을 전합니다.

2013년 6월

양혜정

〈부러진 화살〉과 '조작된 증거'와 나……

'우리는 국가보안법의 나라 교사였다' 행사가 열렸을 때 한 선생님께
서 제게 말씀하셨지요. "우리도 〈부러진 화살〉처럼 '조작된 증거', '조작
된 이메일'이라는 제목으로 영화 한번 찍어 보자."

부러진 화살……, 월간《구속노동자》에 실린 편지글을 통해 그 사건의
진실을 처음 접했던 기억이 납니다. 당시 뉴스나 신문에서 보도된 내용
과 영판 달라 놀랐었죠. 물론 영화로 만들어지기 몇 년 전 일입니다. 저
는 재판을 치르면서 종종 이런 생각이 들었어요.

'그 교수가 왜 석궁을 들고 판사를 찾아갈 수밖에 없었는지 이해가 가
고도 남는다.'

저 또한 재판을 그런 억울함, 분노를 갖고 했던 것 같아요. '이메일을

도용하다니! 증거를 조작하다니! 이것만은 용서할 수 없다!' 이런 저를 보고 어떤 분이 말하더군요. "원래 그런 놈들이란 걸 몰랐나?" 당연하달 수 있는 애정 섞인 반문이었지만, 그 말을 들어야 하는 제 마음은 정말 불편했어요. 재판도 이젠 옛날 일이 되어 버린 요즘엔 이런 생각도 가끔 해 봅니다. '더 잘 싸울 수도 있었는데…… 너무 분노 지수가 높아서 그러지 못했던 건 아닐까?' 전투를 앞둔 장수는 평정심을 가져야 한다는 말을 참 많이 들었는데 말이죠.

 '나는 국가보안법의 나라 교사였다' 행사가 있은 지도 벌써 몇 달이 훌쩍 지났습니다. '조작된 증거'를 찍지는 못해도, 국정원 선거 개입 사건처럼 파고들지는 못해도, 제 사건의 진실을 밝히는 작업은 하나하나 꾸준히 해 나가야 할 텐데, 아직 그림이 그려지질 않네요. 어쩌면 평정심을 회복하는 일부터 해야 할 것 같기도 합니다. 진실을 밝히는 노력을 하겠다는 저와의 약속을 잊지 않고 살아갈 겁니다. 약속했으니 지켜야지요. 저를 믿어 보겠습니다. 몸과 맘을 추스르고 힘내서 제 갈 길을 가겠습니다.

2013년 6월
김은주

교육공동체 벗

교육공동체 벗은 협동조합을 모델로 하는 작은 지식공동체입니다.
협동조합은 공통의 목적을 가진 사람들이 모여서 만든
권력과 자본으로부터 독립된 경제조직입니다.
교육공동체 벗의 모든 사업은 조합원들이 내는 출자금과 조합비로 운영됩니다.
수익을 목적으로 하지 않기에 이윤을 좇기보다
조합원들의 삶과 성장에 필요한 일들과
교육운동에 보탬이 될 수 있는 사업들을 먼저 생각합니다.
정론직필의 교육전문지, 시류에 휩쓸리지 않는 정직한 책들,
함께 배우고 나누며 성장하는 배움 공간 등
우리 교육 현실에 필요한 것들을 우리 힘으로 만들고 함께 나누고 있습니다.

조합원 참여 안내

출자금(1구좌 일반 : 2만 원, 터잡기 : 50만 원)을 낸 후 조합비(월 1만 원 이상)를 약정해 주
시면 됩니다. 조합원으로 참여하시면 교육공동체 벗에서 내는 격월간 교육전문지《오늘의
교육》과 매월 발행하는 조합 회지〈벗마을 이야기〉를 받아 보실 수 있습니다. 출자금은 종잣
돈으로 가입할 때 한 번만 내시면 됩니다. 조합을 탈퇴하거나 조합 해산 시 정관에 따라 반환
합니다. 터잡기 조합원은 벗의 터전을 함께 다지는 데 의미와 보람을 두며 권리와 의무에서
일반 조합원과 차이는 없습니다. 아래 카페에서 조합 가입 신청서를 내려 받아 작성하신 후
메일이나 팩스로 보내 주세요.

홈페이지 www.communebut.com
카페 cafe.daum.net/communebut
이메일 communebut@hanmail.net
전화 02-332-0712, 070-4084-0712
팩스 0505-115-0712

교육공동체 벗을 만드는 사람들

후쿠시마 미노리, 황호연, 황진원, 황지영, 황정일, 황정원, 황정욱, 황이경, 황은복, 황윤호성, 황윤옥, 황선미, 황봉희, 황보경, 황미숙, 황기철, 황금회, 황규선, 황귀남, 황경희, 홍제기, 홍유지, 홍용덕, 홍순희, 홍순성, 홍세화, 홍성진, 홍성은, 홍석근, 홍미영, 홍금숙, 형근혜, 현복실, 허은실, 허수옥, 허성균, 한희경, 한학범, 한정해, 한은옥, 한영옥, 한승희, 한승모, 한성찬, 한상모, 한봉순, 한민혁, 한민정, 한만중, 한날, 한경회, 하혜영, 하정호, 하인호, 하외정, 하승우, 하순배, 하광봉, 하고운, 탁동철, 최회정, 최회성, 최환근, 최현미a, 최현미b, 최탁, 최최영순, 최진규, 최주연, 최종순, 최정윤, 최정아, 최은희, 최은정, 최은 순, 최은숙a, 최은숙b, 최은미, 최은경, 최윤미, 최원혜, 최용기, 최영식, 최영락, 최연희, 최연정, 최애영, 최애리, 최승훈, 최슬빈, 최선영a, 최선영b, 최보람, 최병우, 최발해, 최미영, 최미선, 최문정, 최문선, 최동혁, 최대현, 최기호, 최광용, 최광락, 최고봉, 최경미, 천지영, 채현숙, 채종민, 채옥엽, 차용훈, 진현, 진주형, 진유미, 진웅용, 진영효, 진영준, 진만현, 진냥, 지정순, 주중식, 주순영, 조희정a, 조희정b, 조형숙, 조향미, 조혜수, 조진희a, 조진희b, 조진석, 조지연, 조중재, 조준혁, 조정희, 조응현, 조은영, 조은선, 조은미, 조원배, 조용진, 조영옥, 조영실, 조영선, 조여손, 조여경, 조수진, 조성희, 조성진, 조성실, 조성대, 조선주, 조석현, 조석영, 조상회, 조미라, 조문경, 조두형, 조경아, 조경삼, 제남모, 정희영, 정홍윤, 정현주a, 정현주b, 정현주c, 정현숙, 정혜레나, 정춘수, 정창영, 정진억, 정진규, 정지원, 정종민, 정재학, 정인영, 정의진, 정은희, 정유진a, 정유진b, 정유숙, 정유섭, 정원석, 정용주, 정영현, 정영수, 정영미, 정애순, 정수연, 정보라, 정미옥, 정미분, 정미라, 정명옥, 정명영, 정말희, 정기진, 정광ল, 정란모, 정경진, 정경원, 전혜원a, 전혜원b, 전지은, 전정희, 전유미, 전보선, 전병기, 전미학, 전미옥, 전미영, 장효영, 장혜진, 장혜숙, 장혜경, 장현주, 장주섭, 장인수, 장은하, 장은정, 장은미, 장영희, 장시준, 장슬기, 장서문, 장상욱, 장병학, 장근영, 장군, 임향신, 임한철, 임중혁, 임종길, 임정은, 임전수, 임성빈, 임성무, 임선영, 임상진, 임동헌, 임덕연, 임금록, 이희욱, 이화현, 이화중, 이화숙, 이혜숙, 이형환, 이형빈, 이현주, 이현종, 이현숙, 이현민, 이현, 이혁규, 이향숙a, 이향숙b, 이태영, 이태구, 이충근, 이창진, 이진희a, 이진희b, 이진주, 이진숙, 이지현, 이지향, 이지영, 이지연, 이준구, 이주희, 이주탁, 이주영, 이종찬, 이종은, 이정희a, 이정희b, 이정호, 이정슨, 이재형, 이재띄, 이장환, 이인사, 이은희, 이은진, 이은주a, 이은주b, 이은정, 이은점, 이은옥, 이은영, 이은숙, 이윤주, 이윤엽, 이윤슨, 이윤선, 이유미, 이윤경, 이유진, 이월녀, 이원남, 이용환, 이용상, 이용기, 이영화, 이영호, 이영혜, 이영주a, 이영주b, 이영아, 이영선, 이연진, 이연주, 이연숙, 이연수, 이아리따, 이승희, 이승헌, 이승태, 이승아, 이순임, 이소영, 이성원, 이성수, 이성구, 이선희, 이선영, 이선애, 이상훈, 이상원, 이상영, 이상연, 이상미, 이상대, 이상균, 이분자, 이보선, 이보라, 이병준, 이범희, 이민재, 이민아, 이민수a, 이민수b, 이민동, 이미연, 이미숙, 이미, 이명형, 이동훈, 이동श्, 이동준, 이동범, 이동갑, 이덕주, 이남숙a, 이남숙b, 이기정, 이기규, 이근희, 이근철, 이근준, 이규동, 이교열, 이광연, 이관형, 이계삼, 이경옥, 이경언, 이건진, 윤홍은, 윤지형, 윤종원, 윤영백, 윤여강, 윤승용, 윤숙경, 윤석, 윤상혁, 윤규식, 육신혜, 유재광, 유은아, 유영길, 유성희, 유성옥, 유성상, 유란희, 유근란, 위광자, 원지영, 원미숙, 우창숙, 우지영, 우완, 우소연, 우경숙, 오회진, 오혜원, 오혜숙, 오현진, 오중근, 오정희, 오정분, 오은정, 오유진, 오승훈, 오세연, 오세란, 오성화, 오상철, 오명환, 오동석, 오경숙, 염정화, 여희영, 여태젹, 엄창호, 엄지선, 엄재홍, 엄영숙, 엄기호, 엄귀영, 양희전, 양혜준, 양은주, 양은숙, 양영희, 양애정, 양승호, 양선형, 양서영, 양상진, 안혜초, 故 안혜영(명예조합원), 안찬원, 안지현, 안지윤, 안준철, 안정선, 안정민, 안유숙, 안용덕, 안우수, 안영빈, 안숙연, 안선영, 안상태, 안미선, 심정아, 심은보, 심승희, 심수환, 심동우, 심경일, 신희정, 신홍식, 신호승, 신혜선, 신종일, 신창호, 신창果, 신중회, 신은희, 신은정, 신은숙, 신은경, 신영숙, 신소희, 신미옥, 신귀애, 신관식, 송화원, 송현주, 송춘화, 송윤희, 송용석, 송승준, 송근희, 손호만, 손현아, 손진근, 손재덕, 손은경, 손소영, 손미, 손명선, 성현주, 성현석, 성유진, 성용관, 설은주, 설원민, 선미라, 석경순, 서호필, 서혜진, 서혜원, 서정욱, 서인선, 서수진, 서숭일, 서베싱, 서명숙, 서금자, 서근원, 서경희, 복준수, 변현숙, 변규석, 백홍利, 백준, 백인식, 백승범, 백기열, 배희철, 배희숙, 배주영, 배이상현, 배영진, 배아영, 배성호, 배병건, 배기표, 배경내, 배경남, 방은아, 반영진, 박희진, 박희영, 박효정, 박효수, 박혜숙, 박형진, 박형일, 박현희a, 박현희b, 박현주, 박현숙, 박현선, 박춘배, 박철호, 박진환, 박진숙, 박진수, 박지희, 박지흥, 박지선a, 박지선b, 박지나, 박준희, 박준영, 박종호, 박종근, 박조건형, 박정의, 박정아, 박정미, 박재현, 박은하, 박은성, 박은경, 박윤희, 박용빈, 박옥주, 박옥균, 박영애, 박영실, 박영민, 박영미, 박신자, 박숙현, 박수연a, 박수연b, 박소영a, 박소영b, 박성희, 박성현, 박성배, 박성규, 박선희, 박선영, 박선미a, 박선미b, 박상준, 박복선, 박범이, 박민영, 박미리, 박명희, 박명숙, 박래훈, 박동준, 박덕수, 박길제, 박고형준, 박경화, 박경진, 박경주, 박경이, 박건형, 민형기, 민병석, 미류, 문희영, 문홍빈, 문진숙, 문용석, 문수현a, 문수현b, 문수경, 서배싱, 문명순, 문명은, 모은정, 명수민, 마연주, 류창모, 류지남, 류재향, 류우종, 류영애, 류명숙, 류경은, 도정철, 노혜경, 노영필, 노영민, 노상경, 노미화, 노미경, 노경미, 남효숙, 남주형, 남유미, 남유경, 남선우, 남동현, 남궁역, 날맹, 나규환, 김희정, 김희옥, 김홍규, 김훈태, 김효정, 김효승, 김홍규, 김혜민, 김혜미, 김혜림, 김형우, 김형영, 김형렬, 김현진a, 김현진b, 김현주, 김현조, 김현정, 김현영, 김현실, 김현선, 김현택, 김해경, 김태정, 김태옥, 김춘성, 김창진, 김진희, 김진욱, 김진명, 김진, 김지현a, 김지현b, 김지연a, 김지연b, 김지미, 김준희, 김준산, 김주석, 김주기, 김종현, 김종원, 김종욱, 김종성, 김종만, 김정현, 김정주, 김정애, 김정식, 김정삼, 김정기, 김재황, 김재원, 김재민, 김장환, 김인순, 김은희, 김은파, 김은진, 김은영, 김은아, 김은식, 김은남, 김은규, 김은경, 김윤정, 김윤주a, 김윤주b, 김유미, 김유영, 김용훈, 김용상, 김용란a, 김용란b, 김용기, 김옥숙, 김영희, 김영미, 김영진, 김영구, 김영수a, 김영주b, 김영주c, 김영아, 김영순, 김영삼, 김연오, 김연미, 김애숙, 김시내, 김승환, 김승규, 김순희, 김순천, 김숙희, 김수현a, 김수현b, 김수진a, 김수진b, 김수정a, 김수정b, 김수정c, 김수선, 김수경, 김소희a, 김소희b, 김세호, 김성중, 김성애, 김선우, 김선연, 김선산, 김선구, 김선경, 김석현, 김석준, 김석규, 김상희, 김상정, 김상일, 김상숙, 김상남, 김상기, 김병훈, 김병주, 김병섭, 김민희, 김민수, 김민곤, 김미향a, 김미향b, 김미란, 김미정, 김미숙, 김무영, 김묘선, 김명희a, 김명희b, 김명신, 김명섭, 김록성, 김동현, 김동춘, 김동일, 김도형, 김도현, 김도연, 김도석, 김다희, 김다영, 김남철, 김남규, 김나리, 김기오, 김기연, 김규향, 김규태, 김광명, 김고종호, 김경호, 김경엽, 김경연, 김경아, 김경숙a, 김경숙b, 김경렬, 김가영, 김가연, 기형훈, 금현진, 금현숙, 권혜영, 권현영, 권재숙, 권자영, 권이근, 권소정, 권성태, 국찬섬, 구희숙, 구자숙, 구수연, 구본희, 구미숙, 쾡이눈, 광름, 곽혜영, 곽혜주, 곽진경, 곽노현, 곽노근, 공은미, 공영아, 공규동, 고춘식, 고은미, 고유하, 고우현, 고영주, 고영아, 고병헌, 고병연, 고민경, 고미자, 강현정, 강준희, 강이진, 강은정, 강영구, 강순원, 강수미, 강수돌, 강성호, 강성규, 강석도, 강병운, 강민정, 강경미, 강경모

※ 2013년 8월 1일 기준 865명

* 이 책의 본문은 재생 용지를 사용해서 만들었습니다.
* 자원 재활용을 위해 표지 코팅을 하지 않았습니다.